数学文化视野下的中学数学

陆前进　王丽君◎著

北京师范大学出版集团
BEIJING NORMAL UNIVERSITY PUBLISHING GROUP
北京师范大学出版社

图书在版编目（CIP）数据

数学文化视野下的中学数学／陆前进，王丽君著．
北京：北京师范大学出版社，2024.12（2025.12 重印）．
-- ISBN 978-7-303-30119-5

Ⅰ.G633.602

中国国家版本馆 CIP 数据核字第 2024GT2408 号

出版发行：北京师范大学出版社 https://www.bnupg.com
　　　　　北京市西城区新街口外大街 12-3 号
　　　　　邮政编码：100088
印　　刷：河北虎彩印刷有限公司
经　　销：全国新华书店
开　　本：787 mm×1092 mm　1/16
印　　张：12.25
字　　数：283 千字
版　　次：2024 年 12 月第 1 版
印　　次：2025 年 12 月第 2 次印刷
定　　价：49.00 元

策划编辑：赵　敏　　　　　　　责任编辑：马力敏
美术编辑：胡美慧　　　　　　　装帧设计：陶睿璘
责任校对：陈　荟　　　　　　　责任印制：孙文凯

序

　　我是 2019 年 5 月在北京师范大学数学建模研讨会上结识第一作者陆前进老师的，之后又与他进行过多次关于数学教育相关问题的交流。陆老师长期在中学一线从事数学教学工作。他清醒地认识到，在基础教育领域，教师和家长对考试分数的短视追求与国家对创新人才的需要之间的矛盾，这让数学基础教育的功利性倾向日趋明显。这种教育会泯灭学生的学习兴趣，扼杀学生的创造力。为此，陆老师试图以自己的微薄之力为中学生的数学学习做点有意义的工作，经过二十多年的课堂实践、课题研究和思考积累，终于完成了这本适合中学生阅读的课外读物。

　　本书共十二章，结合数学史上的重大事件，对中学数学课程中的重要概念和定理做了深度的挖掘和剖析，力求使读者以中学生的视角去把握和认识数学的内涵与本质，感受数学的魅力。该书既不涉及解题方法与技巧，也不借助简单通俗或有趣猎奇的内容来引发学生的学习兴趣，而是用追根溯源的方法，让学生了解数学知识的形成过程，真正弄懂数学概念。

　　本书具有鲜明的时代性。该书旨在提高中学生的数学素养，将数学教学建立在文化品格的基础上，扩展理性思维，提升认知水平，全面提高中学生的数学素养，体现了《普通高中数学课程标准（2017 年版 2020 年修订）》的基本精神。理性思维可以让一个人在思想上变得清晰，在感觉上变得敏锐，在行动上找到方向。正如弗朗西斯·苏（美国数学协会主席）说的那样："教数学的真正目的是培养一种思维习惯，无论人们日后从事何种行业，这些思维习惯都能让他们受益。"另外，国家为提高基础科学和科技原创水平，增强国际竞争力，对人才的渴求比任何时候都显得重要。高考改革指向国家的可持续发展，指向创新型人才选拔，指向数学及交叉领域人才的培养。对数学教育来讲，消除社会对数学的误解，端正家长对数学的认识，提升学生对数学的兴趣就显得尤为重要，这是培养创新人才的土壤。许埈珥（2022 年菲尔兹奖获得者）的父亲许明浩（统计学教授）说道："必须为孩子们创造环境，以确保他们的自主性。"新时代教育的根本任务是立德树人，这不是空洞的口号，也不仅仅是思政课的任务，需要贯穿于中学教学的每一门课程中去。该书反映的陆老师的教学实践活动，正是围绕中学数学教学践行"立德树人"重要思想进行的一次有益的尝试。

本书具有教学的实用性。该书从古希腊的"计数"出发，一路走到微积分，引领学生走进数学大花园，了解真实的数学世界。例如，第十二章中的"为什么是它"介绍了对数的发明，其素材完全可以作为对数的引入在实际课堂教学中使用，或者作为高中数学教材中对数的引入语。美国普林斯顿高等研究院的数学家塞尔伯格教授在《拉马努金百周年诞辰之际的反思》中建议："还有一件事情我想也很重要，即中小学数学的状况如何。我曾经跟很多已经成名的数学家谈论起他们在中小学所学的数学。他们中的大多数并未从中得到特别的鼓舞，而是自学偶然碰到的，或者以某种方式得到的课外读物。我本人就是一例。我认为，对中小学数学的内容一定要重新斟酌，应该增加一些涉及如何发现并且激动人心的内容。"该书正是一本这样的课外读物，在数学文化方面丰富和拓展了中学数学教材的内容，在充分理解课程标准、准确把握核心素养和完整落实评价改革等方面均会发挥积极的作用。

本书具有浓郁的文学性。该书描述了陆老师带领学生们在中学数学世界里做的一次深度巡游的历程。通过与学生的交流，用动人的故事、诗意的感触、散文般的语言展示了数学王国的美丽与辉煌。全书尾声部分，学生海羽的一封信总结和升华了前面的故事，使它们变得厚重起来。

作为一线中学数学工作者来说，他们在繁忙的工作之余完成这本书是难能可贵的。陆前进老师和王丽君老师从我做起，身体力行，具有强烈的使命感，是我们大家学习的榜样。该书虽然有一定的局限性和不足，但仍不失为一本非常优秀的中学生数学课外读物。书中的语言、场景、风格具有中学校园的气息，适合广大中学生阅读。希望读者们喜欢，并推荐给你们认识的学生、教师和家长，不仅要读起来，还要用起来，讲好数学的故事，实现"所有人不恨数学，部分人喜欢数学，少数人献身数学"的良好局面，让数学助力中华民族的伟大复兴和人类的进步。

保继光
北京师范大学

目　录

引 子

礼物

世界如此美好

数学多么美妙

热爱

你别无选择……

一

七月的婺源，正是休闲度假的好去处。

同学们在谋划，希望自己的老师——陆老师，也能一起去。

陆老师是他们二十年前的高中数学老师。数学虽然难学，但在幽默风趣的陆老师眼里，数学是那么有趣和迷人。他以自己对数学的理解和富有感染力的教学风格，使得数学一直是同学们喜爱的科目。

同学们与陆老师相约，周末去婺源休闲两天，行程既轻松又愉快。陆老师拗不过他们，欣然前往。

20 世纪 90 年代，婺源仿佛一夜之间成了"中国最美乡村"。婺源的山水、油菜花与徽派建筑交融在一起，构成一幅"静"与"慢"的美丽画卷，令人神往。

七月的婺源，虽然没有春天烂漫的油菜花，没有秋天火红的枫叶，但有夏季明丽、纯净的阳光，山更葱茏、树更翠绿、水更透亮，万物蓬勃生长。

他们一行人来到一个叫"飞凤峡"的地方（位于沱川乡溪头村，皖赣边界的大鄣山以东），悠然而坐。

"小姑娘，过来。"

陆老师向小姑娘招招手，她是学生蕾蕾的女儿，长得机灵，圆脸亮眸，乌黑的齐刘海，惹人喜爱。当年读书的时候，蕾蕾就是老师眼中的乖乖女，京剧演员出身的母亲，传给她一口纯正的普通话。一声声"您好""您呐"，在陆老师听来一点儿也不别扭，倒成为大伙儿家乡话中一道美丽的风景线。

"你叫什么名字？"

"海羽！"小姑娘脆声答道。

"快叫师公。"蕾蕾走过来说。

"陆老师好！"海羽望着妈妈的老师俏皮地笑着，没有一丝拘谨。

"哦！是海中自由的鱼儿的'鱼'，还是海上飞扬的白羽的'羽'？"

"当然是'羽'哟！在无边的大海上展翅飞扬，陆老师，就像这样。"海羽一边说着一边轻盈地旋转起来，清亮的眸子里盈满了欢乐，惹得众人都欢快地笑起来。

“读几年级了?”

“读六年级。”海羽停止了舞蹈，微微扬起头，迎着陆老师亲切的目光，自豪地说。

“喜欢数学吗?”

“喜欢，经常得满分。”蕾蕾抢着回答。可迎来的却是海羽的一顿白眼。

陆老师微微一笑，想到基础教育的现状，不禁叹了口气。

“老师您不高兴了?”海羽稚气的脸上写满了疑惑。

“哦，没有。”陆老师牵着海羽的手说，“我们走吧!”

也许是年纪大了，与小孩子有莫名的亲近感，也许是教师的职业习惯，陆老师和海羽很快就成了好朋友。他们两个人去农家的菜地里转悠，在果园里摘李子，在路边采野花，只是不知道他们还说了些什么有趣的、秘密的事儿。

第二天大清早，他们一行人按计划沿峡谷而行，漫步而上，没碰见行人，只有水声和小鸟与他们相伴。忽然，对面快速走来几个年轻人，一个个负重而下。还有人更早吗?他们身上背着装备干吗？正纳闷，一问，才知道原来这些年轻人是“野外露宿”一族，在飞凤峡半山腰搭帐篷过夜。啊，峡谷中还藏有这样的秘密，他们走得更欢了。

飞凤峡最好看的是瀑布。没见过这么好的水啊，使人想起朱自清的散文《梅雨潭》中的“绿”来。他们此行的目的，是在峡谷中观看日出，还想一探峡谷瀑布的源头。不过听村子里的人说那是不可能的，因为峡谷的源头似乎永远在前头，藏在峡谷的深处。

一小时后，他们来到一个高地凉亭处。这里开阔，对面的群山正是日出的背景，这里是观赏日出的好地方。当太阳从山峦上冉冉升起的时候，大家纷纷拿出手机来拍照。海羽突然大声说道：“太阳初出光赫赫，千山万山如火发。”大家都望着她，不知小姑娘从哪里背出来的诗句，竟没有人知道它的出处。

陆老师在一旁透过松树观看日出。他看到高高的铁塔架着高压线向远方延伸，奔向初升的太阳，“平行线在无穷远相交”映上心头，不禁赞叹道：“唯欧几里得，得见梦幻的女神!”丝毫没有注意到身边的小姑娘露出不解的神情来，用眼睛追问着陆老师。

“老师，您也在读诗吗?”

“是的，我在读数学之诗!”陆老师微笑道。

“数学之诗，数学里有诗吗?”海羽一脸茫然。

“数学不是加减乘除的数字吗？数学的文字不是应用题吗……”海羽噘着小嘴嘟囔着，她仰起脸望着老师急切地说道，“我可喜欢读诗了，可是没人教我数学之诗!”

陆老师轻轻牵起海羽的小手，指着朝霞映照下的远山说道：“小羽，你看！那霞光中起伏的山峦就是数学里迷人的曲线，而那笔直的电线就像几何中的平行线……”

“哦，对对，各种线条，是我画中的各种线条，是我喜欢的画，原来数学还是画……”海羽突然间欢呼雀跃起来，激动地说道，“以前我怎么一点儿都不知道，从来没有人告诉我这些……”

陆老师望着海羽，若有所思地说道：“好吧，海羽，我要送你一个礼物!”

“礼物?”

“嗯，很好的礼物！但不是现在——大约三年以后!”

"啊!"海羽紧攥着双手说,"可那是很长很长的时间呀!"

"是的,因为这礼物我还没有做好呢!"

"是什么礼物?"

"到时候你就会知道的。"

"三年吗?这么说,您做一个礼物也太慢了点儿。"海羽的声调中微带着责备的口气,陆老师不禁摇了摇头。

"不,不是那样的,"陆老师故作神秘地回答,"我的东西可不是给小女孩的玩意儿,我的礼物是给大人的。"

海羽望着陆老师恳求说:"我不会弄坏它的,我保证不会的。爸爸有一只薄胎瓷①做的玩具船,我给它擦灰尘,可是我从来没有把它弄破——连一点儿渣儿也没有碰掉过。"

陆老师心中想,这个海羽可把我难住了。他只好搬出成年人在这种情况下惯用的方法:"你还只是一个小姑娘,有些事情你还不能明白,你应该耐心一点……好啦,我们回去吧。"

海羽顺从地跟着陷入沉思的陆老师,沿峡谷而下,一路默默无语,仿佛随陆老师的思绪走向远方。

陆老师心里想着:三年后,海羽将升入高中,那时的数学将向她展示出迷人的一面。是的,我要为她写一本书,就叫《数学文化视野下的中学数学》吧。

二

陆老师想送给海羽的礼物是一本关于中学数学的课外读物,而不是所谓解题技巧、考试秘籍、数学宝典之类的书,旨在提高中学生数学素养。

虽然早就有写一本书的想法,但一直在思考、彷徨、等待,而时光飞逝,没想到一次不经意间短暂的对话,点燃了陆老师内心的热情。想起海羽沐浴在万道霞光中,微扬着脸期待地注视着自己的神情,陆老师恨不得马上投入他的工作中。

陆老师非常喜爱《小王子》的作者——法国作家安托万·德·圣埃克苏佩里的一段话:"如果要造船,不要招揽人来搬木材,不要指派人任务和工作,而是要教他们去渴望那个无边无际广袤的大海。"谁理解了这句话,那么他的数学学习将会具有别样的风采,而数学文化就是数学那浩瀚无垠的海洋里充满瑰丽和奇妙想象之所在。

在人类文明中,数学一直是一种重要的文化力量,但在这个教育普及的时代,这一传统却被抛弃了。数学脱离其丰富的文化基础,被简化成一系列的程序与技巧,其形象完全被歪曲。这正如把人体结构中每一块骨骼的名称、位置和功能当作活生生的、有思想的、富有激情的人一样,数学被肢解、被割裂,这一现状让陆老师痛心不已。他认为,只有建立在文化品格基础上的数学教学,才能扩展思维、提升认知水平和陶冶情操。当学生今后服务于社会、投身国家建设时,虽然他们早已把所学的数学知识忘得一干二净,但数学精神和数学文化却会被长久地铭记在他们心中,潜在地影响他们的生活方式和思维方式,让他们终身受益。

---

① 注:景德镇传统艺术名瓷之一,有"薄似蝉翼,亮如玻璃,轻若浮云"之美誉。

高中数学课程标准彰显了对数学文化教育的重视。它要求在教学中展现数学文化在数学的起源、发展、完善的过程中，体现出的对于人的发展有重大影响的各个方面。时代的呼唤如"飞凤峡"上的朝霞，是时候改变那种"死背公式、反复套用、快速解答、获得分数"的状况了。陆老师将在他的书里，带领学生走进数学那浩瀚的历史长河，结合中学数学内容，展示数学的魅力，引导学生以广阔的视野认识数学。他将在三年的时间内完成《数学文化视野下的中学数学》一书，以实现他对海羽的承诺。

这是一本带有人文色彩的数学书。它既不会错过中学生应该了解的任何一位伟大数学家和任何一个重要的数学里程碑，也不会放弃任何一个可以展示数学魅力、论述数学与人文相互交融的机会。如此来看，这将是一本独特的书。

唐·帕乌斯托夫斯基在《金蔷薇》中写道，一位作家写作的驱动力不是热爱，更不是名利，而是来自内心的一种使命感。陆老师不是作家，但他听到了自己内心的呼唤，感受到了数学教师的崇高使命感。

三

一天，陆老师在写作的间隙，偶然读到了美国数学家保罗·洛克哈特的作品——《一个数学家的叹息——如何让孩子好奇、想学习、走进美丽的数学世界》。书中的内容激起了陆老师强烈的共鸣。洛克哈特希望把数学的美感和想象力呈现给孩子们，于是辞去大学数学教授之职，投身于数学基础教育中，至今多年。

洛克哈特的故事深深地吸引着陆老师。陆老师意识到必须回到熟悉的课堂中，去工作、去体验。他想到一个好主意，既可以继续他的教研工作，又可以回到课堂。他准备回到曾经工作过的学校，也就是海羽所在的学校，为他们开设数学讲座，践行自己的教学理念，并陪伴着海羽成长。

是的，这才是献给海羽的最好礼物。

第一章 计数

让我们从头开始
一个非常合适开始的地方 ——音乐剧《音乐之声》

约定许下，一年后，陆老师重返美丽的校园，而此时，海羽和同学们已顺利完成了从小学到初中的过渡。陆老师准备用四年时间，翼护"海羽们"朝着中学数学的世界进发……

虽然学生们个个优秀，但陆老师还是想简单、有趣、放松一些。他决定从同学们习以为常的阿拉伯数字开始，拉开数学之旅的序幕。这些代表着数学起源的"数字符号"，是漫漫历史长河中，集人类智慧积累起的"跬步"，是数学纵横驰骋千万里的基石。

虽然"数"的产生有着多源性和多样性，但都自然地走向简洁、实用。这些看似无足轻重的古老故事，却推动了人类文明发展的进程。它的产生、发展、完善，正如陆老师在教学札记中所写，是一个求真至简、曲折至美的过程。

这是一个真实而动人的故事：苏格兰从前有个乡绅，因为乌鸦在他庄园的塔楼上筑巢，非常恼火。于是，他决定用枪把它打下来。但当他每次跑进塔楼想靠近时，乌鸦都会飞出巢去，远远地躲在一棵树上看着他，等疲惫的主人离开塔楼后，乌鸦再飞回去。乡绅不甘心被乌鸦耍弄，终于想出一条妙计。一天，他找来一个邻居帮忙。两个人一起走进塔楼，然后一个人走出来，而另一个人留在里面等待。可乌鸦没有上当，它还待在那棵树上，一直等着留在塔楼里的那个人也走出来，才飞回巢去。

乡绅不着急。第二天，三个人走进了塔楼，然后两个人走出来，一个人留下等那只乌鸦，可惜乌鸦又没有上当，它还待在那棵树上，一直等着留在塔楼里的那个人也走出来。第三天，四个人走进了塔楼，三个人走出来，还是没有成功。乡绅成心要和乌鸦竞赛。最后，五个人走进塔楼，四个人走出来，一个人留在里面。这回乌鸦似乎数不过来了，它飞回了塔楼里的巢。

看起来乌鸦在劫难逃了。

不过，经过最后一次，乡绅对那只乌鸦满怀爱怜和敬意，让它继续在塔楼里筑巢，繁衍生息。

数的产生，远在有史以来，已无法深究。早期人类的数觉不会大于 3，以至于出现"三人行，必有我师焉""三人成虎""事不过三"等。其实这里的"三"都是"多"的意思。人类如果单凭这种天生的数觉，就不会比鸟类进步。但是，经历了一系列特殊环境，人类在极为有限的数觉之外，学会了另一种特殊技巧，这对人类未来的生活产生了巨大影响。

这种特殊的技巧就是：计数。

一、最原始的计数法

在蒙昧时代，人类就已具有识别事物"多""寡"的能力。原始人在采集、狩猎、放牧等生产活动中，首先注意到的是事物在数量上的差异，如一条鱼与两条鱼，两只羊与一群羊的不同，然后他们就用石头在土坯或石板上刻画痕迹来表示这些数目。于是，数学史上第一个里程碑出现了：应用一一对应原理的简单计数法——这或许就是有记载的"科学"的肇始。

《荷马史诗》①中有这样一个故事：独眼巨人波吕斐摩斯被奥德修斯刺瞎后，每天坐在山洞口照料他的羊群。早晨羊群外出吃草，每出去一只，他就从一堆石子里捡起一颗石子。晚上羊群返回山洞，每进来一只，他就扔掉一颗石子，当他把早晨捡起的石子都扔光时，他就可以确信所有的羊都返回了山洞。

波吕斐摩斯的故事是利用一一对应原理作为计数根据的最早文字记载。当然，还有很多关于这个原理的例证。例如，我们走进一个会堂，不用点数，就知道是会堂的座位多，还是来出席会议的人多。因为要是所有的座位都坐满了，同时又没有人站着，那就说明两个集合相等；要是座位已经坐满了，而依旧有人站着，我们不用计数就知道人多而座位少了。

原始人对于数目的把握只限于这种匹配法。他们记录畜群或部落人员的数目，要么是用刀在树上刻若干痕迹，要么就是用小石头堆成一堆。就英文 tally(计数)和 calculate (计算)两个字的字源而言，前者源于拉丁文 talea(细长的刻痕或枝条)，后者源于拉丁文 calculus(小石子)。

这种一一对应的办法只能用来比较两个事物数目上的多寡，而不能产生"数"这个字本身所含的绝对意义。而由多寡这种相对的"数"转变成绝对的"数"，经历了一个缓慢渐进的演变过程。

二、"数"的概念的产生

原始人在注意到两个事物在数量上的差异的同时，也慢慢地注意到事物在数量上的共性。例如，一只羊、一条鱼、一天等事物之间存在着某种共通的东西，即它们的同一性"1"。又如，双手、双眼、双胞胎、一对花瓶等事物所共有的匹配性。这种具体的、不同质的群组所共有的抽象属性，就是"数"。

数的概念的形成可能与火的使用一样古老，大约在 30 万年以前，它对于人类文明的影响不亚于火的使用。早期的数(shǔ)数(shù)一定会涉及具体的实物(正如幼儿园学数东西)，这种"数数"与用"抽象量"的计数术语相比较，两者间存在着鸿沟。在人类认知演进中，从谈论"3 头牛"演变到数字"3"，是一个巨大进步。如同英国哲学家兼数学家伯特兰·罗素(Bertrand Russell，1872—1970)所说的："当人们发现一对雏鸡和两天之间有某种共

①　注：荷马(Homēros，约前 9—前 8 世纪)，古希腊诗人，专事行吟的盲歌手，生于小亚细亚，相传《伊利亚特》《奥德赛》为他所作。《荷马史诗》包括《伊利亚特》《奥德赛》。

同的东西(数字2)时，数学就诞生了。"[1]对"数"的概念认知，代表着人类向"数学"迈出了一大步，这不太可能是任何个人或任何部落的发明，它是人类在文明的发展过程中逐步认识到的。人类从反复出现的具体情境中，分离出抽象的概念，是一个极其缓慢且艰难的过程。

三、记数

当对"数"的概念认知变得足够广泛、清晰时，人们觉得有必要以某种方式来表达这种属性，于是就自然而然地产生了记数。

可以推测，最初人类多半只是用手指来计数。一只手的手指可以很方便地表示一组物品，两个、三个、四个、五个都没问题，而两手并用就可以表示10件一组的物品，如果手指、脚趾一齐上，计数就可以高达20了。

当人类的手指、脚趾不够用的时候，石头、小木棍、小竹片可以用之不尽。在没有文字记录的时候，通常把石头堆成5个一组，因为人类通过对手足的观察，已然熟悉了5和5的倍数。

一堆堆的石头不易保存，使用起来也不方便，于是就有了结绳记数和刻痕记数。人们在一根木棒或一块骨头上划下刻痕，以此来记录数字。每一组刻痕，当然也大多是按照5个一组的方式排列的。我国古代文献《周易·系辞》中有"上古结绳而治，后世圣人易之以书契"之说，"结绳而治"即结绳记数，"书契"就是刻画符号。

不知经历了多少年的演变，一直到距今5000多年前，当人们需要进行更广泛深入的数字交流时，终于出现了书写记数以及相应的计数系统。

计数需要解决的问题是用符号来表示一切数。为了用尽量少的符号来表示一切数，先需要解决的是确定计数的进位制，也就是现在我们所说的"基数"。

四、基数(进制)

最早出现的进制是五进制或十进制。你或许会想问为什么，但当你看到自己的那双手时，便会恍然大悟。

数的进位制的产生与人的手指有关。"屈指计数"是人类最原始、最方便的方法。正是这些手指，教会了人类计数。此后，数的范围便无限地扩大开来。

五进制(满五进一)以罗马数字为代表，大写字母Ⅴ表示5(一只手掌的象形，四指并拢，大拇指分开)，而10表示为两只手ⅤⅤ，后改为一上一下的Ⅹ，数字每增加5，就创立一个新的符号。这样，罗马数字系统就被创造出来了。

Ⅰ	Ⅱ	Ⅲ	Ⅳ	Ⅴ	Ⅵ	Ⅶ	Ⅷ	Ⅸ	Ⅹ	L	C	D	M	…
1	2	3	4	5	6	7	8	9	10	50	100	500	1000	…

为了节约使用符号，数字4不用符号Ⅲ表示，而用Ⅰ和Ⅴ的组合表示。因为4比5小1，把Ⅰ写在Ⅴ的左边"Ⅳ"代表4，而6比5大1，把Ⅰ写在Ⅴ的右边"Ⅵ"代表6。同理，9比10小1，把Ⅰ写在Ⅹ的左边"Ⅸ"代表9。有了这套系统，其他的数就可以通过这

---

① 蔡天新：《数学与人类文明》，10页，北京，商务印书馆，2012。

些记号的简单累计来表示。

罗马数字因古罗马帝国的兴盛而具有强大的生命力。在很长一段时间内，欧洲采用的都是罗马数字系统。

无论是在古巴比伦的楔形文字中，或是在古埃及的象形文字中，还是在中国古代文献中的独特的图样上，大多数原始的数字语言都明显采用了十进制：10 以下的每一个数字都有独立的符号，而更高的单位如十、百、千、万等，则各自以特别的记号表示。这样，10 以上的任何数都可以用某种组合来表示。

古埃及是世界上最早使用十进制的国家。古埃及人很早就发明了象形文字，他们用 |，||，||| 这样简单的记号来表示 1，2，3。对于 10，他们引入了一个特别的符号"∩"。另外，他们还用特殊的记号代表 100，1000 和 10000 等单位（图 1-1）。对于中间的一些数字，他们就自然地将记号结合起来，如数字 12345 被记作 ||∩∩∩∩ 999 ⅋⅋ | （古埃及人通常习惯将小数码排列在前）。

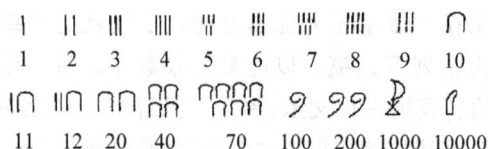

图 1-1 古埃及象形数字（公元前 3400 年左右）

我国远古时期采用结绳和刻痕记数法。商代中期出现的甲骨文，就有了十进制的记数法。到了春秋战国时期，算筹记数法得到了广泛使用。

算筹是指几寸长的小竹棒（也有用骨、玉、铁等材料制成），不用时装在专门的"算袋"里，使用时摆在平面上进行计算。算筹记数有纵横两种方式（图 1-2）：

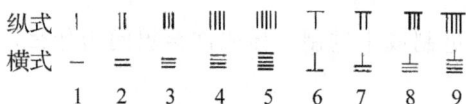

图 1-2 中国算筹数码（公元前 500 年左右）

除了五进制和十进制，二十进制也具有"拟人化"的特点。人们猜测二十进制是以玛雅人的记数法为代表的（图 1-3）。玛雅是中美洲印第安人的一个部族，地处热带。人们喜欢赤脚，计数时手指不够就用脚趾，于是产生了二十进制，并创造了他们特有的符号。如果真如此，那么玛雅的先人每逢要计数的时候，就得先坐下来，然后把手和脚都凑在一起，想想这场面也是非常有趣。

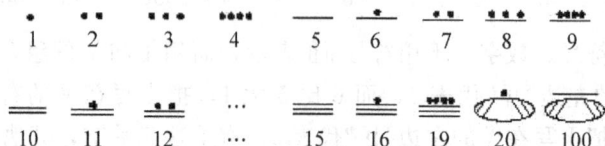

图 1-3 玛雅数字

二十进制也曾被其他民族广泛使用。在法语里，至今仍用 4 个 20 来表示 80（quatre-vingts），4 个 20 加 10 来表示 90（quatre vingts-dix）。丹麦人、威尔士人的语言中也存在这一痕迹。在英语中，20（score）是一个常用字，且是一个计量单位。汉语中也有"廿"，都保留着 20 这个特殊的字符。

除了以上三种数的进制与人的身体有关，还有一些进制在不同的民族和地区的计数活动中，都起过重要作用。

十二进制在历史上曾得宠一时，其起源之说有多种。可能与人的一只手的关节有关，除大拇指外，其余 4 根手指共有 12 个关节；也可能是因为一年有 12 个月；还可能与 12 能被 6 个数整除有关，它是所有两位"多倍数"数中最小的一个，虽然比 10 大 2，但约数却比 10 多两个，用它做除数整除的机会就多。至今留下来的计量单位中仍有它的踪影。例如，1 英尺等于 12 英寸，1 先令等于 12 便士。我国文字里也有单位"打"，而英语里除了 dozen（打）以外，还有 gross（罗），1 罗等于 12 打，1 打等于 12 个。此外，钟面上有 12 小时等。

公元前 2000 年，古巴比伦人使用的是六十进制。显然，以 60 为基数太大，因为它前面有 59 个数，人们猜测这可能与天文学有关。从古巴比伦人留下的泥板书来看，他们的古代天文学是非常发达的。一种说法是古巴比伦人最初以 360 天为一年，将圆周分为 360 度，太阳就每天运行一度。又圆内恰好可以连续作 6 条等于半径长的弦，每一条弦所对应的弧是 60 度，基数 60 可能由此产生。另一种说法是因为 60 的因子很多，有 1，2，3，4，5，6，10，12，15，20，30，60 共 12 个，从而它的 $\frac{1}{2}$，$\frac{1}{3}$，$\frac{1}{4}$，$\frac{1}{5}$，$\frac{1}{6}$，…都是整数，用起来比较方便。相对于十进制（三等分、四等分都不能获得整数），六十进制在算术运算中有独特的方便之处。然而，数学史上应该是先有了记数制度，然后才有算术运算的，因此不大可能为某种算术运算而造出六十进制。

因原始资料太少，没有充足的证据，使得六十进制的起源成为千古之谜，但不管其起源如何，六十进制却异乎寻常地长寿，至今犹存。尽管我们社会推崇十进制的基础如此强大，但在时间和角度的计量单位中，六十进制一直扮演着重要角色，不可或缺。

在所有数的进制中，二进制注定有其独特的魅力。因为二进制只要 0 和 1 两个数符就能表示出所有的数。二进制的思想，最早出现在我国。公元前 11 世纪，《周易》中有"易有大极，是生两仪，两仪生四象，四象生八卦"的记载，这就蕴含着二进制的思想，但是我国古人没有提出可以用二进制来表示一切自然数的方法。

最早发现用二进制表示自然数的，是 17 世纪英国数学家哈里奥特（T. Hariot，1560—1621）等人，其中以德国数学家莱布尼茨（Gottfried Wilhelm Leibniz，1646—1716）最著名。当莱布尼茨发出赞叹"用一，从无，可生万物"时，意味着可用最经济的"0"和"1"来表示一切自然数，他期望二进制得到广泛应用。遗憾的是，这在他生前没有实现，但是现在二进制已成为计算机的"内核"。

历史上也曾在少数地区使用过八进制（$2^3 = 8$）和十六进制（$2^4 = 16$）。它们虽然在计数中的影响较小，但因其与 2 的关系十分密切，在计算机上常被用作十进制与二进制之间的过渡，在进位制的转换中发挥着作用。例如，十进制数 133 可表示为二进制数 10000101，而在八进制中则为 205。

$(205)_8 = 2 \times 8^2 + 0 \times 8^1 + 5 = 128 + 5 = 100 + 30 + 3 = 1 \times 100 + 3 \times 10 + 3 = 133$，

而 $133 = 128 + 4 + 1 = 1 \times 2^7 + 0 \times 2^6 + 0 \times 2^5 + 0 \times 2^4 + 0 \times 2^3 + 1 \times 2^2 + 0 \times 2^1 + 1 = (10000101)_2$。

综上所述，世界上不同年代、不同地区出现的五花八门的进位制和令人眼花缭乱的计数符号，证明了这样一个事实：重要数学事件起源的多源性和多样性。

最终，人类在众多的进制中选择了十进制。回过头来看，就数学本身而言，十进制本身并没有很多可称道之处。18世纪后期，博物学家布封曾提议世界公用十二进制。他指出：12有4个因数（2，3，4，6），而10只有2个（2，5）。无独有偶，法国数学家拉格朗日（Joseph Louis Lagrange，1736—1813）甚至宣称，用质数作为基数有很大的好处。

亚里士多德（Aristotle，前384—前322）指出："十进制被广泛采纳，只不过是由于我们绝大多数人生来只有10根手指这样一个解剖学的事实，纯粹是一种生理上的凑巧。"然而，千百年来，人们用十来计数的传统，已经根深蒂固，任何人想要去改变它，都是很滑稽的。

人类在计数方面的成功，应当归功于"十指分明"，正是这些手指教会了人类计数。现在，除了小孩初学计数的时候还用手指，我们有时候为了加重语气还用手指之外，"屈指计数"已经被淘汰了。文字书写的出现、简单便捷的计数系统以及教育的普及使得这个技能变得陈旧且多余。因此，在这种情形之下，我们自然容易低估"屈指计数"在计算史中曾起过的重要作用。

五、位值制

基数原则的确定，能帮助人们用较少的字符来表示一切自然数。然而，正如古罗马人和古埃及人采用的字符累积式的记数法，他们在表示较大数时，需写成长长一串，显得非常烦琐，以致普通的算术四则运算都变得非常复杂。人们需要在记数的方式上进一步创新。

这个创新就是位值制。最早采用位值制的是古巴比伦人，他们使用一种所谓楔形文字，采用的是六十进制（图1-4）。古巴比伦人的楔形文字记数法在表示较小数（60以内）时，用重复的符号表示最小整数和10的倍数。这一点与古埃及记数法还是有相似之处的。例如，古埃及人把59写成 ⦀⦀⦀∩∩∩ 刻在石头上，而古巴比伦人则以类似的方式在泥板上用14个楔形标记来表示 ⦉⦉⦉⦉⦅⦅⦅。但是，对于大于59的数字，古巴比伦人和古埃及人所采用的系统就明显不同了。也许是因为古巴比伦人的书写材料——泥板坚固，重复书写比较困难；也许是因为古巴比伦人认识到，用他们发明的位值记数法足以表示任何整数，而无需额外重复，不管这个数有多大。

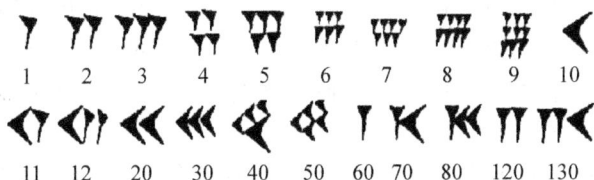

图 1-4　古巴比伦楔形数字（公元前 2400 年左右）

位值制原则的含义是：一个数字的值，不但取决于它所表示的自然序列中的那个数，同时也取决于它在数组中相对其他符号所处的位置。例如，同一个"2"，在 342，725，269 三个数中，意义是各不相同的。在第一个数中，它代表"2"；在第二个数中，代表"$2×10^1$"；在第三个数中，代表"$2×10^2$"。也就是说，342 代表的是"$3×10^2+4×10^1+2$"的缩写。

当古巴比伦人使用他们的"楔子"写下 𒀀𒀀𒀀 的时候，和我们现代的"222"一样，三次使用了同一数码，但每次的意义又各不相同。需注意的是古巴比伦人采用的是六十进制，所以右边的一组楔子表示个位数 2，中间的一组楔子表示基数 60 的两倍，左边的一组则表示基数平方的两倍。因此，这个数表示的是 $2×60^2+2×60^1+2$，用现代十进制符号表示就是 7322（$7×10^3+3×10^2+2×10^1+2$）。对于同一个记号，根据它在数中的相对位置而被赋予不同的值，这种位值原理是古巴比伦数学的一项突出成就。

特别值得一提的是，我国是世界上最早采用十进制，同时又是采用位值制记数的国家。公元前 5 世纪，春秋战国时期采用的算筹记数法，和现代计数系统基本上是一致的。例如，用算筹表示的 三川⊥Ⅲ 和现代的"4368"，仅仅是字符上的不同。

算筹表示的十进位值制记数法，是当时世界上最简捷、最先进的计数工具。古埃及人发现的十进制，虽说是世界上最早的，但它采用的是累计制，而不是位值制；古巴比伦人很早就知道位值制，但用的是六十进制；玛雅人也懂得位值制的道理，但用的是二十进制；古印度人在公元 595 年才在碑文中有明确的十进位值制。因此，马克思称中国的"十进位值制"是"最美妙的发明之一"。

六、空位

位值制是数学发展史上最重要的发明之一，在计数方面显示出强大的生命力，成为使用最广泛的计数系统，并流传下来。在这个系统中，数字本身的值和它所处的位置都决定了它的意义。但是，位值制的运用，还必须有一个专门的占位符来代表"空位"，如果没有占位符，有时就无法确定一个数字到底代表什么。例如，3 和 4 在一起可能代表 34，也可能代表 304。

起初，古巴比伦人并没有很清晰的方法来表示一个空位。也就是说，他们并没有表示零的符号。在许多例子中，只能靠上下文来揣测，含义模糊，这很麻烦。不过，有时候，他们会在表示零的地方，留出一段间隔。到亚历山大大帝时期，古巴比伦人发明了一个特殊符号（由两个斜向放置的楔子组成）来充当占位符。这样，数字 $2×60^2+0×60^1+2$ 很容易与数字 $2×60^1+2$ 区别开来。但这并没有解决其他含混不清的问题，因为这个符号只是用来表示中间空位，还不能解决 34 与 340 或 3400 的混淆。

在公元前300年时，中国古代使用大空格作为占位符，如用算筹法表示6708时，记为"⊥⊓ ⫪"。因汉文缺字时都用"□"来表示空格，数字间的空位，自然也可以用"□"来表示。在书写的时候，字体常写成行书，而方块也就容易画成圆圈了，这样逐渐演变为"○"表示空位，后又成为表示零的符号。

"零"这个字，最先并不表示"空"或"无"。《说文解字》解释作"余雨也，从雨令声"，就是雨后的小水滴，后来引申作"零头"解。"零丁""零星""零碎"都是这个意思。105读作"一百零五"，原意指一百之外还有一个零头五，后来○也就读作零了。直到13世纪，秦九韶（约1208—约1261）在《数书九章》中使用○，如⫪‖|○⊓⊥○⫪用以表示307608。

位值制的一个关键是"零"，没有表示零的方法，位值制就不完备。

无论是古巴比伦人还是古代中国人，他们都没有认识到，那个表示空位的记号，也能当作一个数来看待。也就是说，他们没有认识到"零"代表一个数，也能像其他数一样使用。这里我们必须仔细小心将"零"与"空""无"的概念区别开来。例如，如果一个学生没有参加某次数学考试，那么他就没有这门功课的成绩。但是，如果这个学生的确参加了这次考试，但都答错了，那么他的成绩就是零。

数字0是古印度人发明的。虽然世界上有不少民族懂得"零"的道理，但是在数学上系统地介绍、处理和研究数字"0"，还是古印度人的功劳最大（图1-5）。

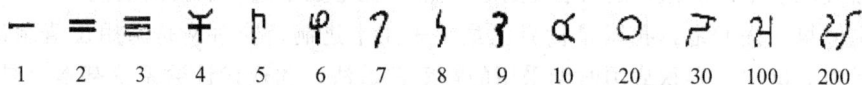

图1-5 印度婆罗门数字（公元前300年左右）

公元773年，印度的一位天文学家开始将印度的天文学及数学书籍翻译成阿拉伯文。印度的数码传到了中亚细亚，梵文的Sunya（空）被译成阿拉伯文Sifr，传入欧洲后变成拉丁文Zephirum，以后再变成英文的零字Cipher及Zero。欧洲人只知道这些数码是从阿拉伯国家传来的，所以叫阿拉伯数字。

12世纪初，欧洲人开始将大量阿拉伯文的数学书籍译成拉丁文。意大利的斐波那契（Leonard Fibonacci，约1170—约1240）是当时最出色的学者，他用拉丁文写成的《计算之书》（曾译作《算盘书》）一书，将印度-阿拉伯数字和计数制度介绍给欧洲人。这本书一开头就说："印度的九个数字是9，8，7，6，5，4，3，2，1，用这九个数字以及阿拉伯人叫作Sifr（零）的记号0，任何数都可以表示出来。"

七、大一统

如今，我们习以为常的数字表示法，其实是人类最伟大的发明。从远古数的概念形成，到数字符号的表示，十进制，位值制，一直到12世纪印度-阿拉伯数字0，1，2，3，4，5，6，7，8，9的大一统，经历了极其缓慢的演化过程。各地区、各民族的人们，都作出了重要的贡献。它属于全人类。

今天，世界上存在的数以千计的语言系统里，这10个印度-阿拉伯数字是唯一通用的符号。可以想象，假如没有这个成果，全球范围内的科技、文化、政治、经济、军事等方面的交流，都将变得十分困难。

10 个印度-阿拉伯数字和完善的十进位值制，使无论多大的数都可以实现简洁的表示。这种表示法具有系统化的特点，比其他任何表示法都更为简洁。在此基础上，加减乘除乃至于初等算术才得以发展起来。

拉普拉斯(Pierre Simon de Laplace，1749—1827)曾深情地描述：

"用十个记号来表示一切的数，每个记号不但有绝对的值，而且有位置的值，这种巧妙的方法出自印度，这是深远而又重要的思想。今天看来，它如此简单，以致我们忽视了它的伟大，但恰恰是它的简单性及便捷性，才使我们的算术，在一切发明中列居首位。而当我们想到，它竟逃过了古代最伟大的两位人物，思想天才阿基米德和阿波罗尼奥斯的关注时，我们更觉得这成就的伟大了。"

第二章　数与形

最初的模样

青涩笨拙

却是数学长河奔腾不息的源头

弥足珍贵

　　陆老师举办讲座的目的，是带领同学们走进那个充满未知和魅力的数学世界。他希望亲身经历孩子们的学习过程，想通过与他们的亲密接触，走进孩子们的内心世界。

　　当第一场讲座在拉普拉斯的深情描述中结束时，他看到了讲座在孩子们的心中激起的波澜，仿佛一道霞光拨开云雾照射下来，如一声"芝麻，开门"般神奇。我们的中学数学之旅开启了。

　　数学作为一门学科，开始于古希腊时代。但追溯历史的发展脉络，人类对数学认识的萌芽时期是不可越过的，这一时期的时间跨度也最长。悠悠岁月中，人类在生活经验和实践中，积累了大量的数学知识，与后期的数学研究相比，虽零散、单薄、拙朴，但古人的数学智慧还是令人赞叹不已。

　　按照恩格斯(Friedrich Engels，1820—1895)早年的说法，"数学是研究现实世界的空间形式与数量关系的科学"，让我们一起走进人类最初认识的两个概念——"数"与"形"。

　　水乃生命之本，万物之源泉。

　　古巴比伦的底格里斯河、古埃及的尼罗河、中国的黄河、古印度的恒河……这些母亲河是人类文明的发祥地。历史学家通常称这些地区的文明为"大河文明"。数学文明也主要在这些地方产生。

　　人类有记载的文明史，大约起源于5000年前。从可以考证的资料看，古埃及和古巴比伦的数学在年代上更为久远，但是在纪元前均告衰微，而崛起稍晚的中国与古印度数学则延续到纪元之后，并在中世纪(欧洲的黑暗时期)有一定的发展。很多数学史著作基于时间的连贯性，在叙述的顺序上，一般先介绍古埃及数学、古巴比伦数学，然后是古希腊数学、中国数学与古印度数学。我们不拘于这个时间顺序，只在内容上对古代数学总体上做简单、大致的了解。

一、古代算术

　　"算术"一词，来自希腊文，原意是"数(shù)和数(shǔ)数(shù)的技术"。"算术"是数学中最基本也是最古老的分支，研究的是正整数和分数以及它们之间的基本运算：加减乘除。我国古代算术指的是数学的全体(也称"算学")，而现代"算术"(数论)一般特指自然数性质的研究领域。

古代人们的计数体系中，大都有 10 以内的数字和十、百、千、万等基本符号。数的加减法就是填上或者划去对应的数学符号。例如，古埃及人计算 $21+13=34$ 时，表示为 $|\cap\cap$ 加上 $|||\cap$，结果是 $||||\cap\cap\cap$。乘法则看成加法的重复（连续的加倍运算）。例如，对于 71×19，古埃及人是这样做的（用现代符号表示为）：$2\times71=142$，$4\times71=284$，$8\times71=568$，$16\times71=1136$，$1\times71=71$。

因为 $2+16+1=19$，所以三个数的和 $142+1136+71$ 就给出了所求的乘积。而除法则可以通过乘法步骤反过来得到。

然而，这种笨拙的记数在 12 世纪以前一直盛行于欧洲，加法要逐个数相加，然后再缩写成新的表示法。乘法则是加法的重复，烦琐无比。那时精通四则运算就可以算作专家学者了。至于分数，那简直是难于上青天。直到现在，德文里还保留着这样的谚语，形容一个人陷入困境，束手无策，就说他已"掉到分数里去了"。

古埃及人和古罗马人的计数系统有很大的缺陷，他们不知道"位值制"，乘除运算在他们的数字符号体系中进行会显得复杂无比。而美索不达米亚平原（由底格里斯河和幼发拉底河冲积而成，也叫"两河平原"）上的古巴比伦人使用的六十进制采用了位值制。位值制是千百年来人类智慧的结晶，它可以同字母的发明相媲美。位值制原理使得人们可以用十个数字来表示一切数。古巴比伦人可以轻松地写出大数字，如数符"1，3，20"等于十进制的 3800，因为"1，3，20"其实意味着 $1\times60^2+3\times60^1+20$。

他们还把位值制法则扩展到分数这一领域，符号"▼▼ ▼▼"不仅用来表示 $2\times60+2$，同时也可以表示 $2+2\times60^{-1}$，或者 $2\times60^{-1}+2\times60^{-2}$ 等。这也意味着古巴比伦人对分数跟对整数一样，能够自如地进行运算，而古埃及人则受到单位分数的束缚，他们的分数总是以"1"为分子。

在算法上，古巴比伦人也很有技巧，开发了许多成熟的算法。为解决运算的困难，他们编撰了很多数学表格供人使用，包括乘法表、倒数表、平方与立方表，甚至平方根与立方根表。当然，这些都是以六十进制的楔形文字写成的。对于除法，他们不是用古埃及人那种笨拙的乘法方式反过来实现，而是通过被除数乘除数的倒数，利用倒数表来完成。就像我们今天计算 34 除以 5 的商，可以用 34 乘 2，然后移动小数点得出一样：

$$34\div5=34\times\frac{1}{5}=34\times0.2。$$

我国古代的算法更为独特，人们用算筹进行计算。在春秋末年以后，四则运算已经成熟，形成了一套行之有效的算法。筹算对一般人来说比较复杂，乘除法的实施需要借用相应的口诀方能进行。《史记·高祖本纪》中记载："夫运筹帷幄之中，决胜于千里之外，吾不如子房。"子房就是张良，可见公元前二三世纪，算筹的运用已相当成熟。

算筹在我国使用了大约两千年之久。人们经过不断改革和完善，从实践中创造总结出了许多简捷算法和口诀。到唐朝中叶至宋元时期，人们觉得用嘴念口诀计算很快，但用手摆弄算筹较慢，得心却不应手，需要创造更便捷的计算工具，珠算盘便应运而生（图 2-1）。运用算盘进行四则运算的计算方法，叫作珠算。

图 2-1 珠算盘

古代筹算向珠算过渡，两者在相互影响下，长期共存达千年。直到明代中叶，算筹工具才逐渐退出历史舞台，被算盘代替。

珠算是我国文化与智慧的一颗璀璨的明星，长期以来，在人们的日常生活和生产中发挥了重要的作用。作为传统文化的代表，直到 21 世纪，我们仍能时常听到有人提出在中小学开展"珠算进校园"活动，这不禁让我们为我国古代人民的智慧而感到骄傲。

古代西方也出现过某种算盘，但除了少数国家，都被淘汰了。为什么中国算盘有那么强大的生命力呢？这和我国广泛使用口诀有关，汉语一字一音，容易编成简明易背的口诀。有了口诀，算盘才能发挥它巨大的作用。利用口诀来加速计算，也是中国数学的一大特色。

最流行的口诀莫如"九九表"，即乘法口诀或乘法表。现在的口诀是从"一一得一"起到"九九八十一"止。古代的口诀是倒过来的，从"九九八十一"起到"二二如四"止，因开头两个字"九九"，故乘法口诀简称"九九表"。

早在公元前 7 世纪，懂得九九口诀已不是什么稀罕的事情。九九口诀中的一些句子，在诸子百家文献中也多次出现。例如，民间"不管三七二十一"还在用。形容一个人鬼精，打小算盘，俗称"小九九"。而形容一个人办事利索，通常称"三下五除二"就解决了。

大约在汉朝，算筹记数演变为汉语一、二、三、四、五、六、七、八、九，但算式仍是"筹算法"。此外，唐朝后又流行一种商业大写数字，叫"会计体"：壹、贰、叁、肆、伍、陆、柒、捌、玖、拾、佰、仟、万、亿、零，是为了防止被涂改而发明的。

计算工具的再一次创新，是发明了笔算。笔算不表现口诀，但参与运算的数学过程，步骤都很清楚，不像筹算、珠算，靠借助文字来叙述，只能看到结果。笔算既克服了筹算、珠算的局限性，也促使数学进一步符号化和抽象化。

据有记载的数学文献考证，古印度算术发展相对较晚，但古印度人发明的 1，2，3，4，5，6，7，8，9 和 0，是对人类文明作出的伟大贡献。

二、拉绳子的人

人类最初对几何的思考，源于需要辨识物体的形状和大小，而这些思考是在一些简单观察中，自然产生的。最笨的人也能够理解的概念之一，就是距离——两点之间最短的路径。对于这一点，大多数动物都会本能地认识到。

人们还注意到，自然界各种事物的形状，会呈现出许多特殊的曲线形状。例如，太阳和满月的轮廓是圆形的；树木的横截面也是圆形的；雨后彩虹则是一段圆弧；某些植物的卷须形成螺旋线；而人、动物的身体结构和许多植物叶子的形状都具有左右对称性。

每当人们在湖边或河岸用一个容器汲水时，就会遇到体积的概念，而在晚上仰望空中的繁星时，就会想到空间的概念和点的概念。诸如此类，不胜枚举。

最初这些朦胧的几何概念，可以被称为"无意识的几何学"。一些原始民族在他们朴素的艺术品中会运用这种"几何学"，就像幼儿园的孩子们喜欢画画那样。由无意识到有意识地产生的几何概念，是直线形。例如，三角形和四边形，人们在圈定房屋的边界时，首先标出拐角的位置，然后用土墙或篱笆把每两个相邻的拐角连接起来，逐渐产生了水平线和垂直线等概念。

古人度量路途的长短、土地的范围、容器的大小，逐渐形成长度、面积、体积等概念。这是几何学产生的直接根源。

被誉为"历史之父"的古希腊历史学家希罗多德（Herodotos，约前 484—约前 425）指出："尼罗河每年涨水后，需要重新确定农民田地的边界，从而产生了几何学。"几何学被誉为"尼罗河的恩赐"。在古埃及的土地丈量中，几何学"geometry"（geo 意指土地，metron 表示测量）就产生和发展起来了。

尼罗河定期泛滥，通常自 7 月中旬开始，淹没大部分谷地，11 月洪水逐渐退落，土地上遗留着肥沃的淤泥。1 月，农民在松软的土壤里播种，湿润的土地很容易耕垦，并有丰富的收成。

国王（法老）通常会把同样大小的正方形土地分配给所有的人。土地持有者，每年向国王缴纳租金（税金），作为国家主要税收。如果一个人的土地被洪水冲跑了任何一部分，都可以到国王那里，把发生的事情报告给他。国王会派人调查，并测量、核实损失的土地面积，以减少相应的赋税。

边界线在尼罗河泛滥中被淹没的情况，强化了人们对测量的需求。古埃及那些"拉绳子的人"，在他们的实践中，得出了计算土地面积、仓库容积、粮食堆的体积、石料和其他建筑材料多少的一些法则。

当然，这时的几何还不是一门学科。古人把几何学看作一种使用工具，他们用算术来解决有关面积、体积以及其他简单几何性质的问题。

古人处理实用几何问题都是通过计算来解决的。无论是古埃及还是我国古代，现存文献记载的问题，都是实例汇编，可谓"数学实用手册"。论及最多的，是计算土地面积和谷物堆的体积，有的正确，有的是近似值，当然也有错误的。例如，对于等腰三角形的面积，他们用底乘腰的一半得出，四边形的面积用两组对边的算术平均值相乘得出，但梯形面积的计算方法有时又是正确的。

古埃及人得出"圆的面积等于 $\frac{8}{9}$ 直径的平方"，即 $S = \left(\frac{8}{9}d\right)^2 = \left(\frac{8}{9} \times 2r\right)^2 \approx 3.16r^2$，相当于圆周率 π 取 3.160493…，这比古代欧洲的圆周率和我国古代"周三径一"（π 取 3）要准确得多。

从古巴比伦泥板上记载的一些数学问题可推知，他们很早就知道毕达哥拉斯定理（勾股定理）。公元前 1700 年的一块泥板上有这样一个问题：一根五米长的木梁（AB）竖直靠在墙上，上端（A）下滑一米（至 D），问下端（C）离墙根（B）多远。

他们还知道三角形的相似及简单的对应边的比例关系。

古埃及几何最了不起的一个法则，是计算截锥体的体积（即棱台的体积，棱台容易使人想到古代的粮仓），这个公式用现代的记号表示为 $V = \dfrac{h}{3}(a^2 + ab + b^2)$。当然，那时没有符号表示，他们用文字描述来表达这个解题过程。

"有人告诉你说：有截棱锥，高为 6，底为 4，顶为 2，你就要取这 4 的平方，得到结果为 16，你要把它加倍（乘 2）得结果 8，你要取 2 的平方得 4，你要把 16，8 和 4 加起来得 28，你要取 6 的三分之一得 2，你要取 28 的两倍得 56，你看，它等于 56，你可知道它是对的。"（图 2-2）

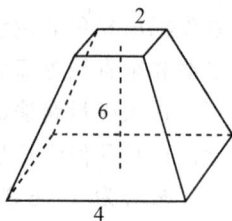

这个算法用算式表示为 $V = \dfrac{1}{3} \times 6 \times (4^2 + 4 \times 2 + 2^2)$。

图 2-2

除了棱台，他们也知道如何求锥体的体积。他们还在设计建造四棱锥建筑——金字塔中展现出了非凡的技艺。金字塔至今仍存在着许多未解之谜。这一宏伟的建筑，充分反映了古埃及人的智慧以及他们所掌握的天文和数学知识。当然，我们也不应该过分强调金字塔的复杂性。古埃及人的"数学"是简单、粗浅的，虽然他们在工程上达到了很高的精确度，但他们并没有揭示出包含着深刻原理的一般性的结论。

美国数学家贝尔（Eric Temple Bell，1883—1960）称，古埃及人发现的那个正四棱台的体积"公式"，才是真正的"最伟大的埃及金字塔"。

我国古代对简单平面图形的面积和常见几何体的体积计算，无疑是知道的。他们对圆的研究曾达到很高的水平（如祖冲之的圆周率），只是年代上比古埃及和古巴比伦的"两河文明"要晚一些。

我国古代几何，其中的一个特色是对"规矩"的使用。所谓规，就是圆规；矩，则是由长短不一的两个尺子合成相交为直角的一种工具。尺上有刻度，短的叫勾，长的叫股。有时为了坚固起见，在两者之间连上一条杆（图 2-3）。

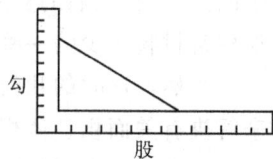

图 2-3

"矩"不但可以用来画直线、作直角，而且可以测量，有时还可以代替圆规，堪称万能工具。在《伏羲女娲图》中"伏羲手执矩，女娲手执规"，代表了天圆地方的传统宇宙观；《史记》卷二《本纪》记载大禹治水时，"左准绳，右规矩"；《〈周髀算经〉赵爽注》中也有"禹治洪水，望山川之形，定高下之势……乃勾股之所由生也"的记载。

诸子百家著作中还有很多关于"规矩"的论述。例如，"轮匠执其规矩，以度天下之方圆"（《墨子》）；"离娄之明，公输子之巧，不以规矩，不能成方圆"（《孟子》）。可见，最迟在春秋战国时期，"规矩"已被人们广泛地使用。

春秋战国时期，随着社会的变革，学术上呈现出百家争鸣的局面。在诸子著作中，《墨经》系统地论及了自然科学方面的成果。它包含几何学、力学、光学、逻辑学等方面的论述，是上古时期流传到现在最出色的科学书籍之一。

古印度在历史上曾多次遭受外族的侵略，所以古印度数学受到古巴比伦和古希腊的影响，后来又受到中国的影响。古印度的数学成果大多记在一种"树叶书"（喜马拉雅山盛产的一种树的叶子）上，因为不容易保存，所以古印度数学在 7 世纪以前缺少可靠的史料，人们只是零星地发现过一些。比如，在公元前 1000 年，古印度人就已经知道圆的面积等于一个矩形的面积，这个矩形的底等于半圆的周长，高等于圆的半径，用今天的公式表示就是 $S_{圆} = S_{矩} = \dfrac{c}{2} \cdot r = \dfrac{2\pi r}{2} \cdot r = \pi r^2$。

古印度的早期数学，始终与宗教和天文学有密切联系，使得三种文献混杂在一起。古印度最早的数学文献，出现在吠陀时期的《绳法经》中，主要记载修筑祭坛的法规。由于需要用线绳和竹竿等工具进行测量，故而得名《绳法经》，其中记载了一些几何概念和实用图形的度量等方面的知识。

早期人们对几何的应用通常被称为"实验的""经验的"或"归纳的"几何学。至公元前 600 年，人们得到一大堆的估算法则，只是近似正确。大量的几何知识，完全靠实验方法和经验得以发现，用来满足当时农业、宗教和商业等方面的需要。

生存的需要，必然会推动数学的发展。古人从生活和观察中，认识到直线、圆和角等几何概念，在土地测量等实践活动中，用到了一些几何图形。从他们发明的灌溉系统中，也可以明显看出，当时的工程技术还是相当高的，今天仍可以看到巨大的运河网遗迹。有些运河规模相当大，不仅可以灌溉土地，而且可以为人们提供实用的排水系统。

古代遗留下来的恢宏建筑——如埃及金字塔，它的精确性令人赞叹。然而，古人并没有把他们的工作带向更远。他们的几何，都有一个严重的不足，那就是在精确和近似值的关系之间，缺乏清晰的区别。不过这一点也很好理解：如果数学的主要目的是实际应用的话，那么近似值已经足够了。

古人的几何学是经验的法则，或者说是实际技艺。在他们眼里，直线只不过是拉紧了的一段绳子，古希腊语中"hypotenuse"（斜边，弦）的实际意思是"拉紧"。一个平面只不过是一片平地的表面。他们求土地面积和谷仓体积的公式，是经过反复试验得到的，因此许多公式（方法）也难免会有错。

古代"经验几何学"作为一门独立的学科，还不存在。现存文献中各种关于几何计算的问题，本质上属于算术的应用，而不是为几何而专门研究的。人们对日常生活以外的问题没什么兴趣，只要自己的数学知识能应付生存需要就感到满足了。

他们总结归纳出的几何知识，只是为了提供具体的技术方法，而不是为了获得洞察力。虽然他们对自然现象曾做过耐心、仔细的考察，但没有形成抽象概括和推理的能力，而缺少它，科学就不能开始。

古代实用算法积累到一定阶段，人们对算法进行系统的整理与理论概括，是必然趋势。但这一任务，并不是由早期的"大河文明"来担当的。向理论数学的过渡，大约开始于公元前 6 世纪的地中海，那是一个崭新的、更加开放的文明——历史学家通常称之为"海洋文明"，它带来了数学的第一个黄金时代——以论证数学为主的古希腊数学时代。

第三章 论证数学的发端

遇见，因为从某种意义上来说；

世间一切，都是遇见，

就像冷遇见暖，就有了雨，

春遇到冬，有了岁月；

天遇见地，有了永恒；

人遇见人，有了生命……

——选自《朗读者》开场白

德国哲学家雅斯贝斯（Karl Jaspers，1883—1969）曾说："教育的本质就是一棵树摇动另一棵树，一朵云推动另一朵云，一个灵魂唤醒另一个灵魂。"陆老师希望在讲座中营造出一个又一个精彩的相遇：数学、哲学、美学、学生、贤者、老师，他们彼此推动、唤醒。

本次讲座，叙述的是数学史上论证数学的发端，这缘于"数学与哲学的相遇"。哲学家崇尚用理性认识世界，需要借助数学的力量去发现自然界的规律。数学与哲学的相遇，是智慧与思想的碰撞与交融，它使数学成为一门纯粹的学科，为数学以后的破土发芽、葳蕤芳华做好了铺垫。

梁启超先生于1900年在其《二十世纪太平洋歌》中提到，地球上古文明国家有四：中国、印度、埃及、小亚细亚是也。从此，"四大文明古国"广为流传，但国际上对此尚有争议。美国历史学家威廉·麦克尼尔（William H. McNeill，1917—2016）在其《世界史》中称古巴比伦、古埃及、古印度、中国、古希腊是世界上的五大文明发源地，首次提出了"世界五大文明"的学说。这在史学界引起很大的反响。也许是对"文明古国"的定义或标准的理解不同，各有各的道理。然而，在众多的世界文明史、思想史、哲学史、文学史、艺术史等著作中，古希腊总会是浓墨重彩的一笔，这就是所谓"言必称希腊"。

大多数人谈论古希腊对现代文明的贡献，主要集中于文学、哲学和艺术等方面。古希腊在这些领域遗留给我们的财富，应该受到高度的赞扬。古希腊哲学今天依然启人心智，促人思辨；古希腊的建筑和雕塑依然高贵单纯、静穆伟大；古希腊的戏剧依然千载流传，精彩纷呈。然而，古希腊的数学最大限度地决定着今天文明的本质。古希腊人改变了这门学科的性质，对现代数学的奠基起了决定性的作用，是奉献给人类的最好礼物。

古希腊的数学有两个显著的特征。首先，古希腊人有意识地强调，数学概念是思维的抽象，与实际事物或现实形象截然不同。原始文明时期的人虽然也知道脱离实物来思考，但在古希腊之前的所有文明中，几何思想是离不开实物的。古希腊人是最早在抽象领域运用数学的人，他们把数学从会计师和人们的测量等应用技术中剥离出来，转化成了一门纯粹的学科，他们追求的是纯粹的概念。其次，古希腊人也是最早以科学方式来表达数学的人，他们崇尚的是一种演绎精神。尽管获取知识的方法多种多样，如经验、类比、归纳等，但他们坚持演绎推理，并把它作为数学证明中唯一正确的方法。从此以后，人们开始依靠演绎推理，而不是凭感觉或经验去判断什么是正确的。

对古希腊人来说，古埃及人和古巴比伦人所积累的数学知识，是由"沙子"砌成的空中楼阁，一触即散；而古希腊人寻求的，是构建一座由"大理石"建造的坚不可摧的永恒宫殿。

古希腊人也被称为海伦人，其历史可以追溯到公元前 2000 年。古希腊的先民在希腊半岛定居，后来又逐步向爱琴海诸岛和小亚细亚爱奥尼亚地区扩张。到公元前 600 年左右，古希腊人的殖民地已沿着地中海与黑海的边境分散。

海洋边境地区的殖民者有两个优势。首先，他们有着典型的开拓精神，对于所接触的事物，不愿沿袭传统。其次，他们所居之地与两大河谷毗邻，易于吸取那里的文化。游历埃及和美索不达米亚地区的古希腊商人、学者，从那里带来了数学、天文等知识。古希腊人在接受外来文化时是毫不犹豫的，只要是他们接触过的东西，就会加以吸收和发展，一种新的文明正迅速崛起。

与东方文明古国不同，古希腊城邦始终处于割据状态。一方面，这与它的地理位置有关，山脉和海洋使人们分散在遥远的海岸和众多的岛屿上。在他们看来，任何问题都可以自由争论，都应该加以分析，而不是盲目跟从。他们往往需要用理由来说服对方，比如，在学术上为了坚持真理，就需要说理（证明）。古希腊人不仅要回答"是什么"，还要回答"为什么"。另一方面，由于当时古希腊有许多原住居民和被贸易文明吸引过来的奴隶，他们负责耕种土地，收获庄稼，从事城邦里各种具体的劳动和杂务，这就让另一些人有时间从事"唯理主义"的思考和探讨，催生出众多的哲学家和不同的学术流派。他们热爱理性、爱好体育和精神活动，这使得他们与其他民族有了重要区别。

在公元前 600 年至前 300 年间，古希腊涌现出了众多杰出的哲学家，他们的思想深深地影响着后世文明与数学发展进程，其中的代表人物如下。

一、"认识你自己"——泰勒斯

泰勒斯（Thalēs，约前 624—约前 547）生于米利都（今属土耳其）。泰勒斯年轻时游访过古巴比伦、古埃及等古代文明国家，饱学了东方璀璨文化，自称"东方的学生"。回来以后，他广泛从事哲学、数学、天文学研究，被誉为"希腊七贤"之一。七贤的说法众说纷纭，各种传说会列举不同的人，但都包括泰勒斯在内。

对于泰勒斯生平的了解，人们主要依赖于后世哲学家的著作。

柏拉图（Plato，前 427—前 347）曾记叙过泰勒斯的一桩轶事。一天夜里，泰勒斯一边漫步，一边望着星空，不小心跌进一条沟渠，爬不起来。他大声呼救，一位老妇人把他拉了起来。老妇人责备道："您连自己脚下的东西都看不见，怎么能看清天上的事情呢？"然而，泰勒斯的确取得了许多卓越的成就，他不仅开创了古希腊认证数学，而且创立了古希腊哲学，提出了重要的宇宙起源理论，还为天文学作出了杰出贡献。

亚里士多德讲过另一个故事。有一年，泰勒斯根据他掌握的农业知识和气象资料，预见到本地橄榄必将获得大丰收，于是提前偷偷地用低价把本地所有的榨油机都买了下来。事情果然如他所料，橄榄大丰收，但到处都没有榨油机。这时他把机器高价租出去，获得了一笔可观的财富。他这样做并不是想要成为富翁，而是想回击有些人对他的讥讽：你如果真那么聪明，为什么没发财呢？

在泰勒斯之前，古希腊没有哲学，只有神学，因此他被传说为古希腊第一个哲学家。泰勒斯否认神是世界的创造者，主张从大自然现象中寻求真理。他的自然哲学观从物质和客观这两方面来解释宇宙的结构和设计布局：用客观合理的解释来代替世人的想象和传说，并且用理性来阐释他的主张；而不依赖于神、灵、鬼、怪、天使以及其他的神秘力量。泰勒斯认为，要了解人与自然的关系，以及宇宙的运行法则，先要研究数学。因为数学可以帮助人们在混沌中找到秩序，并按逻辑推理求得规律，获得真理。

早年泰勒斯在古埃及学习，参观了金字塔。当时，他只是把棍子插在地上，然后比较了棍子影子的长度和金字塔影子的长度，就计算出了金字塔的高度，这令导游惊讶不已（图 3-1）。对古埃及人来说，这就像是魔术，但对于泰勒斯来说，这只是简单的数学推理。相传，在古

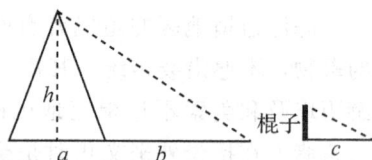

图 3-1

巴比伦，泰勒斯接触了那里的天文表和测量仪器，成功地预报了公元前 585 年的一次日食。

泰勒斯是数学史上留名的第一人，也是有幸占有一些几何定理发明权的第一人。古希腊评注家普罗克洛（Proclus，410—485）把下列五个命题的"发现"归功于泰勒斯。

(1)圆被任意直径二等分。

(2)等腰三角形的两底角相等。

(3)两直线相交，对顶角相等。

(4)两角及夹边对应相等的两个三角形全等。

(5)半圆上的圆周角是直角。

上述命题都很简单，有些仅凭直观就能判断。这是在泰勒斯之前那些"拿绳子的人"都知晓的，但泰勒斯不满足于"知其然"，他要究其"所以然"。在推理组织方面，泰勒斯作出了开创性的贡献。正是泰勒斯给几何学添加了逻辑结构的成分，让人们的认识从感性上升到理性。上述定理的推理证明是论证几何的发端，是数学史上不寻常的质的飞跃。

"半圆上的圆周角是直角"叫作泰勒斯定理，这是数学史上第一个以数学家名字命名的定理。

在泰勒斯的墓碑上，镌刻着人们对他的景仰之情：

这位天文学家始祖之墓虽然不甚宏伟

但在日月星辰的王国里

他顶天立地

万古流芳

二、"万物皆数"——毕达哥拉斯

毕达哥拉斯（Pythagoras，前 580 至前 570 之间—约前 500）出生于萨摩斯岛。在这个小岛以东不远的米利都，住着的正是泰勒斯。毕达哥拉斯成年后曾来到米利都求学，而

此时泰勒斯年事已高，因此泰勒斯建议他去找米利都学派的阿那克西曼德（Anaximander，约前 610—前 546）。

传说，毕达哥拉斯没有听从泰勒斯的劝教，而是离开了米利都，独自一人前往古埃及。他在那里学习了古埃及人的数学。后又在古巴比伦游历并掌握了更为先进的数学知识，并尽可能地汲取当地的文学、宗教、天文学等知识。公元前 530 年，毕达哥拉斯漂洋过海，来到古希腊殖民城邦克罗顿定居（今属意大利）。他广收弟子，组织了一个政治、科学、宗教三位一体的秘密团体——毕达哥拉斯同盟。毕达哥拉斯首次提出了毕达哥拉斯定理（勾股定理），第一个发现昏星与晓星是同一颗星，第一个指出心灵和表象是在脑子里，在宇宙学和音乐理论方面都有较大贡献。

· **哲学家**

在一次出席奥林匹亚竞技会（奥运会的前身）时，弗利尤斯的利昂王子问毕达哥拉斯："如何描述你自己？"毕达哥拉斯回答："我是一个哲学家。"利昂王子以前没听说过"哲学家"这个词，于是毕达哥拉斯解释道：

"利昂王子，生活好比这些公开的竞技会。在这里聚集了一大群人，有些人是因受物质奖励的诱惑而来；另一些人则是因受名誉和荣耀的驱使而来；还有一些人一路叫卖，为追求利益而来；但他们中间也有少数人，是为了观察和理解这里发生的一切而来。

"生活同样如此：有些人因爱好财富而被左右；另一些人因热衷于权力而被支配；但最优秀的一类人，则献身于发现生活本身的意义和目的，他们热爱知识，并愿穷其一生去揭示自然界的奥秘，这就是我称之为'哲学家'的人。"

· **毕达哥拉斯学派**

毕达哥拉斯学派追求知识本身，而不是它的利益，这个态度可以用以下箴言来证明："数是前进的阶梯，而不是金币的筹码。"

· **三个问题**

毕达哥拉斯学派的每个成员每天晚上都必须问自己三个问题：我做错了什么；我做了什么好事；有什么应该做而没有做的事情。

这使我们想起中国古代曾子（前 505—前 434）的名言"吾日三省吾身：为人谋而不忠乎？与朋友交而不信乎？传不习乎？"

· **神秘的会标**

正五角星与其外接正五边形，可组成众多大大小小的顶角为 $36°$ 的等腰三角形，存在众多的比值为"黄金数"的线段（如图 3-2 所示的 $\dfrac{MN}{NB}=\dfrac{BN}{BM}=\dfrac{BM}{BE}=0.618$），真是一颗熠熠生辉的金星。

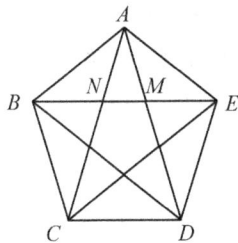

图 3-2

· **友谊**

朋友是什么？毕达哥拉斯回答："另一个我。"由此引出数的"亲和性"。能拿什么来描写比一对亲和数 220 和 284 更亲密的关系吗？

220：$1+2+4+5+10+11+20+22+44+55+110=284$，

284：$1+2+4+71+142=220$。

这两个数，一个能生成另一个，当然不会有比这更亲密的关系了。

·毕达哥拉斯的哲学思想

最早提出自然界数学模式的，是以毕达哥拉斯为领袖的毕达哥拉斯学派。他们震惊于这样一个事实：定性地看各种各样的现象，它们都会表现出一定的数学性质，由此可推知数学性质必定是这些现象的本质。数学是解释自然的第一要素，因为所有物体都是由物质的基本微粒或"存在单元"，根据不同的几何形状组成的。"数"是万物之本。他们在人们的一切行动和思想上乃至在一切行业上，都看到了数的力量。

在数的研究上，他们把整数分成奇数和偶数、质数和合数，另外还有诸如完全数、亲和数、盈数、亏数等。其中关于"形数"的研究，充分反映了他们将数作为几何元素的精神。他们常把数描绘成沙滩上的点或小石子，按小石子所能排列而成的形状来把数进行分类。例如，1，3，6，10，…这些数被称为"三角形数"，因为相应的小石子能排列成正三角形；1，4，9，16，…这些数被称为"正方形数"，因为相应的小石子能排成正方形(图3-3)。

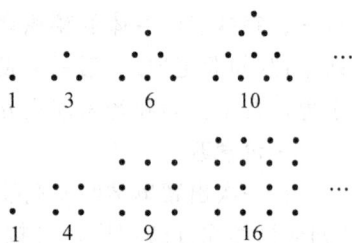

图 3-3

毕达哥拉斯学派把数字完全编织进了他们的思想中，并带有某种数字神秘主义的倾向。例如，数字7，总是被排选出来受到特别的敬畏，推测起来，可能是由于当时人们认识七大行星的缘故，而一周的天数也正是源于此。他们还认为，1是数字发生器，是原因之数；2是第一个偶数或阴数(偶数是可分解的，因而也是容易消失的，"阴"性的，属于地上的)；3是第一个真阳数(奇数不可分解，"阳"性的，属于天上的)，是和谐之数，由"1"和"2"组成；4是正义或惩罚之数，表示扯平的意思；5是婚姻之数，是第一个真阳数与第一个阴数的结合；6是创造之数；等等。每个数都具有独特的属性和含义。而所有数当中，最神圣的数是10或者叫 tetractys(数的四重体)，因为它代表了"万有之数"，是所有表示几何维度的点的数字之和：一个点是所有维度的发生器；两个点连成一条一维的直线；不在同一条直线上的三个点确定一个有着二维面积的三角形；不在同一平面上的四个点构成了一个有着三维体积的四面体。这些代表维度的数字之和(点的个数1，2，3，4之和)就是数字10。他们对1，2，3，4这四个数特别重视，称之为"四象"。他们认为自然是由点、线、面、体组成的，与四象对应的四个数学之和为10，10是理想数，代表宇宙(图3-4)。

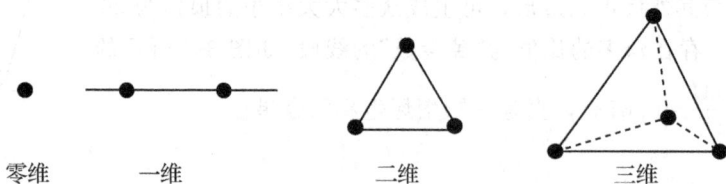

零维　　　一维　　　　二维　　　　　三维

图 3-4

毕达哥拉斯学派的数字神秘主义，其外壳之下包含着理性的内核。首先，它强调数字的概念属性。如果说古埃及与古巴伦算术主要是实用的数字计算技术，那么毕达哥拉斯学派的算术，则更多地被运用于某种初等数论的智力领域中，这是观念上的飞跃，是向理论数学的过渡。其次，他们的数形结合观点，也推动了几何学的抽象化进程。

以上探索引出了毕达哥拉斯学派"万物皆数"的哲学观。在他们看来，一旦认识了数的结构，就掌控了世界，这正是毕达哥拉斯学派哲学最本质的东西。一切可知的事物都有数字，因为如果没有数字，任何事物既不可能被构想，也不可能被理解。

当今世界早已进入数字化时代，这似乎是毕达哥拉斯的一个预言。只是，在这个大数据时代，人们利用数字所控制的更多的是物质世界，而却忽视了这些数字中所包含的精神。

·毕达哥拉斯的数学贡献

人类早期的算术与几何主要被运用于实际生活，而让数学更紧密地跟"智慧之爱"联系在一起，这主要归功于毕达哥拉斯。虽然泰勒斯沿着论证数学的方向迈出了第一步，但古希腊数学著作的评注者们，则将论证数学的主要成果，归功于毕达哥拉斯。

在毕达哥拉斯之前，人们并未清楚地认识到，证明必须由假定开始。毕达哥拉斯坚持在发展几何时，须先制定一些必要的公理或公设，然后从这些数量相对较少的公理或公设出发，通过严密的演绎推理，来说明几何规律及揭示这些规律之间的联系。证明，现在被普遍认为是理所当然的真正的数学精神。

数学上最著名的一个定理以毕达哥拉斯的名字命名。早在毕达哥拉斯之前，直角三角形三边之间的关系，就在世界各地被人们所认识（在我国叫勾股定理），并被广泛应用于建筑工程之中。但毕达哥拉斯以前的人，把数学看作解决实际问题的一种技术，只要计算出正确的答案，没有人会怀疑这种计算方法，或者去寻求隐藏在这些方法背后的逻辑。伟大的定理归属毕达哥拉斯的理由，是他第一个证明了它的普遍正确。

毕达哥拉斯定理其实包含了两种含义：一个是法则，另一个是证明。法则叙述的仅仅是事实，说明直角三角形各边长之间的关系，该法则有实用的价值。但证明就不同了，它陈述的是为什么这个事实是正确的，与定理的实际用途无关。毕达哥拉斯的证明，标志着人们对数学的思考方式发生了根本性的变化，标志着自泰勒斯以来，数学从古代经验主义到现代数学（演绎学科）的进一步转变。

那么，毕达哥拉斯究竟是怎样证明这个定理的呢？对此存在许多猜想，但一般都认为最初的证明是分割（拼接）型的：设 a，b，c 分别表示给定的直角三角形的三条边，考虑图 3-5(1) 和图 3-5(2) 中的两个大的正方形，边长都是 $a+b$，图 3-5(1) 把大正方形分成六个部分，图 3-5(2) 把大正方形分成五个部分。毕达哥拉斯依据公理"等量减等量差相等"，便可推出图 3-5(1) 两个小正方形的面积之和 a^2+b^2 等于图 3-5(2) 中间正方形的面积 c^2，即 $a^2+b^2=c^2$。

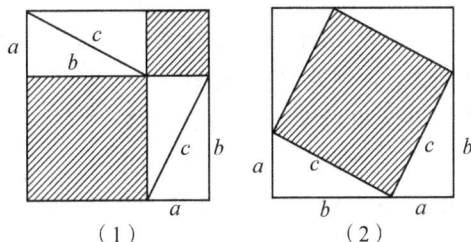

（1）　　　　　　　　　（2）

图 3-5

值得强调的是，毕达哥拉斯在他的论证中，还必须证明由四个直角三角形拼出的图3-5(2)的中间的确是一个边长为 c 的正方形。为此，他既需要借助三角形内角和等于两直角，又需要知道平行线的某些性质。因此，包括平行线理论在内的一些初等几何理论，都应归功于早期的毕达哥拉斯学派。

毕达哥拉斯的另一个重要的数学贡献，是无理数的发现。这是一项重大的发现，直接引发了历史上"第一次数学危机"。

毕达哥拉斯像一个富有灵感的先知那样宣称：整个自然界，物质的、精神的、道义的，数学的一切，都是建立在整数1，2，3，…的离散模式之上的。人们只能按照上帝给予的这些砖块来说明世界，上帝就是"数"——整数，一个卓越的概念，简单而美妙。

毕达哥拉斯学派认为，任何量都可以用整数（或整数比）来表示。在几何上，我们画出一条线段（图3-6），记线段的左端点为0，设定一个单位长度1，然后向右依次可标出2，3，4，…同时，在0和1中间的点标以 $\frac{1}{2}$，0和 $\frac{1}{2}$ 中间的点标以 $\frac{1}{4}$，依次下去，我们可以标出 $\frac{1}{3}$，$\frac{2}{3}$，$\frac{4}{3}$，还可以对所得到的每一个小线段做更小的等分。我们想象到，可以在整个数轴中找到任何一个整数或分数，而所有整数和分数对应的点将铺满整个数轴。于是，毕达哥拉斯的"数"与数轴上的"点"建立起这样一个美妙的联系。

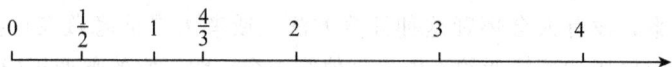

图 3-6

毕达哥拉斯学派认为，任何事物都可以用整数（或整数比）来表示。其整个算术（比例理论）和几何（相似论），都是建立在这个显而易见的假设基础之上的。

正当毕达哥拉斯学派呈现一片欣欣向荣的景象，"万物皆数"深入人心的时候，理论大厦的裂痕出现了，根基动摇了，危机出现了。

危机的起因，是毕达哥拉斯在自己的定理上栽了跟头。如图3-7，设正方形 $ABCD$ 的边长为1，根据毕达哥拉斯定理，正方形对角线的长度（用现代符号表示）为 $\sqrt{2}$，问题是：$\sqrt{2}$ 不能表示为两个整数之比，这表明线段 AC 的长度不能用数来表示。

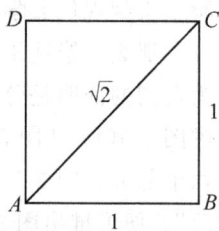

图 3-7

然而，反映在几何（数轴）上的事实是：人们很容易用圆规找到 $\sqrt{2}$ 所对应的点 P（图3-8），但数轴上的这个点 P 对应的数却不能用分数表示。进一步研究发现，像点 P 这样的点还有很多。这样，毕达哥拉斯学派认为的被整数和分数覆盖（铺满）的数轴上，到处都有"缝隙"。

确定正方形的对角线，揭示出数学上一种新实体的存在。对于对角线这样一个平常的量，"数"都不能表示，那何以描述自然界的万事万物呢？"万物皆数"的局面面临崩溃的危险。毕达哥拉斯学派陷入恐慌之中，于是他们极力封锁这个发现的流传，他们把这种

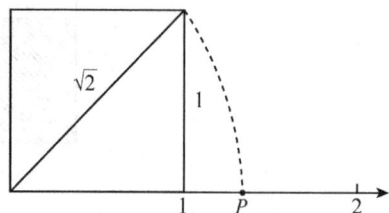

图 3-8

数叫作"Alogon"（"不可说"或"没有比"之意）。"始作俑者"希帕索斯（Hippasus）被迫逃亡他乡。不幸的是，在一条海航线上，他还是被学派的门徒们发现，被残忍地扔进了大海。

$\sqrt{2}$使整数的地位受到挑战，动摇了毕达哥拉斯学派的几何理论和哲学基础，使整个古希腊数学观都受到极大的冲击，引发了数学史上的第一次危机。

无理数的出现，使算术的研究陷入停滞。$\sqrt{2}$不能用两个整数的比来表示，但在几何中是"正方形的对角线"。因此，在此后很长的时间里，几何与算术相比，在数学中占据了绝对优势，这对后世数学的发展产生了深远的影响。

三、"不懂几何者不得入内"——柏拉图

毕达哥拉斯之后的哲学家，更加关注现实世界的本质和基本数学设计。他们认为隐藏在自然界不断变化的万象之下的真实性，是可以用数学来表示的，这个世界上所发生的一切，都遵循严格的数学规律。

人们通常所称的古希腊"三大哲学家"指的是柏拉图，他的老师苏格拉底（Socrates，前469—前399）和他的学生亚里士多德。

公元前427年，柏拉图出生于雅典。柏拉图年轻时游历很广，访问过古埃及等地，曾和毕达哥拉斯学派的人有过亲密接触，对数学有着浓厚的兴趣。和毕达哥拉斯一样，柏拉图也认为，数学是解开宇宙之谜的钥匙，而科学的任务是发现"理想"自然界的结构，并把它在演绎系统里表述出来。

公元前387年，柏拉图在雅典创办了学园，就像现代私立大学的学园（"Academy"，这个词现在的意思是科学院或高等学府）。柏拉图学园成为承前启后的纽带，联系着之前的毕达哥拉斯学派和之后的亚历山大数学学院。学园对入学者设立了一个门槛，那就是学园大门上写着的：

"不懂几何者不得入内"

柏拉图充分意识到，数学对探求人类理想的重要性。数学带来纯粹的思想精神，使数学成为无上崇高的东西。数学在学院的课程中，占据着绝对重要的地位。柏拉图热忱地相信，数学是思想训练的理想场所，对哲学家的培养，对"理想国"未来主人的成长，都是至关重要的。

柏拉图在数学史上的地位之所以重要，是因为他充当了其他人的启发者和指导者。实用的计算术（计算的技术）和算术（数论意义上的）之间的明显区分，多半要归功于他；而在几何中，他将几何学家跟工匠或技师等那些"拿绳子的人"严格区分开来。柏拉图论述了数学的基础，厘清了某些定义。例如，他认为点是一条线段的开始，把线段定义为"没有宽度的长度"，一条线上的点均匀地分布于这条线上。

通常，人们还将几何论证中所谓"解析法"，归功于他。在论证时，从某个给定条件（已知）开始，结合一般公理和假设，一步步进行推理，最终得出要证明的结论；如果从前提到结论的推理链不明显，也可以反过来，从要证明的命题结论开始，反推这个结论成立的条件，一步步地逆向推理，直至反推到一个已知为真的结果。如果这个推理链中的每一个步骤都可逆，那么把这一个个步骤都反过来，结果就是该命题的合理证明。这就是几何证明过程中常用的综合法与分析法。柏拉图当然不是第一个注意到解析观念效

率的人，但他把这一步骤正式化，并赋予了它们一个名称(综合法或分析法)。

柏拉图深入研究了尺规作图三大问题，即三等分角问题、倍立方问题和化圆为方问题，这些问题是当时几何学的热点，柏拉图的研究推动了几何学理论和逻辑学的发展。

在数学圈内，柏拉图以他的多面体研究成果著称。自然界仅有的五种正多面体，通常被称为"柏拉图多面体"。

如果一个多面体的所有面，都是全等的正多边形，所有多面角也相等，我们就说它是正多面体。奇怪的是，有无限多种正多边形，却只有五种正多面体。

柏拉图描绘了这五种正多面体(图 3-9)。他在《蒂迈欧篇》里讲了如何用正三角形、正方形和正五边形来构造正多面体的面，并神秘地将四种容易构造的——正四面体、正八面体、正二十面体和立方体，对应为组成一切物质的四种基本元素——火、气、水和土。柏拉图把它们看作宇宙的象征，后来的人们在自然界众多物质中分别找到了这些正多面体的晶体结构。

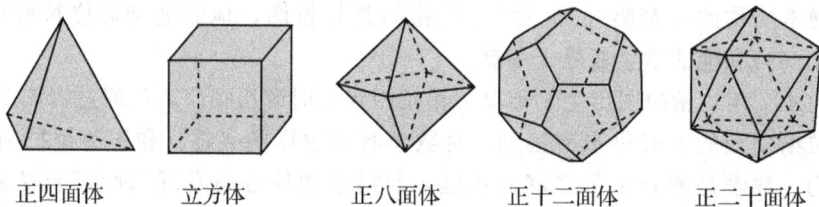

| 正四面体 | 立方体 | 正八面体 | 正十二面体 | 正二十面体 |

图 3-9

作为哲学家，柏拉图对欧洲哲学乃至整个文化、社会的发展有着深远的影响。他本人虽然并没有在数学研究方面做出过什么特别的发现，但他的学园却是那个时代希腊数学活动的中心。大多数重要的数学成就，均由他的弟子取得，这一切使得柏拉图及其学园赢得了"数学家缔造者"的美名。有人认为他是一个深刻而敏锐的思想家，他的学生、朋友和追随者中，很多都是那个时代的伟大人物。柏拉图学园存在了 900 年之久，在随后的好几代传人中，仍兴盛不衰，在他们之中，可以找到那个时代的许多著名的数学家。

四、"吾爱吾师，吾更爱真理"——亚里士多德

亚里士多德在柏拉图学园学习，师从柏拉图，是学院培养出的最博学的学者。后来，他成为欧洲史上伟大的哲学家和科学家，对西方文化有着深远的影响。

公元前 335 年，亚里士多德因"吾更爱真理"而离开柏拉图学园，另立门派，在雅典创办了自己的学园(吕克昂学园)。此后的岁月里，除了研究和写作，他把自己的精力全部投入到吕克昂学园的教学和管理事务中。据说他授课时，喜欢边走边讲，以至于今日英文里"演讲"或"论述"一词 discourse 的原意就是"走来走去"。

与柏拉图的兴趣偏向数学不同，亚里士多德没有专门写过一本关于数学的书，但继承了柏拉图的数学思想，在许多地方论述过数学，并用数学说明他的一些观点。

亚里士多德对"定义"做了更为细致的讨论，他认为定义是用语言对一些概念做出描述，而最初的概念应该是不可定义的，否则就没有"始点"。他批评"点是没有部分的那种东西"，因为这个定义中的"那种东西"没有说出所指的究竟是什么。

　　亚里士多德深入研究了数学推理的基本原理，他把公理和公设加以区别：公理是一切科学所公有的真理，是从观察实物（物理对象）得出的，是直接为人们所理解的一般性认识。他把逻辑原理（矛盾律、排中律等）都列为公理。公设则只是为某一门学科所接受的第一性原理，是某一门学科特有的最初原理。公设虽然也是不言自明的，但其是否属"真"，需要用所推出的结果来检验。一个体系中所列出的公理或公设，数目应越少越好，只要它们能用以证明体系中的结果。

　　亚里士多德撰写的"城邦政情"，对城邦的历史、行政、科学、艺术、人口、资源和财富等进行了介绍，并对各城邦的社会和经济情况进行比较分析。这类分析延续了两千多年，直到 17 世纪，并迅速演化为一门新的学科——统计学［statistics，这个词依然保留了城邦（state）的词根］。

　　在《物理学》一书中，亚里士多德把古希腊的力学运动定律归纳到一起，并建立在一些似乎是自明的原理之上。亚里士多德的运动理论体现了数学的重要作用，证实了数学是洞察自然构成与规律的基础。

　　此外，亚里士多德还写了《诗学》。他不仅讲述如何写诗，还教导人们如何作画、游戏……这本书与欧几里得（Euclid，约前 330—前 275）的《几何原本》（以下简称《原本》）都是基于对三维空间的模仿：《诗学》是形象的模仿，《原本》是抽象的模仿。它们堪称古代世界文艺理论和数学理论的经典。

　　亚里士多德在数学领域里最重要的贡献，是确立了数学推理的逻辑基础。

　　古希腊文明以前的人们，也曾探求过数学真理。人们从解决日常问题的实践中得到一些规则，这些规则是人们在反复试验、观察后，凭借经验、近似估计而得到的。因此，它们显得粗糙、有限、零散、不精确。

　　经验主义是人类获得知识的起点，但它不能给人以推理的能力。诚然，古希腊文明以前的经验主义者们，也懂得类比推理和归纳推理的作用。

　　类比推理是有用的，但它有一定的限制，并不是在所有情形中都能使用的。例如，早期的人们都相信生命不朽，所以他们在埋葬死者前，要陪葬衣服、家具、宝石和其他物品，以供死者在另一个世界使用。他们的依据是，由于生活在世上需要这些物品，死后也同样需要，然而这种类比是荒谬的。

　　归纳推理使用得更为广泛。归纳过程的本质，是在有限事例的基础上概括出一般结论。归纳法在实验科学（如物理学、天文学）中是基本的推理方法，但通过归纳推理得到的结论，并非确凿无疑。即使经验中的事实或作为归纳基础的事实完全确定，但得到的结论依然可能不确定、不正确。

　　幸运的是，古希腊人发现了一种推理方法，能保证它所导出的结论具有确定性，没有丝毫可疑或近似的性质，这就是演绎推理。演绎推理的方法是：从已认可的事实出发，用逻辑原理推出新的结论。

　　虽然古希腊人在早期的数学推理时，就已确立了一些逻辑原理，但要等到亚里士多德这样的学者，才能把这些理论规范化和系统化，使之形成一门独立的学科。

　　到亚里士多德时代，形式逻辑原理已确定。亚里士多德的"三段论"演绎法（大前提、小前提、结论）成为直接证明的准则，而他的"矛盾律"（一个命题不可能既真又假）及排中律(一个命题必须为真或假，两者必居其一)成为间接证明的核心。

自公元前 600 年至公元前 300 年，这一段时间里，古希腊的众多哲学家为后世的人们确立了以下"世界观"：

自然的现象和规律不是由神灵决定的，人们用理性可以发现和把握宇宙运行的规律和大自然的奥秘。

解开自然奥秘的钥匙是数学，宇宙的运行规律隐藏在数学真理之中。

演绎推理的作用，可以使人们获得关于自然数学化设计的真理——永恒的真理。

亚里士多德后世的人们以此为准则，开始了对数学真理的探求。

第四章 演绎几何的兴起

我赞美你的创造力
宽宏的气度、广阔、精确、秩序感
那些近乎魔法与巫术的天赋

——［波兰］辛波斯卡《从容的快板》

在世界文明史上，人们习惯上把古希腊分为两个时期，前一个时期被称作古希腊时代（雅典时期），后一时期被称作亚历山大时期。亚历山大时期的第一个世纪，通常被称作古希腊数学的黄金时代。

如果说数学与哲学的相遇是故事的开端，是铺垫和蓄势，那么黄金时代则是故事的高潮。

窗外的阳光洒进教室。我们一起沐浴在黄金时代的光芒中，再一次走进古希腊数学高潮迭起的岁月，去感受那个时代的灿烂辉煌。

古希腊人欲得到宇宙的数学规律，可以由哲学家指路，然而专业的事情还得由专业人士来做。在亚历山大时期的第一个世纪里，涌现出众多像欧几里得、阿基米德（Archimedes，前287—前212）、阿波罗尼奥斯（Apollonius of Perga，约前262—约前190）这样的杰出数学家。正是由于他们的贡献，那段时期被人们称作古希腊数学的黄金时代。本章叙述的是其中的一个代表人物欧几里得。

自泰勒斯论证数学的诞生，到毕达哥拉斯数学证明的出现，再到亚里士多德逻辑体系的建立，经历了大约三百年。古希腊人已经知道，从定义、公理（公设）出发，依据逻辑推理来建立几何学，但他们的认识是零乱的、割裂的。对前人零散的几何学知识进行梳理整合，对模糊结论给予严谨证明，并将定理进行有序编排，使整个几何学成为一个严谨、有序、庞大系统的人，乃是欧几里得。

欧几里得，他的代表作是《原本》，共13卷。

自公元前7世纪以来，古希腊几何汇集了非常丰富的材料，令人应接不暇、眼花缭乱。怎样把它整理在严密的逻辑体系之中呢？这是一项庞大而艰巨的任务，很多学者都曾做过综合整理的工作，但当欧几里得的《原本》出现时，其他工作都湮没无闻了。

《原本》一出来，就赢得了尊崇，广为流传、评注等，并对科学思想产生了巨大的影响；从来没有哪一本科学书籍像《原本》那样，能够长期稳固地成为广大学生传诵、学习的读物。

流传下来的关于欧几里得的两件轶事，多少使得他的形象在人们的印象中丰满了些。

据古希腊数学评注家普罗克洛在评注《原本》的文章里记载：古埃及国王托勒密一世（亚历山大图书馆的创立者）为了表明自己对科学的兴趣，曾拜欧几里得为师，学习几何。

对外行人来说，这学科实在是有些难了，于是国王问欧几里得有没有捷径可走，欧几里得回答道："陛下，在现实世界里有两种路，普通百姓和陛下走的路，但在几何世界里没有皇家大道。"

另一则故事说欧几里得的一个学生，在学过第一个命题之后问先生："这有什么好处呢？我学这些东西能得到什么呢?"欧几里得叫来一个仆人，说道："给他一块银币，因为他想得到现实的利益。"然后把他打发走了。

一、《原本》的内容与结构

"原本"的希腊文"Στοτχετα"，原意是指某一学科中具有广泛应用的最基本的定理。欧几里得在这部著作中用"公理化方法"，对当时已形成的数学知识作了系统化、理论化的总结。全书共分13卷，包括119个定义、5个公理、5个公设和465个命题，构成了历史上第一个数学公理体系。

鉴于《原本》的重要性和历史意义，我们在本章里用较长的篇幅来回顾和评述它的内容。它的结构是这样展开的。

(一)定义一些概念

这部作品没有序言或绪论，第一卷开门见山，上来就列出了23个几何概念的定义。

几何学研究点、线、平面、角、三角形、圆等。欧几里得当时所给出的这些基本术语，当然是从物质实体中抽象出来的概念。显然，在任何逻辑系统中，并不是每一个名词都是可以定义的，因为定义本身又是由其他名词组成的，而那些名词也必须定义。如果试图对每个概念都给出定义，那么就会陷入一个庞大的循环怪圈。因此，开始时必须使用一些未经定义的术语，来定义其他的术语。《原本》对几何中最初的几个基本概念是这样定义的。

定义 1：点不可以再分割成部分。

定义 2：线是没有宽度的长度。

定义 3：线的两端是点。

定义 4：直线是其上各点无曲折地排列的线。

从这样一些简单定义的概念开始，以后所有定义都与这些概念有关。像"点"和"直线"的陈述，有助于我们在头脑中形成某些图像。当然，作为准确的逻辑定义来说，这几个概念是不能令人满意的，但后面的定义就比较明确了。

定义 10：一条直线与另一条直线相交，如果两个邻角相等，则这两个邻角都是直角，而与另一条直线相交的直线叫作那条直线的垂线。

定义 15：圆是包含在一条线里的平面图形，从圆内某一点出发连到该线的线段都相等。

定义 19：直线图形是由线段首尾顺次相接围成的。三角形是由三条线段围成的，四边形是由四条线段围成的，多边形是由四条以上的线段围成的。

定义 23：平行直线是两条在同一平面且向两个方向无限延伸的直线，这两条直线在两个方向上不相交。

(二)选择一些公设与公理

欧几里得在对所要论述的基本概念给出定义后，接着需要着手的工作，就是确立关于这些概念的一些基本事实结论(即公设)，以作为后续演绎推理的前提。正如亚里士多德指出的那样："并不是所有的东西都能被证明，否则证明过程将会永无止境，证明必须从某个地方起步。用以起步的这些东西是能得到人们认可的，这些就是所有科学的第一普遍的原理，被人们称为公理或常识。"

欧几里得指出的公设，表述了点、线和其他几何图形的最基本的性质。这些性质非常适用于物质实体，为人们所熟悉。因此，人们都愿意接受这些公设，它们是显而易见的，因此可以作为后续推理的基础。

公设的选择要有所限制，不能太多，因为这些公设是不证自明的。如果多了，其真实性就不一定能使所有人都深信不疑。再说，从逻辑的角度看，大量不必要的公设是一种浪费的行为，而从美学的角度来理解，最好是选择尽可能少的公设。只要所阐述的命题，都能从公设中演绎出来就够了。

在公设的选择方面，欧几里得显示出了非凡的洞察力和判断力。基于前面的定义，欧几里得提出了5个公设，这些都是欧几里得体系中的"已知"，是不言自明的。他对此必须审慎地选择，以避免重叠或内在的不一致。

公设1：从任一点到另一点可作一条直线。

公设2：有限直线可沿直线无限延长。

公设3：给定中心和距离(半径)可以作一个圆。

公设4：所有直角都相等。

公设5：如果一条直线与两条直线相交，且如果同侧所交两内角之和小于两个直角，则这两条直线无限延长后必将相交于该侧的一点。

确定这5个公设后，欧几里得接着提出了5个公理。这5个公理也都是不证自明的真理，但具有更一般的性质，适用所有学科，而不仅仅对几何学有效。这些公理是：

公理1：与同一个东西相等的东西，彼此也相等。

公理2：等量加等量，总量仍相等。

公理3：等量减等量，余量仍相等。

公理4：彼此重合的东西相等。

公理5：整体大于部分。

欧几里得选择的这些公设(公理)具有非凡的优点。公设(公理)虽然简明，能被人立刻接受，但一点儿也不流于肤浅，因为它们能导出深刻的结论。他所选择的东西非常有限，却推演出了整个几何系统的结构。

(三)建立大厦

在定义了几何学所涉及的概念、选择好了关于这些概念的基本公设和关于一般学科的公理之后，欧几里得着手建立命题(定理)。推理的方法是严格的演绎法，推理的依据是亚里士多德的逻辑原理。

三段论推理是演绎推理中的一种简单推理判断，是以一个一般性的原则(大前提)以及一个附属于一般性原则的特殊化陈述(小前提)，由此引申出一个符合一般性原则的特殊化陈述(结论)的过程。有一个经典的例子。大前提:人都是会死的;小前提:苏格拉底是人;结论:苏格拉底会死。

一些简单的定理立刻就能被推理出来,而这些被推理出来的简单定理又成了那些更深奥的定理的基石。这样,通过逻辑链条,一环扣一环,一座庞大又精密的几何大厦就被建立起来了。人们在读《原本》时总会感慨万分,这么多看似复杂的定理,竟能从少数几个公设(公理)推导出来,真是不可思议。

欧几里得关于物体大小、形状的基本性质的研究,关注的是在什么条件下,两个物体的大小、形状都相同,即在什么条件下这些物体是相等的("相等"就是后来"全等"的意思)。假设测量两块地,它们为三角形,怎么确定这两块地是否相等呢?必须测量每条边、每个角,甚至两块地的面积后,才能判断它们是否相等吗?欧几里得通过演绎推理告诉我们,其实只要两个三角形的边或角部分对应相等(如 SAS,ASA,SSS 等),那么这两个三角形就在所有各方面都相等。三角形全等问题解决后,自然会想到,在什么条件下,两个四边形,即两个具有四条边的图形的全等的判定,依此类推。

欧几里得接着论述的是,如果两个图形不全等,那么它们之间又有什么重要关系呢?这里他主要考虑的是形状关系,即大小不等,但形状相同的图形,即相似性。相似形有许多共同的几何性质。对于三角形来说,相似意味着一个三角形与另一个三角形的对应角相等。从这个性质就可以得出,任意两条对应边的比是一个常数,而且这两个三角形的面积比是这个常数的平方。

如果图形的大小和形状都不相同,那么它们之间还存在什么关系呢?比如,它们可能有相同的面积,或者它们可以内接于同一个圆中,它们之间的关系和彼此相关的问题还有很多。欧几里得选择其中最基本的关系加以阐述。

欧几里得不仅研究由直线构成的图形,也研究圆和球。他对这些图形的浓厚兴趣是很自然的,因为在古希腊人看来,圆和球是最完美的图形。

从美学的观点出发,另一类有吸引力的图形,同样使他着迷。在三角形中,等边三角形最引人注意,因为它所有边的长度都相等,所有角的大小都相同。同理,在四边形中,正方形最富有吸引力,在具有五边、六边和多边的平面图形中,能够作成具有相同的边和角的图形,称为正多边形。而立体图形中也有类似的情况,立体封闭的表面能够由正多边形形成,任何一面只能由同一种正多边形构成。例如,一个立方体的表面,由六个正方形组成。一个多面体,如果有立方体这种类型的表面,则称为正多面体。

与正多面体有关的第一个问题是:有多少种不同类型的正多面体?欧几里得证明了,存在且只存在五种正多面体,这正是柏拉图非常推崇的那五种正多面体。

《原本》共 13 卷。前 6 卷论述的是平面几何内容。欧几里得将前 48 个定理(命题),组成《原本》第一卷。这一卷中,涵盖了我们现在所学的平面几何的一些基本内容:在给定三角形的一条边的条件下,如何构造一个等边三角形;如何复制一条线段(也就是说在平面内如何把一条线段移到一个新的位置上);如何从直线外一点作这条直线的垂线;如何平分一个角等。在这一卷中,我们还可以看到熟悉的三个全等定理(SAS,ASA,SSS),以及三角形内角和等于两个直角的定理,共 48 个。欧几里得在第一卷的第 47 个命题表述的是：

　　命题 I_{47}：在直角三角形中，直角的对边上的正方形，等于包含这个直角的两条边上的正方形。

　　也就是说，直角三角形斜边上的正方形的面积，等于两条直角边上的正方形的面积之和，这就是毕达哥拉斯定理。《原本》中任何地方都没有出现与定理相关的人的名字，毕达哥拉斯的名字也不例外。

　　值得注意的是，欧几里得的命题不是关于代数方程式 $c^2 = a^2 + b^2$，而是表述了一种几何现象：面积。为证明这一个命题，他采取了一种非常巧妙的方法：如图 4-1，从直角顶点 A 作线段 AL，使之与大正方形的边平行，并将大正方形分割成两个矩形。然后欧几里得证明左边矩形面积 S_{BMLD} 等于以 AB 为边的正方形面积，同样，右边矩形面积 S_{MCEL} 等于以 AC 为边的正方形面积。因两个矩形面积之和等于大正方形面积，由此可得出，大正方形面积等于两个小正方形面积之和。

　　这一证明方法非常巧妙，过程中需用到很多相关的几何性质。当然，欧几里得在他前面的 46 个命题中，早已完成了全部的准备工作。

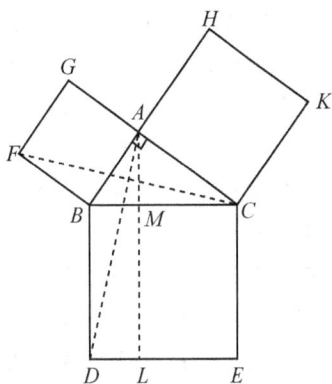

图 4-1　欧几里得的"风车"证明

　　对于刚刚开始学习几何的初中生来说，这个定理的证明，肯定是他们遇到的最难的证明之一。毕达哥拉斯定理证明的方法很多，欧几里得为什么要选择这样一种很难的证明方法呢？

　　可能的情况：当时的古希腊人把所有算术运算都翻译成与几何相关的内容，数被看成一条线段的长度，两个数的和被看成端点相接的两条线段的总长度；两个数的积被看成以相应线段为边的矩形的面积；三个数的积被看成以相应线段为边的长方体的体积，因此欧几里得很自然地把毕达哥拉斯定理解释成为面积关系。

　　欧几里得显然意识到他的证明给读者带来的困难，所以在后面的第六卷中，欧几里得运用相似理论给出了第二种证明方法。但是比例法要到《原本》的第五卷才出现，相似法则到了第六卷，欧几里得不愿意把这样一个重要定理的证明放在第六卷，因而面积证明虽然难些，但它被放在了第一卷。在"知识储备"最少的情况下，在《原本》的逻辑链条体系中，欧几里得把他的面积证明放在第一卷的最后（命题 I_{48} 是 I_{47} 的逆命题），作为高潮和压轴，这也充分体现了欧几里得对这个定理的重视和偏爱。

　　尽管《原本》中的命题 I_{47} 不曾以毕达哥拉斯的名字命名，但欧几里得还是以这种特殊的方式，含蓄地向他表达了敬意。

　　《原本》常常被人们误认为仅限于几何学，但第二卷和第五卷几乎都是代数（欧几里得给这些代数知识披上了几何的外衣，数代表线段，平方数代表面积，立方数代表体积），而第七、第八、第九卷则专门阐述了数论。第七卷开头两个命题构成了数论中的一个著名法则，今天被称为"欧几里得算法"（类似于我国古代的"辗转相除法"），这个法则被用来求两个数的最大公约数。第九卷发展了质数的理论，论及著名的"算术基本定理"——

一个数能以一种方式并且只能以一种方式分解为若干质因数的乘积。在这一卷中，欧几里得还证明了命题"存在无穷多个质数"，证明是间接的，因为它显示，假设质数的数量有限会导致矛盾。因为这一定理既简洁、优美又极为深刻，欧几里得的这个论证常常被人们作为数学证明的典范。20世纪英国数学家哥德弗雷·哈罗德·哈代（Godfrey Harold Hardy，1877—1947）在其《一个数学家的辩白》中称欧几里得的证明"……自发现之日至今，永葆其生机与效力，两千年岁月没有使它产生一丝陈旧感"。

定理：*存在无穷多个质数。*

证明：（反证法）假设只有有限个质数，记为 p_1，p_2，…，p_n，它把全部质数都包含进来了，下面开始引出一个矛盾。

欧几里得构造了一个新的数 $N=p_1p_2\cdots p_n+1$，它显然比 p_1，p_2，…，p_n 中的任何一个质数都大，因为全部质数都在序列 p_1，p_2，…，p_n 中，所以 N 一定是个合数。根据算术基本定理，N 至少有一个质因子，它一定是序列 p_1，p_2，…，p_n 中的某一个。不妨设为 p_i，则有 $N=p_i\cdot m$，可得 $p_i\cdot m=p_1p_2\cdots p_i\cdots p_n+1$，即 $p_i(m-p_1p_2\cdots p_{i-1}p_{i+1}\cdots p_n)=1$，而这是不可能的。

当沿着这一证明返回去的时候，我们就会明白，前面的推理中唯一可能出问题的地方，就是我们最初的那个假设——只有有限个质数。因此，必须拒绝这个假设。这样，欧几里得通过反证法证明了质数的数目必定是无穷的。

第十卷（连同第五卷的部分内容）讨论无理数，通常被认为是欧几里得的杰作——讨论了一般的比例理论和不可公度量（无理量）的分类。利用这一比例理论，欧几里得解决了涉及相似三角形、平行四边形或其他多边形的比以及关于比例的一些定理，为欧多克索斯的穷竭法提供了基础，并证明了圆的面积之比等于它们直径比的平方。

第十一卷至第十三卷，专门讨论立体几何学，阐述了立体图形的性质。其中的内容构成高中立体几何的基础课程，包含平行六面体、圆锥体和球体等。欧几里得在最后一卷中，致力于讨论五种正多面体的属性。他让每一个正多面体都"包含"在球体中，并通过巧妙的推理过程，求出了正多面体的边长与外接球球体的半径之比。

在《原本》的最后一个命题中，欧几里得简明地证明了"除了五种正多面体外，不可能做出任何其他图形的正多面体"。

约两千年之后的开普勒（Johannes Kepler，1571—1630）对这一事实印象极为深刻，认为它们必定是掌握天体结构的钥匙。他把宇宙学建立在这五种正多面体的基础之上，并相信几何学原理是宇宙整体结构的体现，空间是其中的基本组成部分。关于空间和空间图形的探索是宇宙探索的基本工作，几何学实际上是更大宇宙科学的一部分。

普罗克洛评注："欧几里得还有其他许多出色的著作，它们都异常精确，充满了科学研究成果。"在欧几里得的其他著作中，属于纯粹几何学方面唯一留存的著作是《已知数》，包含94个命题，目的是要帮助初学者获得解题的某些技能。

二、《原本》的意义和影响

与其说欧几里得创造了一种新的数学，不如说他把旧数学变成一种清晰明确、有条不紊、逻辑严谨的新数学，这绝不是无足轻重的小事。我们必须认识到，《原本》绝不仅仅是近 500 个定理及它们的证明。早在泰勒斯、毕达哥拉斯时，数学家就已对其中的许多命题做出过论证，但欧几里得的做法与他们有着根本性的区别。在《原本》中，欧几里得以他无与伦比的洞察力，给出了所需概念的定义，选择了尽可能少的公理和公设作为基础。他可以在任何时候，利用这些要素，证明他的第一个命题；然后以证明了的命题为基础，将他的定义、公设、公理与已证明过的命题，融合到下一个命题的证明中。如此循序渐进，直至逐个证明所有的命题为止。

他成功地将零散的数学知识，编织为一个从基本假定到最多个结论的连续网络。欧几里得不仅仅给出了证明，更重要的是，他是在这种公理结构中给出的证明。

《原本》的这种公理体系，是知识条理化和严密化的典范。西方人把这种公理化的演绎方法运用于其他领域。神学家、天文学家、逻辑学家、哲学家、政治家等，都纷纷仿效欧氏几何的形式和推演方法。牛顿(Isaac Newton，1643—1727)的《自然哲学的数学原理》和斯宾诺莎(Baruch Spinoza，1632—1677)的《伦理学》等著作，都采用了欧几里得的《原本》的体例。

《原本》问世之后，因其公理化的演绎方法和精美的结构，很快就取代了以前的教科书。后人在原作的基础上不断补充和改进，出版过上千个版本。这部书作为教科书，被广泛使用了两千多年。

桑德堡(Carl Sandburg，1878—1967)在其《林肯传》中，描述了年轻律师林肯通过学习《原本》来提升推理技能，并磨砺意志的情形："他开始了持续严格的头脑训练，试图增加他的能力，特别是在逻辑和语言方面的能力。他热爱欧几里得的书，为它完整的演绎推理结构所倾倒。在巡回出庭时，总是随身带着它们，直到能轻松地证明出书中的全部推论；他经常在枕边点支蜡烛，学习到深夜，而他的律师同伴们则无休止地打着呼噜。"

罗素对《原本》情有独钟，在自传中写下了这样一段引人注目的回忆：

"11 岁时，我开始学习欧几里得的书，并请我的哥哥当老师。这是我生活中的一件大事，犹如初恋般的迷人。"

1607 年，意大利传教士利玛窦(Matteo Ricci，1552—1610)和徐光启(1562—1633)将《原本》的部分内容译成中文。

人们不停地研究、分析和编辑此书，直至现代。

三、说不尽的《原本》

在《原本》的近 500 个定理中，作为一个个定理的证明或陈述方法，并非欧几里得所独创，但整部书的陈述方式，是欧几里得所独创的。《原本》开头就明确提出所有的定义，提出所需的公设(公理)，然后对一系列的定理进行编排，从简单到复杂，有条不紊。

《原本》也有一些缺点。例如，有些原始定义不是那么完美。欧几里得的研究涉及的范围虽然很广，但也有许多重要命题在书中找不到，如《原本》中没有求积法。虽然欧几里得证明了圆的面积和直径平方成正比，但没有指出如何去求圆的面积；他也没有意识到圆的周长与直径的比，是一个常数。

当然，《原本》还有一些其他的缺点，但正如英国博学家托马斯·希斯（Thomas Heath，1861—1940）在1908年翻译的《原本》中所说："这本美妙的书尽管有着种种小缺陷，考虑到成书的年代，那都是可以忽略不计的。毫无疑问，它是有史以来最伟大的数学教科书……"

然而，《原本》中的一个缺陷不但不能被忽略不计，而且被后人牢牢地抓住不放，直至引出了一件大事。

在欧几里得的体系链中，概念的定义、5个公设和5个公理是整个体系的基石。在公设和公理的选择上，欧几里得是费了心思的，因为公设和公理是不证自明的，是推理的基础，所以不能少（少了不足以建立整个大厦），同时也不能多，多了容易出现危险（因为无须证明，不能保证都真）或造成累赘与混乱，不符合古希腊人崇尚的美学原则。我们回顾一下上文提到的5个公设。

如果说有人对某一个公设有所怀疑，那么一定是公设5。这个公设，说的是两条直线的不平行（图4-2）。学者们一直不满意公设5的陈述方式，两千多年来，纷争不断。因为，它不像一般公设所应有的情形那样，简洁、自明。从托勒密（Claudius Ptolemaeus，约90—168）起，人们一直在尝试，想从欧几里得的其他公设和公理中导出它，这样就能把它从公设中剔除，但都失败了。人们在不断的研究过程中，得到了公设5的等价陈述方式。这种方式更简洁，更容易被人接受。

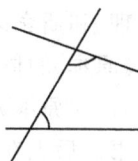

图 4-2

公设5：给定一直线，通过此直线外一点，有且只有一条直线与之平行。

这样，这个恼人的"不平行"公设变成了简明的"平行"公设。

对公设5的关注和研究，激发了人们更深入地探求几何学的逻辑基础和几何哲学。既然不能证明它，那就改变它。人们在思考，如果假设"通过直线外一点能作无数条直线与已知直线平行"或"过直线外一点不存在与已知直线平行的直线"，那会导致怎样的情形呢？

平行公设换一种说法就是"两条平行线永远不会相交"，其中暗藏了对空间的定义。随着高斯（Carl Friedrich Gauss，1777—1855）等人的研究，人们发现改变平行公设，也能建立同样和谐的几何学，而不会产生逻辑矛盾，于是"新"几何就产生了。人们给"新"几何起了一个名字——非欧几何，而经典的平面几何叫"欧氏几何"。

非欧几何的出现，使人们对空间的认识上升到新的层次与高度，同时也革新了人们对公设本质的认识，给整个数学带来了自由创造的气息。非欧几何是人类思想史上的飞跃。

最后，让我们再来回顾一下欧几里得精心选择的5个公理。

如果让你盯住它们不放，或许你也会有新的发现……

第五章 海伦公式

对待事物的三种态度：

实用的态度

科学的态度

美感的态度

——朱光潜《谈美》

五月的一天，阳光明媚。校园的紫藤萝一簇簇盛开，像紫色的风铃在风中招手，又如一条紫色的瀑布倾泻而下。轻柔的阳光穿过藤萝美丽的发梢，在教室的窗边，投下一片层层叠叠的斑驳的光影。在这梦幻的氛围里，陆老师依旧穿着那身西装，面带笑意。

"说到海伦，你们会想到谁？"

"大作家海伦·凯勒，《假如给我三天光明》的作者。"

"引发了特洛伊战争的那位美女吧，古希腊神话里的。"

陆老师满意地点了点头，问道："那这与数学又有什么关系呢？"

"海伦公式！"同学们异口同声地喊了出来。看来大家都知道，只不过"看破不说破"。陆老师微笑地摁了一下遥控器，"海伦公式"四个大字飘然闪现在同学们的眼前。

一、你从哪里来

早期的算术和几何，在古代人们的生活中，起了不小的作用。人们从实际生活中发明了计数以及度量方面的一些基本运算，在土地测量和简易工程方面获得了一定的几何知识。这些成就都是经验的结果。

古希腊人在对自然现象的细致观察和理性思考中，提升了自己抽象、概括、推理的能力。他们不仅对数学作出了显著的、不朽的贡献，而且还为数学的发展奠定了永久的基础。

数学的抽象和严谨，是一种独特的科学看待世界的方式。这种方式，来自古希腊古典时期。这个时期，涌现出了泰勒斯、毕达哥拉斯、欧几里得、阿基米德等。古希腊人坚持演绎推理，并把它作为数学证明中的唯一方法，是为数学作出的最重要的贡献。它使得数学从木匠的工具盒和测量学等实际背景中解放出来。从此以后，人们开始靠理性而不是凭感觉，去判断什么是正确的。正是依靠这种判断，古希腊人才创造了我们今天所看到的这门学科。

古希腊人专注于自己的理念世界，在古罗马强大的军事力量面前，不堪一击。公元前212年，古罗马人进犯古希腊，毁坏了它那脆弱的美。随着叙拉古城的陷落，阿基米德被害。

阿基米德在数学景观上投下了长长的影子。阿基米德之后的两位数学家在这里介绍一下，其中一位是阿波罗尼奥斯，其代表作《圆锥曲线论》，被公认为是圆锥曲线问题的权威论述。当近两千年以后的开普勒，做出他关于"行星以椭圆形轨道围绕太阳运动"的独创性理论时，圆锥曲线的重要性得到了证实。椭圆不仅是古希腊数学家手中把玩的珍品，它还是地球运行的轨道。

另一位就是古希腊数学家海伦(Heron of Alexandria，生平不详，活跃于约公元1世纪)。后人对他的生平知之甚少，关于海伦的生平实际上没有任何信息来源可供人们了解，即便对于他生活的年代，在很长一段时间里也一直存在较大的争议，不同学者的结论在上下限方面甚至相差几个世纪。海伦受古希腊理性思想的影响，在数学上有很深的造诣。随着古希腊数学的衰落，他的兴趣倾向于实践方面。他的很多著作都涉及实用科学，如机械学、工程学和测量学。某种意义上，这也反映了古希腊人与古罗马人兴趣的截然不同。海伦在其《经纬仪》一书中，介绍了挖掘穿山隧道及计算泉水流量的方法，在另一部著作中，回答了一些日常的生活问题。例如，为什么用膝盖在一根木棍的中间用力，木棍会容易折断；为什么人们用钳子而不用手拔牙……当然，海伦的代表作是《度量》一书，书中主要讨论了各种几何图形的面积和体积的计算。其中就包括我们接下来要重点介绍的关于"三角形面积的公式"。这个以他名字命名的公式是《度量》一书中的命题 I_8。海伦对"命题 I_8"的证明，是古典几何抽象推理的典范。

二、教我如何不想她

三角形面积的标准公式十分简单——$S = \frac{1}{2}ah$，应用广泛，但是，如果用这个公式去求如图 5-1 中的三角形面积，还要费些周折，因为我们还不知道三角形的高。

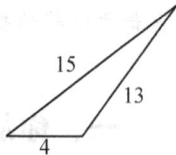

图 5-1

三角形具有稳定性。已知一个三角形的三条边，其面积一定是确定的。这也可以直接从全等三角形判定定理(SSS)推导出来。例如，任何边长等于 4，13，15 的其他三角形，一定与图 5-1 中的三角形全等，因此其面积也完全相等。

如何计算这一面积的值呢？现在，我们拥有三角学的知识和代数变形的方法，可以不费力地求出这个值。但是，当时最简便的方法仍然是应用海伦公式。其公式用现代符号表示就是：如果 k 是边长等于 a，b，c 的三角形的面积，那么 $k = \sqrt{s(s-a)(s-b)(s-c)}$，这里 s 是三角形的半周长(周长的一半)，即 $s = \frac{1}{2}(a+b+c)$。

在图 5-1 中，$s = \frac{1}{2} \times (4+13+15) = 16$，

因此 $k = \sqrt{16 \times (16-4) \times (16-13) \times (16-15)} = \sqrt{16 \times 12 \times 3 \times 1} = 24$。

在应用海伦公式时，我们只要知道三角形的三条边，直接计算就行了，而无需求出三角形的高。

这是一个非常特殊的公式，公式中出现的半周长似乎非常奇怪，而四个数乘积的平

方根，也令我们大部分人感到厌烦。如果这个代数运算中有一个字母参与，那就更令人头疼了。然而，作为一个伟大的定理，引起我们注意的不仅有它的奇特之处，还有海伦为此所作的证明。

海伦的证明，只涉及了一些简单的平面几何的概念。海伦在证明中，向我们展示了精湛的几何技巧：他将一些初等几何的知识，组合成一个非常丰富而漂亮的证明，既曲折，又非常巧妙，令人叹为观止。

海伦证明用到的一些基本命题，对我们来说都不陌生。

命题 1：三角形的角平分线交于一点，这个交点是三角形内切圆的圆心，简称内心。

命题 2：从直角三角形的顶点作斜边的垂线，则垂线两边的三角形分别与原直角三角形相似，并互相相似。

命题 3：在直角三角形中，斜边的中点与三个角的顶点的距离相等。

命题 4：已知 $ABCD$ 是一个四边形，连接对角线 AC 与 BD，如果 $\angle BAC = \angle BDC = 90°$，那么 A，B，C，D 四点共圆。

命题 5：圆内接四边形的对角和等于两个直角和。

以上面五个命题为"元素"，以娴熟的几何技巧为"桥梁"，海伦给我们呈现了这个绝妙的三角形面积公式的证明过程。

定理：已知一个三角形，其边分别为 a，b，c，记面积为 k，那么 $k = \sqrt{s(s-a)(s-b)(s-c)}$，其中 $s = \dfrac{1}{2}(a+b+c)$，是三角形的半周长。

设任意 $\triangle ABC$，为了使海伦的论证清晰易懂，我们将证明分成三大部分。

(一)把面积 k 表示出来

海伦的第一步就出人意料，因为他先作了一个三角形的内切圆，用三角形的内心作为确定其面积的关键因素，而圆的性质与三角形这种直线形的面积好像并没有直观的联系。

如图 5-2，作 $\triangle ABC$ 的内切圆 $\odot O$，我们显然有面积 $k = S_{\triangle AOB} + S_{\triangle BOC} + S_{\triangle AOC} = \dfrac{1}{2}cr + \dfrac{1}{2}ar + \dfrac{1}{2}br = \dfrac{1}{2}r(a+b+c) = rs$。

海伦在三角形的面积 k 与其半周长 s 之间建立了联系，这说明方向对了。当然，后面还有许多事情要做。

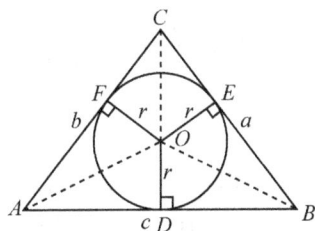

图 5-2

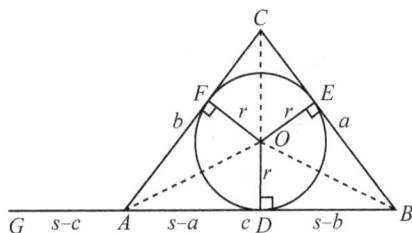

图 5-3

(二)把公式表达式中的线段表示出来

如图 5-3，延长 BA 至点 G，使 $AG = CE$，则有

$$BG = BD + AD + AG = BD + AD + CE = \frac{1}{2}(2BD + 2AD + 2CE) = \frac{1}{2}(a + b + c) = s。$$

因此 $s - c = AG$，

$$s - b = BG - AC = (BD + AD + AG) - (AF + CF) = BD。$$

同理 $s - a = AD$。

这样，半周长 s 与 $s-a$，$s-b$，$s-c$ 三个量，都等于图中的线段。这是必要的。因为，这些量都是我们所求证公式的组成部分，剩下的工作就是要把这些"零件"组合成一个完整的证明。

(三)找出有关量的关系

如图 5-4，作 $OH \perp OB$ 交 AB 于点 K，然后作 $AH \perp AB$ 交 OH 于点 H，连接 BH，则 A，H，B，O 四点共圆（$\angle HAB = \angle BOH = 90°$），所以 $\gamma + \beta + \angle AHB = 180°$。

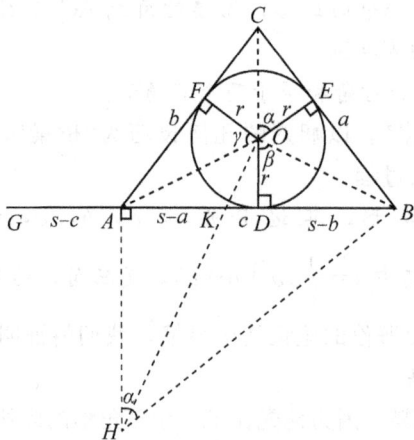

图 5-4

由 $\alpha + \beta + \gamma = 180°$，故 $\angle AHB = \alpha$，

所以 $\triangle COF \backsim \triangle BHA$，故 $\dfrac{AB}{AH} = \dfrac{CF}{OF} = \dfrac{AG}{r}$，即 $\dfrac{AB}{AG} = \dfrac{AH}{r}$。   (1)

又由 $\triangle KAH \backsim \triangle KDO$ 得 $\dfrac{AH}{AK} = \dfrac{OD}{KD} = \dfrac{r}{KD}$，即 $\dfrac{AH}{r} = \dfrac{AK}{KD}$。

结合(1)式得 $\dfrac{AB}{AG} = \dfrac{AK}{KD}$，我们把这个等式两边 $+1$，可得 $\dfrac{AB}{AG} + 1 = \dfrac{AK}{KD} + 1$。

通分合并简化为 $\dfrac{BG}{AG} = \dfrac{AD}{KD}$。   (2)

注意到在 $Rt\triangle KOB$ 中，$OD \perp KB$，且 $OD = r$。根据射影定理，$OD^2 = KD \times DB$，即 $r^2 = KD \times DB$，因此 $KD = \dfrac{r^2}{DB}$，把这个结果代入(2)式可得 $\dfrac{BG}{AG} = \dfrac{AD \times BD}{r^2}$，交叉相乘得 $BG \cdot r^2 = AG \times AD \times BD$，两边同时乘 BG，即 $BG^2 \cdot r^2 = AG \times BG \times AD \times BD$。   (3)

这样，海伦将大量"零件"组合，迅速而巧妙地达成他所求证的结论，只需注意到(3)式的组成部分，恰恰是第二部分所推导出的线段。将第二部分的结果代入，便得到 $r^2 s^2 =$

$(s-c) \cdot s \cdot (s-a)(s-b) = s(s-a)(s-b)(s-c)$。

即 $k = \sqrt{s(s-a)(s-b)(s-c)}$。

证毕。

可以说这是初等几何中最巧妙的一个证明。在证明过程中，海伦看似随意地漫游，实际上始终朝着预定目标前进，这无疑也是我们所见到的最曲折的证明。很难想象，脑力的回旋，竟然引导海伦得出了这样一个荡气回肠、令人惊叹的证明，不由得让人心生感慨。这样曲折而又精妙的过程，正是数学的动人和瑰丽所在。

三、你真美啊，请停留一下①

发现一个问题是一回事，而证明是另外一回事。

随着三角学的兴起和代数学的发展，现在，人们可以用多种方法来证明海伦公式，但重要的不是重新求得这个公式或证明这个公式，而是在这个过程中，我们能充分体验数学的美学意境。

如同绘画和诗歌一样，数学也是一门艺术，有其独特之美。一个完全合格的数学证明，必须经得起两种完全不同类型的评判：作为理性的论证，它必须合乎逻辑、令人信服；同时还要优美，富于启发性，能够给人以情感上的满足。也就是说你的证明既要符合逻辑，也要优美，两者缺一不可。

这会使我们形成一种认识——不断改进你的论证。对某一数学问题，也许我们已经给出了答案，但这并不意味着它就是最佳的诠释。我们要力图减少其中不必要的混乱或复杂之处，找到一种完全不同，但能让我们更加深入理解问题的方法。

让我们重新来看海伦公式。

如图 5-5，设三角形的三边分别为 a，b，c，先从三角形一边上的顶点向底边作一条垂线，于是三角形的面积 k 就可以表示为 $k = \frac{1}{2}ch$。这样一来，问题就变成了怎样用边 a，b，c 来表示高 h。

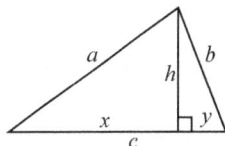

图 5-5

高将底边分成两部分，设为 x 和 y，这样原始的三角形就被分成了两个直角三角形。运用勾股定理，我们有

$$\begin{cases} x^2 + h^2 = a^2, \\ y^2 + h^2 = b^2, \\ x + y = c。 \end{cases}$$

解这个方程组 $\begin{cases} x = \dfrac{c^2 + a^2 - b^2}{2c}, \\ y = \dfrac{c^2 + b^2 - a^2}{2c}。 \end{cases}$

将 $x = \dfrac{c^2 + a^2 - b^2}{2c}$ 代入第一个方程得 $h^2 = a^2 - \left(\dfrac{c^2 + a^2 - b^2}{2c}\right)^2$，从而有

---

① 注："你真美啊，请停留一下！"选自歌德的诗剧《浮士德》。

43

$$k^2 = \frac{1}{4}c^2h^2 = \frac{1}{4}c^2a^2 - \frac{1}{4}c^2\left(\frac{c^2+a^2-b^2}{2c}\right)^2,$$

即
$$k = \frac{1}{2}\sqrt{a^2c^2 - \left(\frac{a^2+c^2-b^2}{2}\right)^2}. \tag{4}$$

到这一步，我们成功地用 a，b，c 表达出了三角形的面积。

这正是我国古代秦九韶《数书九章》中的"三斜求积公式"。

但注意，这样的代数表达式，在美感上存在欠缺。

回到最初出发的地方，我们的问题是：在已知三条边的情况下求出一个三角形的面积。在平等地对待三条边的意义上，这个问题可以说是完全对称的。因为三条边中，并没有哪一条边更特殊。特别是，这个问题本身并没有涉及"底边"（我们在求解的过程中，把 c 作为了底边）。这意味着，在代数上，无论最终的面积表达式是怎样的，符号 a，b，c 的地位应该是平等的，它们在面积表达式中必然是对称的。也就是说，如果我们轮换其中的 a，b，c，表达式应该会保持不变。

因此，对三斜求积公式，我们有必要进一步化简：
$$16k^2 = (2ac)^2 - (c^2+a^2-b^2)^2$$
$$= (2ac+c^2+a^2-b^2)(2ac-c^2-a^2+b^2)$$
$$= [(a+c)^2-b^2][b^2-(a-c)^2]$$
$$= (a+c+b)(a+c-b)(b+a-c)(b-a+c)$$
$$= (a+b+c)(b+c-a)(a+c-b)(a+b-c). \tag{5}$$

现在看起来更像是结果了，因为我们终于看到了对称，等式也变得工整、漂亮。千万不要忽视了对称性，在很多情况下，它都是最强有力的数学工具。

当然，（4）式和（5）式在数学内容上，其实并没有真正改变什么东西。对于面积怎样取决于边长，这两个等式所表达的含义完全相同——面积和边长之间的实质关系，并没有因为代数恒等式变形而改变。我们应该树立这样的理念，数学不仅仅要有严密的逻辑，还需要有优美的形式。现在，我们终于如愿以偿：
$$k = \sqrt{\frac{a+b+c}{2} \cdot \frac{b+c-a}{2} \cdot \frac{a+c-b}{2} \cdot \frac{a+b-c}{2}}.$$

这个式子看起来还是有些复杂。海伦通过引入一个适当的中间量，使公式变得更加优美。这个中间量就是公式中的 $s = \frac{1}{2}(a+b+c)$，s 代表三角形的半周长。这样，三角形的面积就可以简单表示为 $k = \sqrt{s(s-a)(s-b)(s-c)}$。

沿着海伦所指引的方向，运用代数变形方法，我们终于抵达美妙的境界。这个漂亮的公式，最初出现在海伦的著作里，因此被称为海伦公式。特别值得注意的是，在海伦生活的时代，用不到这么多代数。海伦肯定不是以代数变形这种方法推出这个公式的。海伦公式体现了古希腊数学家的理性思维与美学思想。

英国数学家、逻辑学家、哲学家罗素，认识到数学中的美，他也恰如其分地描绘出了这种美："正确地说，数学不仅拥有真理，而且还拥有极度的美——一种冷峻和朴素的美，犹如雕塑那样，虽然没有任何诱惑我们脆弱本性的内容，没有绘画或音乐那样华丽的外衣，但是，却显示了极端的纯粹和只有在最伟大的艺术中才能表现出来的严格的完美。"

四、无尽的遐思

海伦公式因其完美的对称性，具有某种模式，能不能被推广到四边形上呢？

若四边形 $ABCD$ 的四条边分别为 a，b，c，d，设半周长 $s=\frac{1}{2}(a+b+c+d)$，那么它的面积能否参照三角形面积的海伦公式得到？

也许你会猜测 $k=\sqrt{s(s-a)(s-b)(s-c)(s-d)}$，但这个猜测是不成立的。显然，它与"维度"的模式不相符合，因为根式中的乘积在几何上我们可看成是五维的，开方将其变成"2.5"维的，而面积在几何上是二维的。

也许你会猜测 $k=\sqrt{(s-a)(s-b)(s-c)(s-d)}$，一个高度对称的形式，这有一定的道理，当四边形的两个顶点重合时，四边形将成为三角形，a，b，c，d 中将有一个值为0，这就回到了三角形面积的海伦公式。

那么，这个猜想是否正确呢？

答案也是否定的。

因为四边形不具备三角形式的稳定性，也就是说，当四边形的四条边一定时，这个四边形还是可以变动的，即四边一定的四边形的面积不是一个定值。

但是，只要我们给边长一定的四边形增加一个限制条件，海伦公式就能被推广到四边形上。

定理：若四边形 $ABCD$ 内接于圆，其四条边分别为 a，b，c，d，设半周长 $s=\frac{1}{2}(a+b+c+d)$，那么其面积 $k=\sqrt{(s-a)(s-b)(s-c)(s-d)}$。

证明：如图 5-6 所示，在圆内接四边形 $ABCD$ 中，$AD=a$，$AB=b$，$BC=c$，$CD=d$，设 $\angle BAD=\theta$，则 $\angle BCD=180°-\theta$，设其对角线 $BD=x$，由余弦定理得

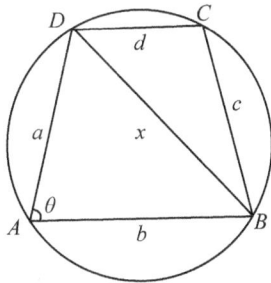

图 5-6

$$\cos\theta=\frac{a^2+b^2-x^2}{2ab},$$

$$\cos\angle BCD=-\cos\theta=\frac{c^2+d^2-x^2}{2cd}.$$

联立方程得

$$x^2 = \frac{(ac+bd)(ad+bc)}{ab+cd},$$

$$\cos\theta = \frac{a^2+b^2-c^2-d^2}{2(ab+cd)}。$$

面积 $k = \frac{1}{2}ab\sin\theta + \frac{1}{2}cd\sin(180°-\theta)$

$$= \frac{1}{2}(ab+cd)\sin\theta$$

$$= \frac{1}{2}(ab+cd)\sqrt{1-\cos^2\theta}$$

$$= \frac{ab+cd}{2}\sqrt{1-\left[\frac{a^2+b^2-c^2-d^2}{2(ab+cd)}\right]^2}$$

$$= \frac{ab+cd}{2}\cdot\sqrt{\frac{-a^4-b^4-c^4-d^4+2a^2b^2+2c^2d^2+2a^2c^2+2b^2d^2+2a^2d^2+2b^2c^2+8abcd}{4(ab+cd)^2}}$$

$$= \frac{1}{4}\sqrt{(b+c+d-a)(a+c+d-b)(a+b+d-c)(a+b+c-d)}$$

$$= \sqrt{\left(\frac{a+b+c+d}{2}-a\right)\left(\frac{a+b+c+d}{2}-b\right)\left(\frac{a+b+c+d}{2}-c\right)\left(\frac{a+b+c+d}{2}-d\right)}$$

$$= \sqrt{(s-a)(s-b)(s-c)(s-d)}。$$

现代的人们拥有丰富的三角知识和出色的代数变形能力，我们再也看不到海伦那种充满创造力的经典证明了。

通过以上四个"维度"对海伦公式的诠释，让我们感到海伦公式就是经典几何中最美的繁花。其发现比证明更具价值。

我们还没有回答在三角形面积的这个公式中，海伦是怎样想到增设半周长这个量，他又是如何得到这一公式的呢？是灵机一动，还是逻辑使然？希望你能透过浓浓的历史迷雾，找出答案。

第六章　中国古代数学

朱世杰的《四元玉鉴》是中国数学著作中最重要的一部，同时也是中世纪最杰出的数学著作之一。

——［美］乔治·萨顿

朱世杰以前的数学家都未能达到这部精深的著作中所包含的奥妙的道理。

——［英］李约瑟

当陆老师在教室的电子屏幕上打出这几行字时，他看到下面同学们露出的惊奇的眼神。

是啊，对大部分同学们来说，我们的古代数学不是勾股定理？不是祖冲之的圆周率吗？当然，还有那个杨辉三角，哦，对了，这个杨辉三角在国外叫什么来着？

朱世杰是什么人？这个《四元玉鉴》难道是玉器的鉴定吗？可这与数学有什么关系呢？

看来，有必要就我国古代灿烂的数学文化向同学们做一系统的介绍。我们的数学文化之旅走到现在，是时候了。

本次讲座，陆老师将带领同学们一起回顾中国古代数学的主要成就和数学思想，学习承载这些成就和思想的数学典籍，了解完成这些成就和典籍的杰出数学家们，重温那些古老的故事。这些具有东方色彩的伟大传奇，像一颗颗夜明珠挂在蓝蓝的天空，永远是我们前行的力量源泉。

中华民族，善良勤奋，睿智机敏，数学科学乃我所长。我国古代在数学科学上取得了丰硕成果，其中有不少是里程碑式的成就，为人类数学的发展作出了重要的贡献，涌现出了众多不朽的数学典籍和伟大的人物。

一、我国最古老的数学文献——《周髀算经》

当古埃及和古巴比伦的文明在亚、非、欧三大洲的接壤处发展的时候，或许还可以追溯到更加久远的年代，另一个完全不同的文明在遥远的东方，沿着黄河和长江流域发展并散播开来，这就是中国文明。

与古巴比伦和古埃及一样，远古时代的中国也有数和形的萌芽，远在殷商甲骨文的年代，就已形成世界最早的"十进位值制"，而最迟在春秋战国时代，业已出现严格的算筹计数。筹算是一项了不起的发明，它具有使用方便、运算迅速的特点，在我国流行了近两千年。关于形，司马迁(约前 145 或前 135—?)在《史记·夏本纪》里记载"(夏禹治水)左规矩、右准绳"。"规"和"矩"分别是圆规和直尺，"准绳"则是用来确定垂线的器械，或许这算得上几何学的早期应用。

更为难得的是，与热衷探讨哲学和数学理论的古希腊雅典学派一样，处于同一时期的我国战国也产生了诸子百家，其中墨家的代表作《墨经》讨论形式逻辑的某些法则，并在此基础上提出了一系列数学概念的抽象定义，如"圆，一中同长也"，一中即圆心，同长即半径。书中甚至涉及无穷的概念，如"至大无外，谓之大一，至小无内，谓之小一"。

我国远古时期的一些重要数学成果大都记载在《周髀算经》中或后期学者对《周髀算经》的注释版本中。《周髀算经》原名《周髀》，"古时天子治周，此数望之从周，故曰周髀。髀者，表也"。后来唐朝的李淳风等学者整理古代数学文献"十部算经"，重视其中的数学内容，方加"算经"二字。《周髀算经》是中国古代一部重要的数学和天文学著作，书中采用最简便可行的方法确定天文历法，揭示日月星辰的运行规律，详细描述了通过数学方法计算太阳和月亮的运动，以及预测日食和月食的时间，囊括四季交替，气候变化。《周髀算经》论述了勾股定理、开方法和比率理论，其中的大量计算方法中都用到繁杂的分数计算，说明人们很早就谙熟分数的四则运算。《周髀算经》以准公理化方法描述了朴素的宇宙模型，用以解释有关的天文现象，是中国古代建立科学理论的一次尝试。《周髀算经》不仅在当时有着广泛的应用，对后世的数学和天文学研究具有深远的影响。历代数学家无不以《周髀算经》为参考，在此基础上不断创新发展。

我们熟悉的勾股定理出自《周髀算经》中记载商高与周公的对话："窃闻乎大夫善数也，夫天不可阶而升，地不可得尺寸而度，请问数安从出？"商高答："数之法出于圆方，圆出于方，方出于矩，矩出九九八十一，故折矩，以为勾广三，股修四，径隅五。"该定理源于公元前 1100 年左右的西周时期，比毕达哥拉斯早 500 多年，虽然书中没有欧几里得在《原本》中的那种证明。远古时期中国人对那种与具体数字无关，单从某种假设出发得以证明的定理和命题所组成的抽象几何学不太感兴趣。令人欣慰的是，3 世纪东吴数学家赵爽用非常优美的方法证明了勾股定理。他是在注释《周髀算经》时运用面积的"出入相补"法得出证明的，他的证明堪称一篇"无字论文"。

如图 6-1 所示，设直角三角形的两条直角边分别为 a 和 b，$b>a$，则以它的斜边 c 为边长的正方形可以分成 5 块，即 $c^2 = 4\times\dfrac{1}{2}ab+(b-a)^2$。这个证明与 800 年前毕达哥拉斯的证明可谓异曲同工，但毕达哥拉斯的证明是后人推测的，而赵爽的证明却有案可查，且图形更为美丽。

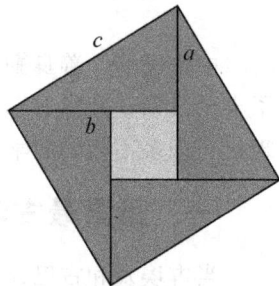
图 6-1

2002 年，国际数学家大会在中国北京举行，这是 21 世纪全世界数学家的第一次大聚会，这次大会的会徽即赵爽弦图，充分肯定了我国数学的成就，也弘扬了我国古代的数学文化。

二、中国古代最重要的数学经典——《九章算术》

《九章算术》是我国古代数学成就之集大成，其确切作者与写作年代均不详。一般可以认为，《九章算术》是从先秦开始的很长的一段时期里，经众多学者编纂、修改，约于西汉中叶（公元前 1 世纪）最后成书的。

《九章算术》全书采用问题集的形式，把 246 个问题分成 9 章，依次为方田、粟米、衰分、少广、商功、均输、盈不足、方程和勾股。每题的已知条件是具体的数目，不涉及一般情形的相应问题，各题之间亦不追求数量上的联系。题目的陈述十分简洁，每题之后都有两则简短的附言，一是"答曰"，二是"术曰"。"答曰"给出答案，"术曰"论述具体计算过程或方法。

《九章算术》的重点是计算和应用数学，涉及几何的部分，主要是面积和体积的计算，其中粟米、衰分、均输三章集中讨论了数字的比例问题，与古希腊人用几何线段建立起来的比例论形成鲜明的对照。

在代数领域，《九章算术》的记载就更有意义了。在"方程"一章里，已经有了线性联立方程组的解法，虽然没有表示未知数的符号，而是把未知数的系数和常数垂直排列成类似矩阵的一个图表，再通过相当于消元法的"直除法"得到答案。"消元法"在西方被称为"高斯消元法"，已是 18 世纪以后的事了。《九章算术》中的"方程术"是我国数学史上的一颗明珠。

《九章算术》在"方程"一章中还论及了不定方程（未知数的个数多于方程的个数）。古希腊数学家丢番图（Diophantus，约 246—330）曾大力研究过不定方程，但比《九章算术》晚约 200 年，古印度也比我国晚，因此中国是发现不定方程的鼻祖。

除了方程，书中提到的另外两个内容也非常值得称道。一是"正负术"，即正负数的加减运算法则。我国古代很早就开始使用负数，相比之下，古印度在 7 世纪才开始，而西方在很长的一段时间里都不承认负数。二是"开方术"，"若开之不尽者，为不可开"，这表明我国古代早已知道无理数的存在，只是由于是在方程术中遇到的，因此无理数的研究未得到应有的重视。

《九章算术》的内容极其丰富，几乎涉及当时社会生活的各个方面。以《九章算术》为代表的我国古代数学，与以欧几里得的《原本》为代表的西方数学，代表着两种截然不同的体系。《九章算术》看重应用和计算，其成果往往以算法形式表达，《原本》则看重概念与推理，其成果以定理形式表达，从而形成东西辉映、风格迥异的两部数学名著。

现存的《九章算术》是经魏晋时期的刘徽和唐朝李淳风等人注释的版本。其中刘徽的注释在数学史上地位尤著，刘徽于公元 263 年所作的《九章算术注》影响深远，是之后千余年我国古代数学教育首选教科书、东方数学的代表作。

刘徽全面诠释了《九章算术》载述的算法，整理了《九章算术》中的各种解题方法。他善于用文字讲清道理，用图形说明问题。《九章算术》的最后几章是基本的测量问题。在这个基础上，刘徽还增加了一个附录，以处理一些更加复杂的测量问题，这个附录后来成为独立的数学著作，名为《海岛算经》。《海岛算经》延续了问题集的传统，收录了 9 个问题，每题有问、解、图、注，涉及怎样算出海岛的高远，怎样确定树的高度、山谷的深度、河流的宽度等，其中大量使用了相似三角形的计算。

刘徽纠正了《九章算术》中的某些错误，并在他的注释中提出了很多独到的见解。比如，在刘徽之前，我国使用的圆周率取值为 3（周三径一）。刘徽指出 π 取 3 的误差过大，《九章算术》的"少广"章"开立圆术"给出的球的体积 $V = \dfrac{3}{16}\pi d^3$ 这一公式也是不正确的，为此他开始了自己独特的研究。

刘徽创造了用圆内接正多边形逼近圆周的"割圆术"来计算圆周率（圆的周长、圆的面积）的方法，开创了我国圆周率研究的新纪元。刘徽依据他"割之弥细，所失弥小，割之又割，以至于不可割，则与圆合体而无所失矣"的理论，从圆的内接正六边形算起，依次将边数加倍，一直算到圆内接正 $192(6 \times 2^5)$ 边形的边长，从而得到圆周率的近似值 $\pi \approx \dfrac{157}{50} = 3.14$。后人为了纪念刘徽，称这个数值为"徽率"。这与阿基米德公元前 240 年所得到的结果和所用的方法基本一致，只不过阿基米德同时利用了圆的内接和外切正多边形，因此只算了 $96(6 \times 2^4)$ 边形的边长就得到同样的值。刘徽以后又算到圆内接正 3072 边形，从而得到更精确的圆周率的近似值 $\pi \approx \dfrac{3927}{1250} = 3.1416$。国外关于 π 取值 3.1416 的记载最早是古印度的阿耶波多（Aryabhata，约 476—550），比刘徽晚了 200 多年。

刘徽是我国历史上第一位通过建立可靠理论来推算圆周率的数学家，同时他还倾力于面积公式的推证，取得了超越时代的结果。刘徽的面积、体积理论建立在一个简单而又基本的原理之上，这就是"出入相补"原理。一个几何图形（平面的或立体的）被分割成若干部分后，面积和体积的总和不变。刘徽利用这个原理验证了《九章算术》中各种图形面积计算公式的正确性，开创了我国古代史上对数学命题进行逻辑证明的范例。同时，他也意识到对立体情况时存在障碍，因为并不是任意两个体积相等的立体图形都可以被剖分或拼补，需要借助无限小方法来绕越这个障碍。刘徽表现出惊人的智慧，他在推证《九章算术》中的一些体积公式时，首次将无穷小分割和极限思想引入数学的计算与证明之中，除了缺少极限的表达方式，与现代的方法相差无几。这是刘徽最有价值的工作，其极限思想是微积分学的先导，至今仍光彩熠熠。

刘徽是我国古典数学理论的奠基人之一。为了纪念刘徽对数学作出的贡献，并推动中国成为世界强国，2001 年，在陈省身教授的倡议下，由南开大学与天津大学合作创立了刘徽应用数学中心，以聚集数学英才，开展数学与应用数学的研究。

继刘徽之后，应用极限思想对圆周率的计算达到更精确程度的是祖冲之（429—500）。这是一个我们从小学就耳熟能详的名字。

《隋书》里记载了祖冲之算出的圆周率的上下限为 $3.1415926 < \pi < 3.1415927$。数值精确到小数点后七位，是当时世界上最精确的纪录，一直保持近千年。直到 1427 年才被古阿拉伯数学家阿尔·卡西（al-Kāshānī，1380—1429）打破，后者算到了小数点后 17 位。

《隋书》里还记载了祖冲之计算圆周率的另一项重要成果，即约率 $\dfrac{22}{7}$ 和密率 $\dfrac{355}{113}$。约率与阿基米德的计算结果一致，都精确到小数点后两位。密率则精确到小数点后 6 位。1912 年，日本数学家三上义夫提议把 $\dfrac{355}{113}$ 称为"祖率"。$\dfrac{355}{113}$ 的妙处在于它的分母不大，但精确度很高。华罗庚曾用丢番图理论证明，在所有分母不超过 336 的分数当中，和 π 最接近的是 $\dfrac{355}{113}$。后来，夏道行教授用连分数的方法证明了，在所有分母不超过 8000 的分数当中和 π 最接近的仍是 $\dfrac{355}{113}$。而张景中教授用初等不等式的知识得出，如果有个分数比 $\dfrac{355}{113}$ 更接近 π，其分母一定大于 16586。

遗憾的是，没有人知道祖冲之的计算方法，而割圆术是无法直接得到祖率的。史学家猜测，祖冲之使用的可能是同样发明于南北朝时期的所谓"调日法"。调日法的基本原理是：假设 $\dfrac{a}{b}$，$\dfrac{c}{d}$ 分别为某个值的不足和过剩近似分数，那么适当选取 m，n，新得出的分数 $\dfrac{ma+nc}{mb+nd}$ 就有可能更接近真值。如果在 $\dfrac{157}{50}$（徽率）和 $\dfrac{22}{7}$（约率）之间选择 $m=1$，$n=9$，或在 $\dfrac{3}{1}$（古率）和 $\dfrac{22}{7}$ 之间选择 $m=1$，$n=16$，均可获得 $\dfrac{355}{113}$。我们可以推测，祖冲之先用调日法求得密率，再用割圆术予以验证，正如阿基米德同时运用平衡法和穷竭法。

祖冲之的 $\dfrac{355}{113}$ 这个结果对那个时代来说确不寻常。我们知道，π 值的精确度，更多的是一个计算耐力的问题，而理论上的洞见更为可贵：$\dfrac{355}{113}$ 涉及"有理数最佳逼近无理数"这个课题，这在无理数的研究上具有重大意义。

祖冲之的子孙中也不乏能力突出的人。祖暅（456—536），祖冲之之子。《南史》称祖暅"少传家业，究极精微，亦有巧思"。

祖冲之、祖暅是中国历史上最杰出的一对父子数学家，他们共同撰写著作《缀术》，其内容涉及天文、机械等领域中的一些创造性的数学成果。它是唐朝以前最艰深的数学经典，曾被作为数学教科书，并流传到国外。遗憾的是，唐朝主管教育的官吏对数学懂得实在有限，"学官莫能究其深奥，故废而不理"，遂下令废止《缀术》作为教材。《缀术》的失传，是中国学术界的重大损失。

祖冲之在数学、天文、机械等方面的成就，在世界科学史上占有重要的地位。在法国巴黎科学博物馆的墙上刻有祖冲之的名字以及他所计算的 π 值。俄罗斯莫斯科大学礼堂的走廊上镶嵌有祖冲之的彩色大理石雕像。现代科学家在月球上命名的重要山川中有"祖冲之山脉"，以纪念这位伟大的中国科学家。

三、秦九韶和《数书九章》

1953 年，华罗庚与国内众多科学家组成的考察团出国考察，有人提出"三强魏蜀吴"的上联，征求下联，挑战众人的智慧。而此次考察团的团长正是我国著名物理学家钱三强，着实难倒了众人。

华罗庚看到在座的数学家赵九章，灵机一动，"九章勾股弦"脱口而出，众人无不钦佩华罗庚在传统文化方面的深厚功底。

在我国古代数学发展史上，除了有《九章算术》这样的旷世之作外，还有另一部"九章"，这就是秦九韶的《数书九章》。与《九章算术》一样，《数书九章》亦以其独特的魅力永载史册，构成我国数学发展史上的双子星座——双九章。

我国古代数学的发展一般认为可分为以下几个阶段。第一阶段，我国古代数学的兴起——原始社会到西周时期的数学。虽然我国有文字记载的历史相当早，但夏、商、周三代没有任何数学著作流传到现在。不过，完成当时世界上最先进的记数制度——十进位值制记数法，创造出当时世界上最先进的计算工具——算筹，是两项具有世界意义的成就。一些文史典籍中的鸿爪雪泥也说明当时人们的数学知识已经达到相当高的水平。

第二阶段，我国古代数学框架的确立——春秋战国至东汉中期的数学，亦即中国古代数学的第一个高潮。《周髀算经》和《九章算术》等著作的编纂是这个高潮的总结。其中尤以《九章算术》为代表，它奠定了中国古代数学的基本框架——以算法为中心，在分数的四则运算、比例和比例分配算法、盈不足算法、开方法、线性方程组解法、正负数加减法则、解勾股形和勾股数组等方面均走在世界的前面，有的超前数百年，甚至上千年，是当时世界上第一流的数学著作。

第三阶段，我国古代数学理论体系的完成——东汉末至唐中叶的数学，最主要的成就体现在刘徽的《九章算术注》中。就实际应用而言，《九章算术》和许多著作提出的公式、算法，只要能够无数次应用，并且在应用中表明它们正确就够了，不在数学上证明它们根本不会影响它们的应用。刘徽在《九章算术注》提出了许多严格的数学定义，并以演绎逻辑为主要方法全面证明了《九章算术》中的算法，奠定了中国古代数学的理论基础。

第四阶段，中国古代数学的高潮——北宋至元中叶的数学。数学有了另一套严整的系统和完备的算法，以秦九韶的《数书九章》和朱世杰的《四元玉鉴》为代表，是我国古代数学的全盛时期，这时的欧洲还处在中世纪。我国数学家灿烂的成就，远远走在世界的前列。

在刘徽到秦九韶的千年时间里，中间经历了隋朝与唐朝，隋唐时期的数学虽明显落后于魏晋南北朝时期的数学，然亦不乏留存了许多不朽的篇章。

隋朝是我国历史上伟大的朝代之一，也是中国最强盛的时代之一。随之而来的唐朝则是中国封建社会最繁荣的时代。但唐朝文化氛围的主流是人文主义。唐朝在数学上并没有产生与其前的魏晋南北朝或其后的宋元相媲美的大师。唐朝在数学方面最有意义的成就莫过于在数学教育制度的确立和数学典籍的整理方面有所建树。

公元 656 年，国子监（掌管教育部门）设立算学馆，唐高宗李治下令太史李淳风等编纂注释古代十部数学著作，合称《算经十书》，以作为数学教育教材。

《算经十书》指的是《周髀算经》《九章算术》《海岛算经》《五曹算经》《孙子算经》《夏侯阳算经》《张丘建算经》《五经算术》《缉古算经》《缀术》。十书的名称和内容历代都有变动（祖冲之的《缀术》因失传，后由《数书拾遗》替代）。《算经十书》是当时中国古代数学经典著作的总称。

除了《周髀算经》《九章算术》《海岛算经》《缀术》，《算经十书》中至少还有三部这里需介绍一下，分别是《孙子算经》《张丘建算经》《缉古算经》。这三部书的共同特点是，每一部都提出了一个非常有价值的问题，并以此传世。

《孙子算经》的作者不详，可能是一位姓孙的数学家，一般被认为是 4 世纪的作品。该书的一个著名问题是数学同余问题："物不知其数"。

"今有物不知其数，三三数之剩二，五五数之剩三，七七数之剩二，问物几何？"

《孙子算经》给出的答案是 23，这是符合该同余方程组的最小正整数解。

《孙子算经》中还有一个广为人知的问题是"鸡兔同笼"，小学时要么让你感到有趣，要么让你感到头疼。

《张丘建算经》成书于 5 世纪，是另一部在唐朝科举中使用的数学著作。这部书中包含级数的内容和方程的解法，并以"百鸡"问题而闻名，原题如下：

"今有鸡翁一，值钱五，鸡母一，值钱三；鸡雏三，值钱一。凡百钱买百鸡，问鸡翁、母、雏各几何？"

用现代符号表示，这相当于求下列不定方程的正整数解。

$$\begin{cases} x+y+z=100, \\ 5x+3y+\dfrac{z}{3}=100。 \end{cases}$$

张丘建给出了三组解答(4，18，78)，(8，11，81)，(12，4，84)。

《缉古算经》在十部算经中成书最晚(7 世纪)，作者王孝通是初唐的数学家，这部书也是一本实用问题集，主要是涉及天文历法、土木工程、仓库和地窖大小以及勾股问题等，但对当时来说难度很大，因为需要用二次方程或高次方程求解。尤其值得一提的是，书中出现了 28 个形如 $x^3+px^2+qx=C$ 的正系数方程，作者给出了它们的正有理数根，但没有给出具体的解法。就系统性研究而言，这是关于三次方程的数值解及其应用最古老的文献。

中国古代数学在宋元时期达到了高潮，这一时期涌现出许多卓越的数学家，在世界数学史上占有光辉的地位，这一时期印刷出版记载着中国古典数学最高成就的宋元算术，是世界文化的重要遗产。

秦九韶治学态度非常投入、刻苦，知识渊博，"性极机巧，星象、音律、算术以至营造等事无不精究"。其代表作是被称为"双九章"之一的《数书九章》。

受《九章算术》的影响，和早期著作一样，《数书九章》也是一部应用数学问题集，但比原来的问题更难一些。《数书九章》也注重解法与运算技巧，寓理于算，其中最重要的两项成果是"大衍求一术"和"正负开方术"。

为了说明秦九韶创新发明的"大衍求一术"，先要了解同余式的概念，这是初等数论的一个分支中的重要概念，起源于《孙子算经》中的"物不知其数"的问题。《孙子算经》给出了该同余方程组的最小正整数解。秦九韶试图将其推广到一般的情形并找出一般性解法，从而创造性地发明了世界数学史上一项伟大成就。

什么叫"大衍求一术"？浅显地说，就是求"一个数的多少倍除以另一个数，所得余数为 1"的方法。其步骤就是在求解过程中，应用辗转相除法，直到最后同余数 1 为止，再用叠加的方法求解。"大衍"指按照一定程序循环计算，"求一"意味着找到跳出这个循环的必要条件，即找到那个使得同余式成立的特定的数值。

"大衍求一术"开创了一般一次同余式组解法的先河。在中世纪，它不仅代表了中国数学的最高成就，即使在当时的世界范围内也处于最先进的水平，比西方同类解法早 500多年，是我国发现的最具世界性影响的成果之一。

随着"物不知其数"在斐波那契的《计算之书》中的引用，18 世纪的欧拉(Leonhard Euler，1707—1783)和 19 世纪的高斯分别对一次同余式组的系统细致的研究，人们发现"大衍求一术"与"高斯定理"是一致的。欧洲学术界才认识到中国人在这方面的开创性工作。西方人遂将这一定理称为"中国剩余定理"，因起源于《孙子算经》，古代亦称孙子定理。其实，真正的命名应该叫"秦九韶定理"。

秦九韶的另一项伟大的成果是关于方程求解的"正负开方术"，正负开方术给出了一般高次代数方程数值解的完整算法，其系数可正可负。

秦九韶找到了这样一种解决三次方程的方法：先根据已知条件列出一个三次方程，然后合理估量其解，根据差量，创造出一个新的三次方程。他试图找到这个新的三次方程的解，以推敲他的第一次猜想，不断重复，最后差量越来越小，他的估算也越来越精确。

秦九韶的解法超越了他的时代。直到 17 世纪，牛顿才得到类似的方法（国外称为霍纳算法）。这种方法还可以被应用到更复杂的方程上，秦九韶甚至利用这种方法解十次方程，这可相当不易，极其复杂。即使在计算机时代的今天，秦九韶的方法仍有重要的意义。

受中国古代数学重应用的影响，秦九韶的方法也存在不足，该方法只能算出符合要求精度的近似答案，或说他得到的是方程的"数值解"，这与一般代数方程的一般解是不同的。工程师或许对这个"数值解"已经满足，但数学家则不同，他们追求的是一种精确的解。

秦九韶的"大衍求一术"和"正负开方术"都是世界级的重要成就。在《数书九章》中，他还提出我们熟悉的与海伦公式等价的三斜求积公式。美国科学史家萨顿（George Alfred Leon Sarton，1884—1956）称他是"他那个民族，他那个时代，甚至所有时代中国最伟大的数学家之一"。2005 年，英国牛津大学出版社出版了《数学史——从美索不达米亚到现代》一书，全书重点介绍的 12 位数学家中，秦九韶是唯一的中国人。

我国著名数学史家梁宗巨（1924—1995）教授用诗一般的语言评价道："大衍求一术和高次方程的解法，在世界数学上占有崇高的地位，那时 13 世纪，西方漫长的黑夜犹未结束，它却像旭日一般在东方发出万丈光芒。"

四、从天元术到《四元玉鉴》

中国古代数学在宋元时期达到了高峰，那是在 13 世纪前后（欧洲中世纪即将结束的年代），其中的代表人物是以"宋元四大家"著称的杨辉、李冶、秦九韶和朱世杰。

这一发展的序幕是"贾宪三角"的发现及与之密切相关的高次开方法的创立。

贾宪（约 11 世纪上半叶）写过一部《黄帝九章算经细草》的著作，可惜已经失传。幸运的是，这部著作里的主要内容被南宋数学家杨辉摘录进他的《详解九章算法》。杨辉在书中记载了贾宪的高次开方法。这种方法的要领是一张二项式系数表（图 6-2）：

$$
\begin{array}{ccccccccccccc}
& & & & & & 1 & & & & & & \\
& & & & & 1 & & 2 & & 1 & & & \\
& & & & 1 & & 3 & & 3 & & 1 & & \\
& & & 1 & & 4 & & 6 & & 4 & & 1 & \\
& & 1 & & 5 & & 10 & & 10 & & 5 & & 1 \\
& 1 & & 6 & & 15 & & 20 & & 15 & & 6 & & 1
\end{array}
$$

……

图 6-2

这个三角形表就是我们现称的"贾宪三角"或"杨辉三角"。西方文献中称"帕斯卡三角"，因为 1654 年法国数学家帕斯卡（Blaise Pascal，1623—1662）重新发现了这张表，但比贾宪晚了近 600 年。

贾宪创立的"增乘开方法"是一种非常有效的方法，可适用于开任意次方，是一种能反复迭代计算的方法，原则上也可以用于求解高次方程，但贾宪本人没有认识到这一点，只是用来解决单纯的开方问题。这种算法后被秦九韶继承和发展，他将自己的方法称为"正负开方术"，用以求解一元高次方程的数值(近似值)解。

杨辉，字谦光，钱塘(今杭州)人，南宋数学家。他多年从事数学研究和教学工作，著有《详解九章算法》和《杨辉算法》等，其著作的特点是深入浅出、图文并茂、简洁易懂。杨辉的主要贡献是发展了垛积术，给出了众多垛积的求和公式，解决了高阶等差级数求和问题。

杨辉对我国数学遗产"洛书"和"河图"进行了深入的研究，定义了"纵横图"(即幻方)概念。他是第一个研究幻方的人，研究了从 3 阶到 10 阶幻方的构作问题。他还致力于民间各种算法及口诀的收集、总结，为珠算的产生作出了贡献。

杨辉作为一位杰出的数学教育家，在我国数学教育史上占有重要地位，他总结了自己多年的经验，写下一份相当完整的数学教学计划——《习算纲目》，给出了数学学习的提纲以及各部分的学习重点、方法、时间及参考书。

李冶(1192—1279)，原名李治，因为与皇帝李治同名而改为李冶。他自幼天资聪敏，受到良好教育，爱好数学，青年时被誉为"经为通儒，文为名家"。1248 年他完成著作《测圆海镜》，其主要内容是研究圆和与之相切的各种勾股形的关系，集古代中国勾股容圆知识之大成，其中大部分问题的求解都是利用"天元术"列出一元方程来进行，这是今天人们重视《测圆海镜》的原因所在。他把将实际问题转化为代数方程并求出未知数的方法称为"天元术"，从此，方程便可用符号表示，从而改变了完全用文字描述方程的旧面貌。虽然那时还缺少运算符号，也没有等号，这样的代数只能称得上是"半符号代数"，但李冶开创的代数符号化的尝试却是代数发展史上的一个深刻的动向，意义深远。

宋元数学，从李冶的"天元术"(一元)到"四元术"的发明，又是代数学的一个重要进步，而朱世杰是主要的推动者。

朱世杰(13—14 世纪)，字汉卿，号松庭，燕山(今北京附近)人，其代表作有《算学启蒙》和《四元玉鉴》。后人为《四元玉鉴》作序，称朱世杰"以数学名家周游湖海二十余年""踵门而学者云集"。

《算学启蒙》是一部算学入门的上乘之作，是一部通俗的基础性的著作，简而不略、明而不浅，其内容既有传统算法，也有宋元时期出现的创新算法。如正负数的乘除法和珠算口诀，大家耳熟能详的"二一添作五""三一三十一"皆出自他的创造。《算学启蒙》是当时先进的启蒙算书，曾广为流传。

更有学术价值和史学价值的著作是《四元玉鉴》。《四元玉鉴》中的"四元"指四个未知数"天元""地元""人元""物元"，相当于现在的 x，y，z，w。玉鉴是用玉石打磨而成的镜子，"四元玉鉴"这个书名的含义是对多元代数方程研究的一面镜子。

该书运用当时成熟的算筹技术将数学的天元术、二元术、三元术、垛积术与招差术以及正负开方术等成就予以系统的总结和发展，创造了四元术(即四元高次方程组解法)，并将垛积术、招差术发展到前所未有的高度。

《四元玉鉴》的内容主要包含以下部分。首先，给出了方程有理根的求法，并揭示出一类有二正根的方程及其解法；其次，该书还运用贾宪三角形将招差术一般化，建立了高阶等差数列求和公式的一般方法，得到等差数列、二阶等差数列及三阶等差数列的求和公式；最后，集中讨论了二元术、三元术和四元术，运用消元法将二元、三元和四元高次方程组消元成为一元高次方程求解。全书 288 问均设立未知元，建立方程或方程组，以解方程使问题获解，全书内容构成以代数为主的知识系统。

朱世杰把实际问题模型化为方程或方程组，这种把求解方程作为解决各类问题的统一方法，无疑是成熟的代数思想。对代数学的发展而言，朱世杰的成果走在时代的前列。哈佛大学教授萨顿称赞《四元玉鉴》是"中国最重要的数学著作，也是中世纪世界最杰出的数学著作之一"。

我国著名数学家吴文俊认为"代数无疑是中国古代数学中最发达的部分"，指出"解方程是中国古代数学蓬勃发展的一条主线"。我国从《周髀算经》《九章算术》中解线性（一次）联立方程组的消元法开始，经南北朝祖冲之、唐朝王孝通到宋元数学家秦九韶高次方程的数值解，特别是朱世杰等人的"四元术"中所包含的多项式运算与消元技术，他们都在代数（方程）的发展中作出了重要贡献。

世界数学发展史上的另一个故事——代数，正是我们下一次讲座的主题。

第七章　代数学的起源与发展

新竹高于旧竹枝，全凭老干为扶持。

下年再有新生者，十丈龙孙绕凤池。

——［清］郑燮《新竹》

徜徉在中国古代数学世界精妙的时光隧道里，重温那些古老的故事，感受我国古代数学的辉煌，我们兴致盎然，心潮澎湃。

我们应见贤思齐兮，数典而念祖。我们坚信，有优良数学传统的中国，定将成为新世纪的数学强国。

上课铃响起时，霞光吻上彤云，对面楼顶抓住了几许金色的暖阳。

你又"代"着我们，去尽"数"这世间的美好……

代数是数学中最古老的分支之一，起源于算术，是由算术推广而发展起来的一门基础学科。

"代数学"一词来自拉丁文"algebra"。19世纪，我国清朝数学家华蘅芳和来华的英国传教士傅兰雅(John Fryer，1839—1928)，合译英国沃利斯(John Wallis，1616—1703)的著作《代数学》，开篇有言："代数之法，无论何数，皆可以任何记号代之……"所谓代数，就是用符号来代表数字或量的一种方法。

循着代数学发展的历史轨迹，让我们一路寻觅。

一、古希腊代数

古代算术发展到一定阶段，必然会进入代数的领域。古代"代数学"是数学谜题的代表，它用文字(或特定的符号)来创造等式，因为等式就像是天平：两边必须平衡，这一特点可以用来解开数学谜题(求出未知量)。

人们知道大量古埃及和古巴比伦人的数学成果，却连一名数学家也不知道。人们知道的第一位与数学有关联的人物，是公元前1700年，生活在西克索斯王朝的名叫阿梅斯的人，他抄写了一份记载有许多古代数学成果的文书。

这一文书通常被称为《莱因德纸草书》，以纪念苏格兰人亨利·莱因德(Alexander Herry Rhind，1883—1863)。1858年，莱因德在古埃及卢克索城买了一份纸草文书。这就是《莱因德纸草书》。后来，人们认为应该以这份纸草书的作者(或抄写者)的名字命名，而不是以买书人的名字命名。因此，现在人们通常称其为《阿梅斯纸草书》。

这是数学史上令人兴奋的重大发现。在《阿梅斯纸草书》中，有关于一元一次和一元二次方程解法的文字叙述，显现出早期代数思想的线索。

大河文明的数学，以算术为主流，几何问题最终还是归到算术(计算)。随着海洋文明的兴起，古希腊人开始主导数学的发展方向。

古希腊数学的一个特点在于，它主要研究的是几何。起初，毕达哥拉斯学派建立了"万物皆数"的哲学观，但无理数的发现，困扰了毕达哥拉斯学派的人，于是他们将兴趣从算术转向了几何。因为算术似乎无法书写或解释一些像 $\sqrt{2}$ 这样的数值，而在几何中，这样的数值却可以简单且准确地用线段的长度（正方形的对角线）表示。

早期古希腊的代数概念，都是用几何形式表示的。欧几里得、阿基米德求解一些二次方程时，他们使用的语言都是几何语言。

从柏拉图的"不懂几何者不得入内"，到欧几里得的《原本》、阿波罗尼奥斯的《圆锥曲线论》和阿基米德的著述，几何一直占据着统治地位，几何即数学的代名词。

经历了公元前 3 世纪的辉煌后，古罗马人开始行使霸权，亚历山大学派的数学发展出现下滑。到了公元前 1 世纪，亚历山大学派的数学已日薄西山。后来，随着古罗马帝国的稳定，数学有了一定程度的复苏。当海伦的三角形面积公式中出现四个量的乘积时，数学家们开始突破几何学（三维）的传统，人们的思维开始发生转变。这使算术（数论）和代数重新活跃起来，研究代数问题的书开始出现。被誉为"代数之父"的丢番图，就生活在这样的一个时代。

对于丢番图的生平，我们几乎一无所知，甚至不知道他生活在哪个年代，但知道他活了多少岁，因为在后来的一本结集而成的《希腊诗文选》里，有一首诗用谜语的形式叙述了他的生平：

> 坟墓里边安葬着丢番图，
> 多么让人惊讶，
> 他所经历的道路忠实地记录如下：
> 上帝给予的童年占六分之一，
> 又过了十二分之一，两颊长须，
> 再过七分之一，点燃起婚礼的蜡烛，
> 五年之后天赐贵子，
> 可怜迟到的宁馨儿，
> 享年仅及父亲的一半，便进入冰冷的墓，
> 悲伤只有用整数的陪伴去弥补，
> 又过了四年，他也走完了人生的旅途。

丢番图活了多少岁？这相当于解方程 $\dfrac{x}{6}+\dfrac{x}{12}+\dfrac{x}{7}+5+\dfrac{x}{2}+4=x$。

人生七十古来稀，丢番图得以 84 岁高寿。有趣的是，"代数之父"的墓志铭也是代数的。

丢番图的声誉，来自他的著作《算术》。这是一部最早的代数论著，书中用纯分析的途径处理数论与代数问题，是古希腊算术与代数成就的标志。

现存的丢番图《算术》共 10 卷，由 290 个问题组成，其主题是寻找满足一定条件的一个数值或一类数值（方程的解）。值得注意的是，在论著的开头，丢番图就概述了他创造的符号体系。

丢番图使用古希腊字母来书写数值，其做法是采用古希腊字母表中 24 个常用字母，再增加 3 个差不多已废弃的字母，一共 27 个字母。他将这些字母分成 3 组，每 9 个一组。第一组 9 个字母表示从 1 到 9 的个位数字（$\bar{\alpha}$ 表示 1，$\bar{\beta}$ 表示 2，$\bar{\gamma}$ 表示 3……，"0"那时还没有作为一个数字被发明出来，字母上面的横线只是表明用这些字母来表示数值）；第二组 9 个字母表示从 10 到 90 的整十数；第三组 9 个字母表示从 100 到 900 的整百数。另外，用 δ 来表示未知量。丢番图之所以用它来表示未知量，可能是因为用字母表示数的古希腊记数制中，这个字母还躺在被废弃的一群字母中。

发明一套符号，对代数来说，是个重大的进展。但丢番图使用三次以上的高次乘幂，更是了不起的事（这使我们想到海伦公式中四个量的乘积）。古希腊数学家不能也不愿考虑含三个以上因子的乘积，因为这种乘积没有现实意义（a 代表线段，ab 代表面积，abc 代表体积），但在纯算术中，这种乘积却有其意义。

在丢番图的符号体系中，还有用古希腊文"相等"的缩写"$\tau\sigma$"表示相等；用"↑"表示减去它后面的东西，相当于减号；$\dot{M}$ 表示零次幂，也就是我们所说的常数项。

丢番图创立的这套代数符号系统，在进行处理时，已形成相当娴熟的"代数法"，这是一个重要的开拓性工作。在代数内容上，丢番图最突出的贡献，是对不定方程的研究。

所谓不定方程，是指未知数个数多于方程个数的方程或方程组。这类问题，在丢番图以前也有人研究过。例如，毕达哥拉斯学派论述 $x^2+y^2=z^2$ 的著作之中出现过这类问题。阿基米德的"牛群问题"就涉及含 8 个未知数的 7 个方程的求解，还有一些类似的问题在其他著作里也出现过。但丢番图是第一个对不定方程问题做出广泛、系统性研究的数学家，以致我们今天常常将某种类型的不定方程称为"丢番图方程"，而把某些求整系数不定方程整数解的问题叫"丢番图问题"或"丢番图分析"。

《算术》中最有名的一个不定方程，是第二卷的问题 8，丢番图的表述是：

"将一个已知的平方数分为两个平方数"。

用现代符号表述，相当于已知平方数 z^2，求数 x 和 y 使 $x^2+y^2=z^2$（在丢番图的著作里，所有的数都是指正有理数），这其实就是代数角度的毕达哥拉斯定理（欧几里得的表述是几何量三个面积的关系）。

丢番图以 $z^2=16$ 为例，来说明他的解法。先设第一个平方数为 x^2，则另一个平方数为 $y^2=16-x^2$，问题变成 $16-x^2$ 也应是平方数。设 $y=mx-4$（m 取某一整数，如 $m=2$），于是有 $16-x^2=(2x-4)^2$，容易解出 $x=\dfrac{16}{5}$，则 $y=\dfrac{12}{5}$。

当然还有很多其他的解，但在大多数场合，丢番图只写出一组解而不是通解。

问题 8 之所以有名，主要是因为法国数学家费马（Pierre de Fermat，1601—1665）在阅读丢番图的《算术》时，对该问题做了边注，由此引出了"费马大定理"。

丢番图在处理 $Ax^2+C=y^2$，$Bx+C=y^2$ 等类型的不定方程时，尤其对各种具体的问题，都是用特殊的方法来解的，所用方法之多，使人目不暇接。丢番图是个解题能手，但他没能把他所用的方法加以概括。19 世纪，德国数学史家汉克尔（Hermann Hankel，1839—1873）评论说："近代数学家研究了 100 个丢番图问题后，再去解第 101 道题，仍然感到困难。"即使是欧拉、拉格朗日、高斯等，在解丢番图方程时，仍不得不另觅途径。

丢番图只接受正有理根而忽略所有其他根，他不考虑无理根。在这方面，丢番图与阿基米德、海伦不同。海伦是个测绘人员，他所要求的是几何量，当然可以是无理数，而为了得出实用的数值，海伦便取其近似值；阿基米德在求解遇到无理数时，用不等式来限定它的范围。丢番图是个纯代数学家，由于他那个时代的代数还不承认无理数、负数，他放弃了对这种解的研究。

但无论如何，就代数的研究内容和首创代数符号系统而言，丢番图在代数上的成就无愧于"代数之父"的称号。

二、古印度代数

古罗马人征服地中海地区后，终结了古希腊时代。在古罗马时期，亚历山大城还是涌现出一些重要的数学家，如帕普斯(Pappus，约290—约350)。帕普斯收集古希腊以来各名家的著作，写成《数学汇编》，其中包括帕普斯自己的创作。许多古代的学术成果，正是由于这部书的存录，才为后世所知。

415年，历史上有记载的第一个女数学家希帕蒂娅(Hypatia，约370—415)，在她的故乡亚历山大被一群暴徒杀害。历史学家常把这一桩宗教迫害科学家的罪行作为古希腊学术开始衰退的标志。

古希腊文明衰落之后，无论是在古罗马统治时期，还是在漫长的中世纪，西方数学的发展陷入停滞。东方文明古国(中国和古印度)的数学却得到蓬勃的发展。

从5世纪到12世纪，古印度数学经历了一段黄金时代。这个时代里最广为人知的是古印度数字系统，也就是今天的印度-阿拉伯数字。印度-阿拉伯数字结合十进制计数系统和位值制，使得整个系统简洁明晰、方便计算且可以便捷地表示很大或者很小的数字。

零作为一个数字，要比其他数字出现得晚。因为，对于以现实世界为基础的数学来说，讨论数目为零的牛群或是面积为零的田地，都是没有意义的。零表示"没有"或空位，花了相当长的时间才演化出数字"0"来。

古印度人很早就承认负数，他们用负数来表示欠债，在这种情况下，正数表示财产。他们也能正视无理数，并按正确法则来运算这些数。他们不像古希腊人那样，他们看不出无理数概念所牵涉的逻辑难点，对无理数与有理数两者之间的鸿沟，似乎置若罔然，而随兴所至把适用于有理数的运算步骤，用到无理数上去。此外，他们的整个算术是完全独立于几何的。当然，他们的几何里也没有证明，法则都是经验性的。任何地方都找不到我们称之为"证明"的那种东西。

古印度数学家阿耶波多，以他的《阿耶波多历算书》著称。该文集包括了当时印度数学的诸多成果，涵盖了算术和代数学，涉及一次方程和二次方程。阿耶波多认识到圆周率是个无理数，只能去估计它的值，并得到近似值3.1416。阿耶波多在代数上最有意义的工作，是求解一次不定方程$ax+by=c$。在三角学方面，他是第一个提出正弦的人，并且通过计算编制出了正弦函数表。阿耶波多还是一位出色的天文学家，他能够精准地估算出地球的周长和一年时间的长短。

阿耶波多之后，古印度的另一位重要的数学家是婆罗摩笈多(Brahmagupta，约598—约665)，其主要著作是《婆罗摩修正体系》。婆罗摩笈多的成果，促进了伊斯兰国家和地区以及之后的欧洲的数学发展。其中突出的成就是他在零和负数以及代数方程方面的研究工作。婆罗摩笈多给出了求平方、立方、平方根和立方根的方法，并在其著作中用文字叙述得出了一元二次方程 $x^2+px=q$ 的求根公式 $x=\dfrac{\sqrt{p^2+4q}-p}{2}$。婆罗摩笈多最重要的代数成果，是对类似 $nx^2+1=y^2$ 这样的不定方程的求解。数学家尤其赞赏他对方程 $61x^2+1=y^2$ 给出的解，其中最小的解是：

$$x=226153980,\quad y=176631709。$$

印度中世纪最伟大的数学家、天文学家是婆什迦罗（Bhāskara，约 1114—约 1185）。到 12 世纪，印度数学已经积累了相当多的成果，婆什迦罗通过吸收这些成果，取得了超越前人的成就。他首次指出二次方程有两个根，第一个承认方程可以有负数根。令人尤有兴趣的是，他的文学造诣也很高，著作中弥漫着诗一般的气息。例如，"一群鹅中有一对留在水中游戏，它们看到七倍于原来鹅数的平方根的半数的鹅，厌倦了这项游戏，而向岸边游去。请告诉我，亲爱的姑娘，鹅群中有多少只鹅？"婆什迦罗最有代表性的著作是《丽罗娃提》，其中许多代数问题是用歌谣来给出的。例如：

> 素馨花开香扑鼻，
> 诱得蜜蜂来采蜜，
> 熙熙攘攘不知数，
> 一群飞入花丛里，
> 试问此群数有几？
> 全体之半平方根，
> 另有两只在一起，
> 总数的九分之八，
> 徘徊在外做游戏。

这得出了无理方程：$\sqrt{\dfrac{x}{2}}+2=\dfrac{x}{9}$。

另外，婆什迦罗对婆罗摩笈多的工作进行了深入的了解和研究，并对有些结果做了改进，其中包括不定方程 $nx^2+1=y^2$。

古印度人用缩写文字和一些记号来描述运算。像丢番图一样，他们不用加法记号，在被减数上面加个点表示减法，其他运算主要用文字或缩写表示，如开方符号"Ka"（表示对其后的数开平方）是从 Karana（无理数）来的。很多词的头一个字母被他们拿来作为记号，因此他们的代数被称作"缩写代数"或"符号性代数"。由于他们承认负数和负根，丢番图分别处理的三类二次方程 $ax^2+bx=c$，$ax^2=bx+c$，$ax^2+c=bx$（a，b，c 均为正数），在古印度人那里，作为 $px^2+qx+r=0$ 一种情形来处理。他们对不定方程的研究有些方面甚至超过了丢番图。

三、阿拉伯代数

阿拉伯数学并不是指阿拉伯国家的数学，通常指的是 8—15 世纪阿拉伯帝国统治下，整个中亚和西亚地区的数学，包括希腊人、波斯人、犹太人和基督徒用阿拉伯文或波斯文所写的数学。

这个时期出现了许多数学家，他们作出了一些独创性的贡献。其中最著名的是9世纪花拉子米（al-Khwārizmi，约780—约850）。

花拉子米在数学上留下了两部著作《代数学》和《印度的计算术》。《代数学》的阿拉伯文原名是《还原与对消之书》。这本著作的重要性在于，它给出了求解代数方程的详细步骤，其中主要的两个步骤现在叫"移项"和"合并"。这本书后被译为拉丁文，其中"还原"一词"al-jabr"被译成"algebra"，这就是现在的"代数学"一词。因此，花拉子米的书也被译为"代数学"。

《代数学》所讨论的问题并不比丢番图或婆罗摩笈多的问题复杂，但它探讨了一般性解法，引进了移项、合并同类项等代数运算，并率先给出了二次方程的一般代数解法。因而，在内容与方法上更接近于近代初等代数书中的代数方式。

花拉子米对所有一个未知量的一次和二次方程，进行了分类，把这些方程分成6个基本类型，用现代符号体系写出来就是：

(1) $ax^2 = bx$；　　　　(2) $ax^2 = b$；　　　　(3) $ax = b$；

(4) $ax^2 + bx = c$；　　(5) $ax^2 + c = bx$；　　(6) $ax^2 = bx + c$。

对我们来说，上面这些方程显然是同一类型的 $ax^2 + bx + c = 0$，这是因为我们有了负数的概念，而花拉子米却没有负数的知识，当然他可能会提到减法，提到一个量超过另一个量，或者一个量比另一个量少，但是，他的自然算术意识仍是用正量看待每一件事情。

花拉子米的处理技巧——"还原"与"对消"，即现代解方程中的代数特征：移项与合并同类项，如方程 $x^2 = 40x - 4x^2$。

你如何把这个方程处理成6个基本类型中的一个呢？"还原"这个方程：把这个方程的两边加上 $4x^2$，并合并同类项，于是就得到类型(1)的方程 $5x^2 = 40x$。

这一方法是在方程两边加上相等的项，另一种方法是从方程两边减去相等的项，即把方程 $50 + x^2 = 29 + 10x$ 两边减去29，变成类型(5)的形式：$21 + x^2 = 10x$。

花拉子米把未知数叫作"东西"或"根"（植物的），即树根、基础或事物根本的意思，从而把求解未知量叫求根，后来"根"(jidr)被译成拉丁文"radix"。这个词有双重意义，它既可以指一个方程的根，又可以指一个数的方根（方根的符号"$\sqrt{}$"正是由radix的第一个字母r演变而来的）。

花拉子米的《代数学》的一个重大缺陷就是完全没有代数符号，没有用字母和数值表示方程的方法，也没有表示未知量和未知量幂的符号。比如，方程 $x^2 + 10x = 39$，在花拉子米著作中的出现形式是："一个平方和10个该平方的根之和等于39，这个平方是什么？"

符号语言是代数学的一个基本特征。从这个意义上来说，有人认为花拉子米的《代数学》，很难说是一本真正的代数学。

为代数发展作出贡献的另一位阿拉伯数学家是奥马·海亚姆（Omar Khayyam，1048—1131）。海亚姆在代数方面的成就，集中体现在他的著作《还原与对消问题的论证》中。该书完成于1100年左右。海亚姆将代数定义为"解方程的科学"，进一步推进了代数方程理论的发展。该书对代数学最杰出的贡献，是他开始系统研究三次方程。海亚姆是第一个把三次方程分成不同类型的人，他把它们分成 14 个类型（因为没有负数概念的缘故），并十分清楚如何使用几何手段通过两个圆锥曲线的交点来求解三次方程。借助圆锥曲线求方程的解，是阿拉伯数学发展史上重要的一页，推进了圆锥曲线论的发展。也正是基于几何思维的局限，对三次以上的高次方程，海亚姆想象不出类似的几何方法，因为空间没有包含三维以上的对照物。海亚姆忽视了丢番图在符号体系进程中的伟大突破，他仍是用文字来表述他的方法，同时沿袭古希腊人的传统，通过几何方法来论证他的代数成果。

公元前 1800 年，古巴比伦人开始用文字表述二次方程的求解，而 2600 年后，阿拉伯的数学家仍用文字表述方程的求解，这说明符号代数的进步极其缓慢，从而也说明了这一课题的层次非常高。到了欧洲文艺复兴时期，代数才得以进一步发展。

在世界文明史上，古阿拉伯人保存和传播了古希腊、古印度和中国文化，这为近代欧洲文艺复兴作出了巨大的贡献。在当时的科学文化中心巴格达，他们掀起了著名的翻译运动。766 年左右，婆罗摩笈多等古印度数学家的著作和古希腊天文学、数学经典著述传入巴格达，并被译成阿拉伯文。到 10 世纪，丢番图、海伦等人的著作也被译成阿拉伯文。阿拉伯学者在广泛吸收古希腊、古印度与中国数学成果的基础上，也加入了他们自己的创造。阿拉伯数学对欧洲数学的进步与发展，产生了深刻影响。

四、中世纪的欧洲代数

当东方文明在数学上快速发展时，欧洲却处于漫长的"黑暗时代"。5 世纪，西罗马帝国的崩塌使欧洲陷入万劫不复的境地。从 476 年最后一位西罗马皇帝的废除，到 1453 年君士坦丁堡的失陷，再到欧洲文艺复兴运动兴起，这段长达近 1000 年的黑暗时代，被后来的意大利人文主义者称为"中世纪"。

受古阿拉伯、古希腊文化的影响，直到 12 世纪，欧洲数学开始出现复苏。欧洲人从古阿拉伯人和拜占庭人那里，了解到古希腊以及东方古典学术成果，这激发了他们极大的兴趣。在文艺复兴时期初期，人们通过对这些学术著作的翻译和学习，使欧洲数学开始觉醒。

斐波那契是中世纪意大利数学家。西方数学的复兴完全可以说是从他开始的。斐波那契出生于意大利比萨城（又名比萨城的莱昂纳多），其父亲是个出色的商人，在地中海一带广泛游历。斐波那契从小跟随父亲游历，在伊斯兰的领土上接受教育，吸收东方传来的最新数学思想。不论到哪里，斐波那契都会看见阿拉伯商人用十进位值制系统和印度-阿拉伯数字进行计算。他意识到，这套系统有着极大的优越性。回到比萨城之后，斐波那契把他所学到的知识记录在纸上，于 1223 年写成了他的第一部巨作《计算之书》。《计算之书》被称为欧洲数学在经历了漫长的黑夜之后，走向复苏的号角，对欧洲数学的发展产生了重大的影响。

《计算之书》，曾被译为《算盘书》，这里的"算盘"指用于计算的沙盘，而非我们熟知的算盘。除第一部分介绍了数的基本算法外，《计算之书》还涉及分数算法（斐波那契引进了分数中间的那条横线，这个记号一直被沿用至今）和开方法等。1228 年，重新修订出版的《计算之书》中载有如下"兔子问题"：

"某人在一处有围墙的地方养了一对兔子，假定每对兔子每月生一对小兔，而小兔出生后第二个月就能生育，问从这对兔子开始，一年内能繁殖成多少对兔子？"

其答案正是斐波那契数列的第13项，且数列的各项依次给出了各个月兔子的对数：

$$1, 1, 2, 3, 5, 8, 13, 21, \cdots$$

用代数方法描述这个兔子的繁殖问题，就可以生成斐波那契数列的公式。假设 n 个月后有 u_n 只兔子，那么第 $n+1$ 个月就有 u_n 只兔子再加上新繁殖出来的兔子，由于能繁殖的兔子至少要一个月大，新繁殖出了 u_{n-1} 只兔子，于是就有 $u_{n+1} = u_n + u_{n-1} (n \geqslant 3)$，这就得到了斐波那契数列的递推公式：

$$u_1 = u_2 = 1, \quad u_n = u_{n-1} + u_{n-2} (n \geqslant 3)。$$

有意思的是，这个整数数列的通项竟然是一个含有无理数 $\sqrt{5}$ 的式子，即 $u_n = \dfrac{1}{\sqrt{5}} \left[\left(\dfrac{1+\sqrt{5}}{2} \right)^n - \left(\dfrac{1-\sqrt{5}}{2} \right)^n \right]$，这个通项是这样求出来的。

利用斐波那契数为系数，构建下面的多项式：

$$S = x^{n-1} + x^{n-2} + 2x^{n-3} + 3x^{n-4} + 5x^{n-5} + \cdots + u_{n-2}x^2 + u_{n-1}x + u_n。 \tag{1}$$

两边同时乘 x 得

$$xS = x^n + x^{n-1} + 2x^{n-2} + 3x^{n-3} + 5x^{n-4} + \cdots + u_{n-1}x^2 + u_n x。 \tag{2}$$

两边再同时乘 x 得

$$x^2 S = x^{n+1} + x^n + 2x^{n-1} + 3x^{n-2} + 5x^{n-3} + \cdots + u_n x^2。 \tag{3}$$

将 (3) − (1) − (2)，注意到我们有 $u_n = u_{n-1} + u_{n-2} (n \geqslant 3)$ 得

$$(x^2 - x - 1)S = x^{n+1} - u_n x - u_{n-1}x - u_n。$$

令 $x^2 - x - 1 = 0$，则有 $(x+1)u_n + xu_{n-1} = x^{n+1}$。

设方程 $x^2 - x - 1 = 0$ 的两根为 x_1，x_2，建立方程组

$$\begin{cases} (x_1 + 1)u_n + x_1 u_{n-1} = x_1^{n+1}, \\ (x_2 + 1)u_n + x_2 u_{n-1} = x_2^{n+1}。 \end{cases}$$

即

$$\begin{cases} (x_1 + 1)x_2 u_n + x_1 x_2 u_{n-1} = x_1^{n+1} x_2, \\ (x_2 + 1)x_1 u_n + x_2 x_1 u_{n-1} = x_2^{n+1} x_1。 \end{cases}$$

两式相减，消元 u_{n-1} 可得 $u_n = \dfrac{x_1 x_2 (x_1^n - x_2^n)}{x_2 - x_1}$。

因 x_1，x_2 为方程 $x^2 - x - 1 = 0$ 的两根，结合一元二次方程的根与系数的关系可得

$$u_n = \frac{1}{\sqrt{5}} \left[\left(\frac{1+\sqrt{5}}{2} \right)^n - \left(\frac{1-\sqrt{5}}{2} \right)^n \right]。$$

这个数列具有优美而重要的属性。例如，可以证明，从第3项起，数列的任何连续两项是互质的。更为巧合的是，斐波那契数列 $1, 1, 2, 3, 5, 8, 13, 21, \cdots$ 中，每一项与前一项的比都趋近于黄金比例。

$$\frac{1}{1} = 1, \quad \frac{2}{1} = 2, \quad \frac{3}{2} = 1.5, \quad \frac{5}{3} = 1.666\cdots, \quad \frac{13}{8} = 1.625, \quad \frac{21}{13} = 1.615384\cdots$$

　　这便与早年毕达哥拉斯从线段比例中提取出来的黄金分割，产生了联系。

　　这个数列的数学和科学内涵非常丰富，不仅在许多数学分支中都能看到，还可以帮助解决诸如蜜蜂繁殖、雏菊花瓣等许多自然方面的问题。

　　《计算之书》在东西方数学的交流中起到桥梁作用，被公认为文艺复兴之前欧洲人写的一本最重要的数学论著。《计算之书》不是斐波那契最有代数意义的著作。后来写于1225 年的两本著作，才充分显示了他的代数技能，因为它引出了解三次方程这样一个主题。

　　其中一本是名叫《花儿》(Flos)的著作（"花儿"这个奇怪的标题用来表明代数学是数学中的花朵），书中可以找到许多一次和二次不定方程的问题，并给出了求解方程 $x^3 + 2x^2 + 10x = 20$ 的详细的描述。我们不知道斐波那契是如何得到结果的，也许他使用了几何方法，如同海亚姆为了相同的目的，而使用了相交曲线。关于他对这个三次方程的处理，值得关注的不是他的解是什么，而是他的分析过程：通过谨慎的推理，他首先指出这个解不是一个整数，然后又指出这个解也不是一个有理数，他还说这个解不是平方根、立方根或者它们之间的组合。该分析过程关注的是解的性质而不是解的实际值。

　　另一本是《实用几何》，其中记载有大量算术和几何方面的问题，在解决这些问题时，斐波那契自由地使用了代数方法。他还对海伦的"三角形三边表示其面积"的公式，提供了一个巧妙的证明。

　　中世纪后期，代数学发展的巨大障碍，是没有一套好的用符号来代表数值、未知量和代数运算的符号系统。在欧洲，虽然斐波那契数列、阿拉伯数字得到普及，但代数学家们大多仍用文字来说明一切，"丢番图的代数符号"，还保存在君士坦丁堡的图书馆里。

　　欧洲数学真正的复苏，要到 15、16 世纪。在文艺复兴的热潮中，数学的发展与科学的革新紧密结合在一起。文艺复兴时期的代表人物达·芬奇（Leonardo da Vinci，1452—1519）指出："除非通过数学上的说明和论证，人们的探讨不能称之为科学。"伽利略（Galileo Galilei，1564—1642）干脆认为："宇宙这本书是用数学语言写成的。"他极大地肯定了数学在认识自然和探索真理方面的重大意义。

　　欧洲人在数学上的推进，是从代数学上开始的。代数学是文艺复兴时期成果最突出、影响最深远的领域，拉开了近代数学的序幕。

五、文艺复兴时期的代数

　　文艺复兴的概念，被意大利人文主义作家和学者所使用。当时，人们认为，文艺在希腊、罗马古典时代曾高度繁荣，但在中世纪"黑暗时代"却衰败湮没，直到 14 世纪后才获得"再生"与"复兴"，因此称为"文艺复兴"。

　　希望之灯先在意大利燃起，以后扩散至欧洲全境，于 16 世纪达到高峰，带来了科学与艺术的革命时期，揭开了近代欧洲历史的序幕。

　　文艺复兴这个词，不可避免地让人想到文学、艺术、哲学等人文学科及自然科学的复兴，这同时也为数学的发展创造了条件。

　　15 世纪，随着印刷术的发明和哥伦布（Cristoforo Colombo，约 1451—1506）发现美洲新大陆、麦哲伦（Fernão de Magalhães，约 1480—1521）的环航地球，数学获得了自从古希腊文化衰落以后从没有过的发展。数学与其他文化都有着紧密的联系：从油画技巧到防御工事的设计，从航海导航到勘探探险……

文艺复兴时期，现代数学开始露出雏形，它超越了古希腊、中世纪伊斯兰和东方数学家们的成就，创造出了更好的数学符号和计算工具，获得了更加丰富的数学研究成果。

新数学的推进，先从代数学开始，如三角学从天文学中分离出来，对数的发明改进了计算，但代数学的主要成就，是三次代数方程求解的突破和代数符号系统的建立。

· 攻克三次方程

三次方程求解的历史，要从公元前 3000 年古巴比伦泥板书说起。古巴比伦人编制了很多数表，如平方表、立方表、平方根表、立方根表、倒数表等，他们通过数表来求方根。

公元前 3 世纪，阿基米德用图像法解特殊的三次方程。3 世纪，丢番图也研究过三次方程。后来，海亚姆在 1079 年的《代数》著作中，比较系统地研究了一元方程，特别是三次方程的几何作图解，并取得一定的成果。婆什迦罗也研究过三次方程，但他们都未能发现三次方程的一般解法。

我国的《九章算术》中出现过特殊的三次方程的解法。625 年左右，唐朝数学家王孝通，最早提出过三次方程的代数解法，但可惜没有找到一般解法。后来的数学家秦九韶、李治、朱世杰等也未能发现一般解法。

对于三次方程，寻找一个近似解，不是一件很难的事情。有时候能猜测出一个正确解，画出图来就更容易找到解（可达到精度要求的近似数值解）。在这方面，古希腊人、古阿拉伯人和中国人，都掌握了很多成熟的算术或几何的解法。

特殊方程的解、近似解都不是真正意义上的代数解，只有像给出一般二次方程的求根公式那样，即求得一般的一元三次方程的求根公式，才能认为三次方程得到了解决。

意大利数学家帕乔利（Luca Pacioli，1445—1517）曾悲观地表示，"$x^3 + n = mx$ 犹如化圆为方般之不可解"，但这反而激发了不少数学家的热情。

突破性的进展终于来临。1500 年，意大利博洛尼亚大学的教授费罗（S. D. Ferro，1465—1526）解出了形如 $x^3 + mx = n$ 一类的三次方程，但是他没有公开自己的成果。

卡尔达诺（Gerolamo Cardano，1501—1576）是一位传奇式的人物。卡尔达诺在实践科学和理论科学方面，很好地诠释了真正的文艺复兴精神。他的著作中，含有大量打捞沉船和测量距离的方法示意图，以及各种机械仪器的设计图。卡尔达诺性格奇特，一生坎坷，常被描写为科学史上的怪杰或传奇人物。他在数学、哲学、物理和医学中都有很高的造诣。

1542 年，卡尔达诺发表著作《大术》。他在第十一章里所做的说明，基本上反映了三次方程求解的历史原貌："博洛尼亚大学的费罗，大约在 30 年前就发现了这个法则，并把它传给威尼斯的菲俄。布雷西亚的塔尔塔里亚（Niccolò Tartaglia，1499—1557）也宣称发现了该法则，于是两人进行竞赛，结果塔尔塔里亚获胜。塔尔塔里亚在我的恳求下把这种方法告诉了我，但保留了证明，我在获得这种帮助的情况下，克服了很大的困难，找到了几种证明，我把它叙述如下……"

但卡尔达诺在《大术》中没有提到的是，他曾向塔尔塔里亚宣誓，他不会说出这个秘密。因为塔尔塔里亚打算把三次方程的解，作为他代数专著中特别的部分予以公布，以此给自己争得名声。

卡尔达诺解决的是一个所谓"缺项"的三次方程：解方程 $x^3+mx=n$。

需要说明的是，任何一个一般的三次方程，都能通过代数变换化为"缺二次项"的三次方程，即 $x^3+px+q=0$ 的形式。因卡尔达诺不承认负数，也不承认负根，所有系数都是正的，所以那时候一般的缺项三次方程有 $x^3+mx=n$，$x^3+n=mx$，$x^3=mx+n$ 三种类型。

对于 $x^3+mx=n$ 这种形式，卡尔达诺用文字叙述了他的结果："用 x 系数的三分之一的三次方，加上方程常数一半的平方；求这整个算式的平方根。复制（重复）这一算式，并在第一个算式中加上方程常数的一半，从第二个算式中减去方程常数的一半……然后，用第一个算式的立方根减去第二个算式的立方根，其差即为 x 的值。"

用现代符号表示，卡尔达诺得到三次方程 $x^3+mx=n$ 的解为

$$x=\sqrt[3]{\frac{n}{2}+\sqrt{\frac{n^2}{4}+\frac{m^3}{27}}}-\sqrt[3]{-\frac{n}{2}+\sqrt{\frac{n^2}{4}+\frac{m^3}{27}}}。$$

《大术》接下来的两章似乎是多余的。卡尔达诺第十二章的标题是"论三次方等于一次方加常数"（即 $x^3=mx+n$），第十三章的标题是"论三次方加常数等于一次方"（即 $x^3+n=mx$）。现代人认为，这两种形式的方程和 $x^3+mx=n$ 都是一样的，因为 m 和 n 可以为负数。但卡尔达诺以立方体的概念来看待三次方程，而立方体的边长为负数是没有意义的。人们认为，$x^3+6x=20$ 与 $x^3+20=6x$ 不仅形式不同，而且本质上也是完全不同的两种方程。

卡尔达诺能够解三种缺项形式的三次方程中的任何一种。他用了 13 章的篇幅才完成了这一系列的论证，总算排除万难，彻底解决了三次方程的问题。

·关于一元四次方程

攻克三次方程的求解，意味着代数学巨大的突破，然而，对于四次方程，人们面临着更大的困难。

一个困难来自古希腊传统的思维意识，许多数学家认为四次或更高的方程荒唐可笑。德国数学家迈克尔·施蒂费尔（Michael Stifel，1487—1567）在他的《整数算术》中这样说道："搞三次以上的方程，似乎以为有什么高于三维的东西……那是违反自然的。"

另一个困难是，面对内容更加复杂的四次方程，那时还没有建立一套高效的符号系统。人们只能用冗长的文字来叙述，同时又受负数的约束，不得不耐心地去攻克一个个特例。

在《大术》中，卡尔达诺先对求解四次方程的情况做了说明。书中依次考查的实例，总共 20 个（对现代的我们来说，一个一般的实例便足够了）。对"平方的平方加平方加数字等于边"这类的方程，卡尔达诺给出的一个实例是 $x^4+6x^2+36=60x$，其解法步骤在本质上是下面这样的。

1. 给两边加上恰当的平方或数字，使左边等于一个完全平方，即

$x^4+12x^2+36=60x+6x^2\Rightarrow(x^2+6)^2=6x^2+60x$。

2. 给方程两边加上包含新未知数 y 的项，使得左边依然是一个完全平方，比如

$[(x^2+6)+y]^2$，方程式变成下面的样子：

$$[(x^2+6)+y]^2=6x^2+60x+y^2+2y(x^2+6)，$$

即$(x^2+6+y)^2=(2y+6)x^2+60x+(y^2+12y)$。

3. 接下来的步骤是决定性的：选择合适的y，使右边的三项式也是一个完全平方！这一步可以通过设判别式等于 0 来实现，即$60^2-4(2y+6)(y^2+12y)=0$。

4. 第 3 步的结果是关于y的三次方程：$y^3+15y^2+36y=450$，这种成功降次被称作给定四次方程的"预解三次方程"，而对于$y^3+15y^2+36y=450$，通过变换可消去平方项，然后利用卡尔达诺公式求出y的值。

5. 把第 4 步所求的y的值代入第 2 步的方程$(x^2+6+y)^2=(2y+6)x^2+60x+(y^2+12y)$中，两边开方（注意：$y$的值使右边也是一个完全平方）。

6. 第 5 步的结果是一个二次方程，解出这个二次方程，得到x的值。

解四次方程是一个复杂的程序。费拉里四次方程的解法，使解方程的艺术达到了一个新的高度，而帕乔利当初认为代数不能解三次方程（更不要说四次方程了）的观点已被彻底粉碎。无怪乎卡尔达诺在《大术》结尾时写道："我用五年时间写就的这本书，也许可以持续几千年。"

现代人（极少数专家除外）已没有能力阅读卡尔达诺用文字叙述的这一切。卡尔达诺只能解一个个特殊的四次方程，因为他的语言叙述无法面对一般的四次方程。对于四次方程的一般公式解，需要人类放飞想象，给代数装上飞翔的翅膀。这个奥秘，就隐藏在一千多年前由丢番图所开创的——代数符号系统之中。

·符号

很多人只要看到晦涩的数学符号就会感到头疼，那是因为他们不知道这些符号的神奇和生命力，不了解人类采用这些符号的艰难历程。早期，人们从具体的事物中抽象出"数"的概念，这是第一次思维飞跃。从算术到代数的第二次飞跃，是通过代数符号的引进而实现的，从$2+3=3+2$过渡到$a+b=b+a$，又是一次不寻常的飞跃。

人们在长期的实践中认识到，没有符号的数学发展是缓慢的。数学符号是数学的特殊语言。数学概念、运算和推理，全用文字叙述是非常困难的。借助符号叙述，更容易揭示研究对象的本质，数学思维的过程也会展现得更加准确、简明。

使用符号是数学史上的一件大事。一套合适的符号，绝不仅仅是为了速记、节省时间。了解数学家创立符号的过程是很有趣的，我们从中可以看到一种符号的普遍采用，是多么困难。它在漫长岁月中，经历了不断地改良、选择和淘汰。

从《阿梅斯纸草书》上的一串符号，到古希腊丢番图的符号，再到韦达（Francois Viète，1540—1603）、笛卡儿（René Descartes，1596—1650）的符号，中间经历了三千多年缓慢演变，才形成我们现代的符号。

对代数的发展来说，引进较好的符号体系，比代数内容上的进展更为重要。

自觉运用一套符号，使代数的思路和书写更加紧凑有效的第一人是丢番图，在其后很长的时间内，符号上所有其他的变动，基本上是文字的缩写，而且较为随意。

代数符号的引进（改进）是断断续续进行的，许多改变也是偶然做出的。当时的人们还没有体会到符号体系能对代数起多大作用，甚至在引进符号方面，有人迈出了决定性的步伐以后，有的数学家也并不立即采纳。

代数在漫长的发展过程中，在累赘的记法和笨拙的文字描述重压下，一直在进行挣扎。1450 年左右，印刷术的发明，对数学的发展产生了重要影响，并极大地促进了符号的改进。文艺复兴以来，数学符号终于开始朝着我们今天所熟悉的方向迈进。

从 15 世纪起，最常用的缩写符号可能就是用 p 代表 plus（加），用 m 代表 minus（减）（意大利文的"加""减"分别为 piu 和 meno）。

卡尔达诺在他的《大术》中把未知量称作 remignotam（不知道的东西），他用 p_x 表示平方根，用 $qd.est$ 表示相等，如他把今天的 $(5+\sqrt{-15})(5-\sqrt{-15})=25-(-15)=40$ 写成：

$$5p : p_x m : 15$$
$$5m : p_x m : 15 \quad qd.est$$
$$25m : m : 15 \quad qd.est \quad 40$$

邦贝利（Rafael Bombelli, 1526—1572）为代数的发展作出了重大贡献，他在《代数学》一书中，改进了表示幂的方法，这里我们看到了对于指数记法的最初探讨，他用符号 1 表示未知数，用 1^2, 1^3, 1^4, … 表示幂。开根仍以符号 $R.$ 来表示，$R.q.$（radice quadrata）表示平方根，$R.c.$（radice cubica）表示立方根，$R.q.q.$ 表示四次方根，$R.q.c.$ 表示五次方根，如邦贝利把 $\sqrt[3]{4+\sqrt{2}}$ 写成 $R.C.4.p.R.q.2.$。

意大利人率先觉醒，欧洲的其他地区也没有落后得太远。

1544 年，德国数学家蒂费尔的《整数算术》在纽伦堡出版。施蒂费尔用"＋"号和"－"号代替了 p 和 m。《整数算术》是最早出现我们所熟悉的"＋"号和"－"号的一本书，起初它们被用来表示库存数量中的超出和不足。后来他在另一本著作《代数论证法》中提出重复使用同一字母来表示连续幂次，并以符号"√"代表平方根。

荷兰数学家斯蒂文（Simon Stevin, 1548—1620）是最早系统处理小数的人。他在代数和算术方面的贡献既精巧又有独创性，而且在记法的发展上迈出了极为重要的一步，如首次使用了一个小圆圈代表小数点。斯蒂文抛弃了"平方再平方"之类的表示方法，而采用以邦贝利记法为基础的用指数来表示幂，并在《常用算术记号一览表》中，提出了一些记法上的改进，如√为平方根，√③立方根，√④代表 4 次方根。在两数之间用"："号来表示两个数相等。

另一位荷兰数学家吉拉德（A. Girard, 1559—1632）在《代数新发现》一书中，仿效斯蒂文的方法，把表示方根的方法推广到分数指数上："由于√号已经普遍，我们可以用它来代替指数 $\frac{1}{2}$ 以表示二次方根或平方根，按照这种方法，我们可以用 $\sqrt[3]{}$ 或指数 $\frac{1}{3}$ 来表示三次方根或立方根。"

当时，英国学派的贡献是微不足道的，但雷科德（R. Recorde, 1510—1558）发表的《砺智石》（The Whetstone of Witte）却风行一时。这本著作之所以引起人们的兴趣，是因为书中用"＝"号这个符号来表示相等。他写道："为了避免乏味地重复'等于'一词，我将像我在工作中经常使用的那样，用一对平行线或者等长的双胞线'＝'表示，因为没有什么符号比两条平行线更能简洁直观地表示相等了。"

英国人乌特勒(1574—1660)的《数学入门》也广为流传。《数学入门》中使用了许多不同的符号，其中用×代表"乘"(后遭莱布尼茨反对，因为容易与字母 x 相混淆)，"∷"代表比例被保留了下来，而"]"(大于)和"["(小于)显现现代的雏形，后为数学家托马斯·哈里斯(T. Harriot，1560—1621)所改进。哈里斯在其著作《实例》一书中首次使用"＞"号代表大于，"＜"号代表小于。

代数上最重大的变革之一是法国数学家韦达创立的符号体系。韦达是律师，数学是他的业余爱好，在其政治生涯的间歇期，他研读了卡尔达诺、邦贝利和丢番图等的著作，从中获得了使用字母的想法。以前虽然也有一些人，包括欧几里得、阿基米德，曾用字母来代替特定的数，但这种用法不是经常的。韦达是第一个有意识、系统有效地分配字母，并制定了不同的量使用不同范围的字母的人，如用辅音字母表示已知量，用元音字母表示未知量。他不仅用字母表示未知量和未知量的乘幂，而且用来表示一般方程的系数。这被认为是对现代符号体系的开拓，他把他的符号性代数称作 logistica speciosa(类的筹算术)，以区别于 logistica numerosa(数的筹算术)，并在他的《分析术引论》中提出了两者之间的区别，规定了算术和代数的分界。

韦达指出：所谓代数，即类的筹算术，是施行于事物的类或形式的一种运算方法；而算术，是同数打交道的。这样，代数就成为研究一般"类"的形式和方程的学问，"类"的研究因其抽象、概括的特点，从而得到了更为广泛的应用。

韦达除了用辅音字母表示已知量，用元音字母表示未知量外(他可以把所有二次方程写成一种形式 $BA^2+CA+D=0$，A 是未知数，B，C，D 是已知数)，还涉及其他的一些表示法。韦达用粗体字表示一个数的整数部分以示区分小数部分，或用竖杠分开整数部分与小数部分，如 **99946**45875 或 99946丨45875。小括号在1544年就出现了，但方括号和花括号则是由韦达在1593年引入的。韦达起初书写"aequalis"，后用"～"表示相等。

虽然韦达启用的符号现在大多被更好的符号所取代，但因其在代数符号方面的系统性和开创性的工作最接近于现代的观点，因而他被誉为"现代代数学之父"。

对韦达的符号系统做出改进的，是笛卡儿。笛卡儿用字母表中前面的小写字母(a，b，c，…)表示已知量，用末后的小写字母(x，y，z)表示未知量，这些成为现今的通用记法。

笛卡儿从16世纪德国代数学家那里，吸取了加号、减号和平方根符号(英文单词 radix(基数)表示根，这个单词的首个字母 r 演变为开方符号√)，他在原来的这个平方根符号√上面加了一个横线变成如今的"$\sqrt{}$"。笛卡儿采用正整数表示指数幂，对较高的幂用 x^4，x^5，…来表示(牛顿则扩展了正指数、负指数和分数指数，如 $x^{\frac{5}{3}}$ 和 x^{-3})。但奇怪的是，他对平方仍用 xx 表示(直至高斯在1801年采用 x^2 代替 xx 后，x^2 才变成了标准写法)。另外，笛卡儿没有使用现代人使用的等号，而是使用了一个类似于无穷符号的"∝"作为等号。

笛卡儿在1637年发表的《几何学》中，用 $x^3-9xx+26x-24\propto0$ 表示 $x^3-9x^2+26x-24=0$，已无限接近现代的形式。

引入一个好的符号表示，是数学史上的一个重大事件。笛卡儿的符号体系不仅使数学家受益，而且还激发了莱布尼茨为"人类思想"创造符号的梦想，甚至让莱布尼茨梦想将所有关于真或假的争论，都通过符号演绎来解决。为此，莱布尼茨对各种记法进行了长期的研究，他反复试用一些符号，然后广泛征求他人的意见，最后选取他认为最好的符号，并把它们组建成一个体系。

当把笛卡儿的数学描述与之前代数学家的数学描述相比较时，我们可以看到，一种好的符号体系，能把复杂而高层次的思维过程，转换成明晰、高效的符号运算。

到 17 世纪末，欧洲数学家已普遍认识到符号的重要性，但当时人们随意引入的符号太多。我们今天使用的符号，实际上是经长期筛选之后才保留下来的。

以下是文艺复兴时期出现的部分代数符号（表 7-1）。

表 7-1

运算或关系	符号	时间
加，减	p，m	1494 年
加，减	$+$，$-$	1544 年
乘	$\times$	1631 年
乘	$\cdot$	1631 年
比例	$::$	1631 年
除	$\div$	1659 年
等于	$=$	1557 年
等于	$\backsim$	1591 年
等于	$\propto$	1637 年
大于，小于	$>$，$<$	16 世纪
方根	R	1202 年
根号	$\sqrt{\ }$	16 世纪
根号	$\sqrt[n]{\ }$	16 世纪
乘幂	a^n	1484 年
指数	a^x	1637 年
已知数 未知数	a，b，c，… x，y，z，…	1637 年

· 一马平川

花拉子米系统研究了一次、二次方程的解法。他在著作《代数学》中，把它们归纳为 6 个基本类型，用现代形式表示为：$ax^2+bx=c$，$ax^2=b$，$ax^2=bx+c$，$ax=b$，$ax^2+c=bx$，$ax^2=bx$。花拉子米完全用文字叙述的方法来求这些方程的解，并用几何的方法来论证其解法的合理性。

卡尔达诺虽然可以变换技巧，把一般的三次方程化为缺项的三次方程（缺平方项），同样因为系数不能为负数，他认为，$x^3+mx=n$，$x^3=mx+n$，$x^3+n=mx$ 是三种完全不同的形式。因为没有完善的代数符号，卡尔达诺也是用文字来叙述三次方程的解法法则，然后用几何方法来进行论证。

卡尔达诺的学生费拉里(Ludovico Ferrari，1522—1565)，首次发现了四次方程的解法。对于缺项的四次方程(缺立方项)，费拉里用两个关键步骤成功地找到了那个四次方程的预解三次方程，基本上解决了四次方程的求解。同样受制于没有先进的符号系统，费拉里也只能逐个阐述一个个特殊的四次方程，他共演算了 20 个四次方程。但因四次方程的求根太复杂，用文字来叙述是难以想象的。

代数符号系统的不断完善，提高了效率。代数的发展终于迎来一马平川的局面，而负数的概念早已深入人心。现在甚至可以用一个表达式来代表所有的一元方程，这个表达式就是 $a_nx^n+a_{n-1}x^{n-1}+\cdots+a_1x+a_0=0$。

至此，我们终于可以体会到符号的魔力，没有比这更一般化的东西了，你还会对符号头疼吗？

让我们以现代的眼光来回顾历史。

一元一次方程的一般形式为 $ax+b=0(a\neq0)$，根据花拉子米的"还原与对消"，我们通过移项、除系数，立即可得到方程的解 $x=-\dfrac{b}{a}$。

一元二次方程的一般形式为 $ax^2+bx+c=0(a\neq0)$，通过方程两边同除以系数 a，将最高次项系数化为 1，这样一般的二次方程就是 $x^2+px+q=0$。

我们可以通过配方法轻易得到方程的解：$x=-\dfrac{p}{2}\pm\dfrac{\sqrt{p^2-4q}}{2}$。

一元三次方程的一般形式为 $x^3+px^2+qx+r=0$(总可以把最高次幂系数化为 1)。卡尔达诺通过关键变换 $x=y-\dfrac{p}{3}$ 总可消去 x^2 项，没有 x^2 项的这种三次方程有一个独特的专业名称：不完全三次方程。我们只需考虑下面一种不完全三次方程。

对方程 $x^3+px+q=0$，令 $x=u+v$，则有 $(u+v)^3+p(u+v)+q=0$。

利用 $(u+v)^3=u^3+v^3+3uv(u+v)$ 代数变形，将方程 $x^3+px+q=0$ 重新整理为
$$u^3+v^3+3uv(u+v)=-q-p(u+v)。\tag{4}$$

如果我们选取一种特殊的情形：令 $u^3+v^3=-q$，且 $3uv=-p$，那么(4)式无疑是成立的。这样，联立方程组
$$\begin{cases}u^3+v^3=-q,\tag{5}\\3uv=-p,\tag{6}\end{cases}$$

消去 v，整理后就得到方程 $u^6+qu^3-\dfrac{p^3}{27}=0$，即 $(u^3)^2+qu^3-\dfrac{p^3}{27}=0$。

解关于 u^3 的一元二次方程，得到 $u^3=-\dfrac{q}{2}\pm\sqrt{\dfrac{q^2}{4}+\dfrac{p^3}{27}}$。我们取正的平方根(选负的平方根也可以，最后的结果一样)得 $u=\sqrt[3]{-\dfrac{q}{2}+\sqrt{\dfrac{q^2}{4}+\dfrac{p^3}{27}}}$。代入(5)式得 $v^3=-\dfrac{q}{2}-$

$\sqrt{\dfrac{q^2}{4}+\dfrac{p^3}{27}}$，即 $v=\sqrt[3]{-\dfrac{q}{2}-\sqrt{\dfrac{q^2}{4}+\dfrac{p^3}{27}}}$。

对于 $x^3+px+q=0$，我们有

$$x=\sqrt[3]{-\dfrac{q}{2}+\sqrt{\dfrac{q^2}{4}+\dfrac{p^3}{27}}}+\sqrt[3]{-\dfrac{q}{2}-\sqrt{\dfrac{q^2}{4}+\dfrac{p^3}{27}}}。$$

这就是现代版的卡尔达诺公式。

三次方程应有三个根，卡尔达诺公式给出的只是一个根。在这个过程中，当判别式 $\dfrac{q^2}{4}+\dfrac{p^3}{27}<0$ 时，卡尔达诺已邂逅了"虚数"。1732 年，欧拉利用复数找到了一般三次方程完整的求根公式。

一元四次方程的一般形式为 $x^4+px^3+qx^2+rx+e=0$（总可以把最高次幂系数化为 1），费拉里通过变换 $x=y-\dfrac{p}{4}$，总可消去 x^3 项，得到缺项的四次方程 $x^4+px^2+qx+r=0$，再通过巧妙地引入辅助变量，可以用相关的三次方程替代原四次方程。

$$x^4+px^2+qx+r=0,$$
$$x^4+2px^2+p^2=px^2-qx-r+p^2,$$
$$(x^2+p)^2=px^2-qx-r+p^2。$$

于是，对于任意的 y 有 $[(x^2+p)+y]^2=px^2-qx-r+p^2+2(x^2+p)y+y^2$。

即 $(x^2+p+y)^2=(2y+p)x^2-qx+(p^2+y^2+2py-r)$。 (7)

选择适当的 y，使上式右边成为完全平方式，只需 $q^2-4(2y+p)(p^2+y^2+2py-r)=0$ 即可；而这是关于 y 的三次方程。

解出 y 代入(7)式[注意(7)式右边也是完全平方]，两边开方得 x 的二次方程，解这个二次方程，即可得到原方程 $x^4+px^2+qx+r=0$ 的解。

一元四次方程的四个解是用包括 p，q 和 r 的平方根和立方根表示的表达式，把这四个解完整地写出来需要占用大量的篇幅，我们这里只写出其中的一个：

$$x=\dfrac{1}{2}\sqrt{-\dfrac{2p}{3}+\dfrac{\sqrt[3]{2}\,t}{3\sqrt[3]{u}}+\dfrac{\sqrt[3]{u}}{3\sqrt[3]{2}}}-\dfrac{1}{2}\sqrt{-\dfrac{4p}{3}-\dfrac{3\sqrt[3]{u}}{3\sqrt[3]{2}}-\dfrac{2q}{\sqrt{-\dfrac{2p}{3}+\dfrac{\sqrt[3]{2}\,t}{3\sqrt[3]{u}}+\dfrac{\sqrt[3]{u}}{3\sqrt[3]{2}}}}}。$$

其中 $t=p^2+12r$，

$$u=2p^3+27q^2-72pr+\sqrt{(2p^3+27q^2-72pr)^2-4t^3}。$$

这看起来太复杂了，但是它只包含算术运算，涉及平方根、立方根以及 p，q 和 r 的组合。我们已经看到三次方程的一般解在复杂度上较二次方程有所增加，四次方程又在类似量级上大大增加了复杂度，而这样的一个求根公式用语言叙述是不可想象的。

在近现代数学的发展中，人们保持了这样一个特点：在引入一种新概念和数学关系的同时，一定要引入表示它们的符号。

人们由此推测五次方程的一般解法肯定比这更复杂，可能需要整整一页纸才有可能写出它的一个解。它的解也是由平方根、立方根，可能还有四次方根以不同的方式互相嵌套而成的。

有了求解三次方程和四次方程的经验，这一推测完全是合理的。

六、近世代数

四次方程的圆满解决，具有重大意义。代数彻底摆脱了几何思维的束缚，显示出自身强大的生命力，而完善的代数符号系统放飞了人们的想象，使人们迅速将眼光投入下一个目标——五次和五次以上方程的求根公式。寻求五次方程的一般解，成为那时人们梦寐以求的目标。

人们在研究三次方程的求解问题上，引出了一个新的数——虚数，使数系得到扩充。人们对负数早已习以为常，不承认负根的情形已成为历史。1732 年，欧拉给出了三次方程的三个公式根（包含复根的情形）。1801 年，高斯在其《算术研究》中证明了"在复数范围内，一元 n 次方程有 n 个根"，从理论上证明了代数方程解（含五次以上的方程）的存在性。这一结论非常重要，被称为"代数基本定理"。

这为人们寻求五次方程的一般解（求根公式）带来了希望。根据以往的经验，人们首先对一般五次方程 $ax^5+bx^4+cx^3+dx^2+ex+f=0$ 进行代换 $x=y-\dfrac{b}{5a}$，得到缺 4 次项的五次方程 $y^5+py^3+qy^2+ry+e=0$。然后，寻找某些辅助变量，使之降为四次方程，因为人们已经知道求四次方程根式解的方法。

但是，所有这方面的努力都没有成功。一个时代过去了，又一个时代过去了，仍然没有一个人能够求出一般五次方程的公式解。尽管后来的数学家们发现，通过一次次代换，可以将一般的五次方程变成 $z^5+pz=q$ 的形式。但是，就是这样一个高度简化了的五次方程，也无人能够攻克。

适用于三次和四次方程的技术，不能解决五次方程的问题，是不是需要一种新的思路呢？

当人们醉心于研究如何用代数技巧求解方程时，韦达却把眼光放在了对方程解的性质的研究上。

考虑到二次方程 $x^2+px+q=0$，假设方程的两个解是 α 和 β，那么等式 $(x-\alpha)(x-\beta)=0$ 一定成立。因为 α 和 β 是使得这一方程成立的 x 的所有值，所以上面的式子一定是原始方程的一个重写形式。这个重写的方程为 $x^2-(\alpha+\beta)x+\alpha\beta=0$，与原来的方程相比较，式子 $\begin{cases}\alpha+\beta=-p,\\ \alpha\beta=q\end{cases}$ 一定成立，这样便得到定理 1。

定理 1：若二次方程 $x^2+px+q=0$ 的两个根为 α，β，则有
$$\begin{cases}\alpha+\beta=-p,\\ \alpha\beta=q。\end{cases}$$

这就是我们熟悉的一元二次方程根与系数关系。

用同样的方法处理三次方程，我们可以得到定理 2、定理 3。

定理 2：若三次方程 $x^3+px^2+qx+r=0$ 的解是 α，β，γ，则有

$$\begin{cases} \alpha+\beta+\gamma=-p, \\ \alpha\beta+\beta\gamma+\gamma\alpha=q, \\ \alpha\beta\gamma=-r。 \end{cases}$$

定理 3：若四次方程 $x^4+px^3+qx^2+rx+s=0$ 的解为 α，β，γ，δ，则有

$$\begin{cases} \alpha+\beta+\gamma+\delta=-p, \\ \alpha\beta+\beta\gamma+\gamma\delta+\alpha\gamma+\alpha\delta+\alpha\delta=q, \\ \alpha\beta\gamma+\alpha\beta\delta+\alpha\gamma\delta+\beta\gamma\delta=-r, \\ \alpha\beta\gamma\delta=s。 \end{cases}$$

以此类推，可得到一般形式。

定理：一元 n 次方程 $x^n+p_1x^{n-1}+p_2x^{n-2}+\cdots+p_{n-1}x+p_n=0$ 的 n 个根为 x_1，x_2，$\cdots$，x_n，则有

$$\begin{cases} x_1+x_2+\cdots+x_n=-p_1, \\ x_1x_2+x_1x_3+\cdots+x_{n-1}x_n=p_2, \\ \cdots\cdots \\ x_1x_2x_3\cdots x_n=(-1)^n p_n。 \end{cases}$$

韦达于 1615 年出版的《论方程的整理与修正》一书中，系统地研究了一元方程根与系数的关系，他的研究已非常接近方程理论中"根的对称函数"这一课题。韦达点燃的蜡烛在 200 年后成为一个巨大的灯塔，为伽罗华理论、群论和现代代数的诞生，照亮了一条新的道路。

1732 年，欧拉首次接触一般五次方程的求解问题。在论文《论任意次方程的解》中，欧拉指出，任意 n 次方程的解的表达式，也许是这样的形式：$A+B\sqrt[n]{\alpha}+C(\sqrt[n]{\alpha})^2+D(\sqrt[n]{\alpha})^3+\cdots$，其中 α 是某个 $n-1$ 次"辅助"方程的解，而 A，B，C 等是原来方程系数的某个代数表达式。

那么，如何找到这个 $n-1$ 次"辅助"方程的解呢？

欧拉没有再深入研究下去。微积分的发现和科学技术的突飞猛进，使数学家有了大量的课题。大量重要的数学问题，等待数学家去解决。而需要深入研究，但又没有明显实用价值的那种纯数学问题，在当时的环境下似乎失去了吸引力。对于某个特定的五次方程，当时的数学家利用所熟悉的技术，会很容易找到一个任意精度的数值解（近似解）。

1770—1771 年，法国数学家拉格朗日发表了《关于代数方程解的思考》一文。这篇论文阐述了通过方程解的置换来求解方程的新思想。

意大利人鲁菲尼（P. Ruffini，1756—1822）是拉格朗日思想的追随者。对于一般三次方程，能够得到它的一个二次预解方程，并且知道如何求解；对于一个四次方程，可以得到一个三次预解方程，同样知道这个三次方程如何求解。鲁菲尼仔细研究了五次方程的情况，证明了对于五次方程，不可能得到一个四次或三次的预解方程，并由此进一步提出并给出了一个不严格的证明：当次数 $n \geqslant 5$ 时，一般的一元 n 次方程不可能用系数的根式求解。

恼人的五次方程的求解，给我们带来了两位天才数学家。

19世纪初，正在上中学的阿贝尔（Niels Henrik Abel，1802—1829），在课堂上听到数学老师霍尔姆博（B. M. Holmboe，1795—1850）讲述了困扰数学家200多年的五次方程根式解以后，开始树立解决这个难题的决心。尽管招来同学的讽刺、嘲笑和挖苦，阿贝尔不予理睬。在霍尔姆博老师的鼓励和指导下，他借来欧拉、拉格朗日、拉普拉斯等人的著作，潜心研读，从中寻找方法。

阿贝尔在中学的最后一年，发现了五次方程的求根公式。他把自己的观点写成论文交给老师，老师看不懂，转送给大学的数学教授，教授也看不懂。丹麦数学家费迪南德·戴根（Carl Ferdinand Degen，1766—1825）在收到论文后，认为这个困扰数学家长期解决不了的问题，不可能这么简单就获得了解决。戴根写信给阿贝尔，希望他用实际的例子来验证结果是否正确。不过，戴根在信的最后对阿贝尔进行了鼓励："即使你得到的结果最后被证明是错误的，也显示出你是一个有数学才能的人。"

阿贝尔遵照戴根的启示，用一些实例来检验自己发现的求根公式。在进一步完善自己论文的时候，他发现论文有一个严重的缺陷，而这个缺陷会使得整篇论文崩塌，但他不气馁，因为戴根的鼓励给了他力量。

阿贝尔从失败中领悟到：长期以来人们为什么会连连失手？难道鲁菲尼用不严格方法证明的"当次数 $n \geqslant 5$ 时，一般的一元 n 次方程不可能用系数的根式求解"是正确的？他迅速地调整自己的思路，转而寻求严格证明"不存在性"的途径。

1824年，22岁的阿贝尔写出了论文《一元五次方程没有代数一般解》。但人们不相信这么难的问题，被一位无名小卒解决了。阿贝尔的论文没有杂志愿意发表，他只好自费"出版"。阿贝尔家里很穷。为了减少印刷费用，他把论文压缩成6页纸，省略了证明中的很多细节部分，他相信这6页纸能为他打开通往欧洲最伟大数学家之门。

事情并没有像他预料的那样。在准备亲自拜访高斯之前，阿贝尔给高斯寄了一份自己的证明，但高斯没有回应。因为高斯经常遭受到一些人的骚扰，他们往往声称自己已经证明了某某著名的问题。高斯很不高兴被人愚弄，而且他似乎对多项式方程代数解的问题，也不太感兴趣。阿贝尔只得放弃拜访高斯的计划。阿贝尔的其他访问也没有得到重视或肯定。

1825年，阿贝尔在柏林结识了克雷尔（August Leopold Crelle，1780—1855）。克雷尔在自己刚刚创办的《纯数学与应用数学》期刊上，发表了阿贝尔的《一元五次方程没有代数一般解》，以后又陆续发表了阿贝尔的一些其他成果。这些只是阿贝尔广泛数学兴趣中的一部分，阿贝尔研究的还有分析学和函数论。

1826年，阿贝尔到巴黎，认识了柯西（Augustin-Louis Cauchy，1789—1857）等数学家。他写了一篇关于椭圆积分的论文，提交给法国科学院，不幸未得到重视。1827年阿贝尔回到了挪威，靠做家庭教师维生。1829年，他被聘为柏林大学教授，未到位即病逝。

阿贝尔证明的是一元五次方程不存在公式解，也就是说，证明了不存在一种代数公式，可以只用原五次方程的系数，作为方程解的可靠生成元。但他并没有说，所有五次方程都是不可解的，因为我们显然可以解出像 $x^5 + x - 6 = 0$ 这样诸多特殊的五次方程。这就带来一个问题：对于一个五次方程，是否可以用根式求解，用什么方法来判断？

阿贝尔未竟的事业，由法国青年伽罗华（Evariste Galois，1811—1832）担当起来。伽罗华自小热爱数学，中学时就阅读了拉格朗日、欧拉和高斯等人的著作。1829 年，伽罗华投考巴黎综合理工学校，但未被录取，遂进入巴黎师范学校学习。

在研究五次方程根式解的可解条件过程中，伽罗华建立了"群"的概念，并进一步从相关群的性质来判断方程是否可解。不仅如此，对于可解的五次方程，伽罗华还提供了寻找方程解的方法。

一个群就是一些对象的集合，以及合成这些对象的一个法则。对象可以是置换数值或任意其他东西，伽罗华的天才洞察力体现在对抽象群结构的研究上。

伽罗华证明了，对于一个未知量次数为 n 的任意多项式方程：$x^n + px^{n-1} + qx^{n-2} + \cdots = 0$，通过研究系数域与解域之间的关系，可以将其求解过程与群挂钩。如果这个方程的"伽罗华群"存在满足特定条件的结构，那么就能够仅用加减乘除和方根表示这个方程的解；如果它没有这种结构，则不能表示这个方程的解。如果 n 小于 5，这个方程的伽罗华群总有相应的结构，如果 n 大于或等于 5，那么它可能有也可能没有这种相应的结构，这主要取决于 p，q 及其他系数的数值。伽罗华揭示了这个群结构的条件，因此对"什么情况下有可能找到多项式方程的代数解"这个问题给出了最终的明确答案。

伽罗华的理论是极富创造性的伟大发现，但因论文用到的许多新概念过于抽象和简略，因此他陷入了和阿贝尔同样的境地。伽罗华数次向法国科学院递交论文，但最后得到的是数学家泊松（Siméon Denis Poisson，1781—1840）草率的评语"inconprehensible（不可理解）"。

之后，他积极参加政治活动，导致两次被捕入狱。出狱不久，伽罗华便死于一场决斗，年仅 21 岁。决斗前夜，他写了绝笔信，整理了他的数学手稿，概述了他得到的主要成果。

伽罗华去世 11 年后，他的数学手稿被辗转送到了数学家刘维尔（Joseph Liouville，1809—1882）手里。刘维尔发现了它们的重大价值。经过整理，伽罗华的主要论文《关于用根式解方程的可解性条件》被发表，刘维尔还写了序言向数学界推荐，并陆续发表了伽罗华的其他所有论文。伽罗华的名字在较大的数学圈内为人所知，伽罗华的思想也逐渐为人们所重视。

在不到三年的时间里，数学界失去了两颗璀璨的新星。阿贝尔和伽罗华都是在死后，才得到了他们应有的名誉。

阿贝尔和伽罗华的工作结束了代数学中以解方程为中心的时代，促使人们采用一种更加抽象的观点来研究代数学。伽罗华的群论不仅完全解决了代数方程的根式可解与否的问题，而且为现代数学提供了新的武器，成为抽象代数中最精湛的部分。群的发明是代数学的又一次革命，代数从此进入新的时代——近世代数或抽象代数时期。

近世代数以群、环、域、向量空间、矩阵、行列式、簇等重要概念为基础，内容也变得更加广泛、抽象。对于非数学专业的读者来说，不容易理解，甚至是数学专业的人，也不一定能够完全理解，除非他的专业就是这一领域。代数几乎脱离了实际应用，仿佛独居于无用的领域。到 19 世纪末，代数已经把科学抛到后面。

尽管 20 世纪代数的抽象层次更高，但历史又一次重来。19 世纪发现的所有新数学对象，又都找到了某些对应的科学应用。那些纯推理的产物，那些群和矩阵、域和流形，已成为现实世界中某些真实产物或真实过程的化身：群在编码和加密理论中非常重要，矩阵现在是经济分析的基础，代数拓扑的一些概念出现在从发电到计算机芯片设计的各个领域，甚至范畴论也在计算机语言设计中发挥着神奇的功效。20 世纪物理学发生的两个伟大革命——相对论和量子理论，它们都建立在 19 世纪纯代数概念的基础之上。

第八章 数与数系

一切自然都是艺术，不过你未领悟。

一切偶然都是规律，只是你没洞悉；

一切不协调，是你不理解的和谐；

一切局部的祸，乃是全体的福；

高傲可鄙，因为它不近情理。

凡存在皆合理，这就是清楚的道理。

——[英]亚历山大·蒲柏

漫长的寒冬终于要过去了，和煦温暖的春天已经迫不及待地冲到我们的跟前。再次见到同学们，陆老师心中仍是激动无比。回首前几节讲座，就像是坐在通往数学王国的火车上一般，窗外景色绮丽美妙，微风轻拂，同学们也渐入佳境，走向数学世界的深处。

本次讲座的主题是"数与数系"。是的，当我们听到"数学"这个词时，头脑里闪现的第一样东西就是数。数是数学的原材料，是数学的核心，是无处不在的力量。

数对我们来说如此基本，如此重要，但你真正理解数了吗？

我们的出发点必然是数。数学史中的相当一部分，可以归纳为人们通过各种事物发现范围越来越广的称之为数的事物。数系的每一次扩充，都经历了漫长的历史和动人的故事，让我们一起去领略数系发展的曲折历程吧。

一、自然数

上帝创造了整数，其余的数都是人造的。

——[德]利奥波德·克罗内克

远古的人类长期分群居住在一起，在狩猎与分配的过程中，产生了"有"和"无"的朦胧概念，再从"有"中分离出"多"与"少"的模糊量词。

事实上，在出现诸如1，2，3之类的数之前，计数就开始了。因为根本不用数字就能够计数——譬如，用手指来计数，当你眼睛扫视羊群时，你可以扳着手指算出"我有一只手的手指加一个拇指的羊"，而不必用数字"6"的概念来记录是否丢失了羊。

人们也用树枝或石头来计数，或者制作标记（如用象牙或在树枝上刻痕）来计数。

远古的人用匹配法（一一对应）计数以及需要表示某一类事物的顺序时，逐渐产生了自然数的概念。

自然数具有以下两个功能。首先，它用来表示某一类东西有多少个，即可用自然数来数（shǔ）各种集合中对象的个数。它和对象所特有的性质无关。例如，数"6"是从实物中抽象出来的，它不依赖这些实物的任何特殊性质，也不依赖于表示它所采用的符号。只有在人类智力发展到一个比较先进的阶段，这种数字概念的抽象性才变得清晰，这就像对幼儿园的儿童来说，数数通常总是要和糖果或珠子连在一起一样。其次，自然数还具有呈现某一类事物顺序的功能。如第一、第二、第三……描述一个有限集合元素的顺序性质。

人们称这些无穷无尽的1，2，3，…为整数（"自然数"①是一种更形象的称谓），在认识了它们并为它们起好名字之后，人们的注意力就转向了如何利用一些方法，把它们结合起来。最简单的方法就是加法，因为这些数本身就是一个一个累加而成的，2＝1＋1，3＝2＋1，4＝3＋1，5＝2＋3，以此类推。

上小学的时候，我们先是把数加起来，然后做相反的运算：减法。接下来就是乘法和除法。算术以其法则的简单性和普遍性，使得人们很容易领悟。它是数学的基础，也是一切学科的基础。

整数的运算性质，是以算术基本四则运算形式出现的，即整数的加减乘除。

算术的基础，在于整数的加法和乘法要遵守某些规律。我们所熟知的五个算术基本规则可叙述为：

(1)加法的交换律：$a+b=b+a$。

(2)乘法的交换律：$ab=ba$。

(3)加法的结合律：$a+(b+c)=(a+b)+c$。

(4)乘法的结合律：$(ab)\cdot c=a\cdot(bc)$。

(5)分配律：$a\cdot(b+c)=ab+ac$。

这些规则是显而易见的，人们把它当作已知的东西接受下来。算术的力量在于它的普遍性，它的法则不容许有例外：它可以应用于一切数。不管数系如何扩大，算术的基本规则，必定具备一个固有的基础。

"算术"一词，不仅包含整数（正整数）的加减乘除，而且还包含整数较深层次的性质，这被称作"高级算术"——数论。

远古时期，人们对自然数的认识，常常带有某种神秘色彩。例如，6，7，8，13，666之类的数被赋予了一些特殊的意义。公元前600年左右，毕达哥拉斯学派沿袭了人们对数字崇拜的传统，他们似乎害怕由于忽视了某个数而冒犯了它，因而对50以下的数大多都赋予一个特定的意义。

毕达哥拉斯学派还研究了自然数中一些诸如完全数、亲和数、盈数和亏数等课题。他们不仅把数分成奇数和偶数，还提出了质数、合数等现代数论中的基本概念，特别是对质数的研究，将人们带回到了基础中的基础。质数是非凡的，因为它是数字中的"原子"，就像所有的化学化合物都是由基本的化学元素组成的一样。质数研究，是现代初等数论的主要问题，从古希腊到现代2500多年的岁月里，数学家义无反顾地扑向这一领域，他们提出了许多猜测，其中一些已经解决，而相当数量的猜测还是一个谜，因此数论拥有永恒的魅力。正所谓"最古老的，也是最现代的"。

---

① 编辑注：现在的自然数范围是包含0的。

"上帝创造了整数，其余的数都是人造的。"克罗内克（Leopold Kronecker，1823—1891）的著名论述，揭示出整数的内在必然性以及它们无可否认的自然性，无论数学发展到何种地步，整数总是根基。

然而，自然数远远不能适应和满足人类社会不断发展的需要。每一次，当新的观念出现并进入旧有的数系时，都会引发争论。人们需要时间来学习、掌握这些从他们自己的头脑中产生出来的新的甚或是"奇怪"的创造物。

二、分数

"掉到分数里去了。"

——[德]谚语

自然数也被称作"计数"数，即它可以描述一个有限集合中元素的个数。但在日常的生产实践活动中，人们不仅要数（shǔ）单个的对象，而且还需要描述一个整体事物的部分，或度量像长度、面积、重量和时间等一些需要细分的量。若要自如地度量这些量，就必须把算术的范围扩展到自然数的范围之外。

小学老师有一个通俗的做法，来告诉小朋友们分数的概念，就是分蛋糕问题。我们将一个蛋糕分为三等份，有人得到了整块蛋糕的$\frac{2}{3}$，而有人只得到了整块蛋糕的$\frac{1}{3}$，将这两部分合起来的话，我们又得到了整个蛋糕。

选择一个单位，将整体平均分成若干份，表示这样的一份或几份的数，叫作分数。

在自然数的算术中，我们总能进行两个基本运算：加法和乘法。因为两个自然数的加法和乘法的结果仍是自然数，即自然数对加法、乘法保持封闭。但是减法和除法并不总是可行的。早期的人们认为"从3个苹果中拿走5个苹果"是没有意义的，从而排除被减数小于减数的情形，这样才能保证减法在自然数系中的运算是封闭的；而对于除法，你可以用6除以3，但不能保证6除以5的情形可行。引进分数，能保障除法运算的畅通无阻，这被认为是引进分数的一个内在的原因——当一个数不能整除另一个数时，会产生分数的概念。

两千多年前，古埃及人就已经有了分数，但他们处理分数的方式是把所有的分数都表示为单分子分数（分子为1的分数，但$\frac{2}{3}$是唯一的例外）。他们不像现代人，把$\frac{3}{4}$看成一个比率，而是将其解读为$\frac{1}{2}$与$\frac{1}{4}$相加的结果，像$\frac{5}{7}=\frac{1}{2}+\frac{1}{7}+\frac{1}{14}$或$\frac{5}{7}=\frac{1}{3}+\frac{1}{4}+\frac{1}{8}+\frac{1}{168}$。这样冗长的单位分数链，使得分数的运算成为棘手的问题。只有那些接受过专门训练的人，才能做出正确的计算。

古巴伦人很早就使用分数，但他们的计数系统采用六十进位制，分数的运算也在这个进位制下进行。

我国很早就有了一套完整的分数算法。自古以来，人们非常注重历法。因为每一年的月数、每一月的天数都不是整数，要制定优良的历法，不可避免要遇到分数的计算。

秦始皇时，以 $365\frac{1}{4}$ 天为一年，一年有 $12\frac{7}{19}$ 个月，每个月的平均天数是 $29\frac{499}{940}$，可见当时分数的运算已相当熟练。《九章算术》中也涉及大量的分数计算问题，并给出了完整的分数运算法则。

由于长期使用笨拙、繁杂的计数系统（他们使用罗马数字，没有位值制，一个简单数都要写成一长串冗繁的符号），并沿用古埃及单分子分数传统，欧洲人长期惧怕整数与分数的四则运算。有英国学者曾说："世界上有很多难做的事，但是没有比算术四则更难了。"

人们发现分数的运算完全满足算术基本规则（交换律、结合律、分配律）。当然，它的运算比自然数的运算要复杂得多。但是对于分数来说，它的乘法简单，如 $\frac{1}{2}\times\frac{1}{3}=\frac{1}{6}$，而加法 $\frac{1}{2}+\frac{1}{3}$ 却更为困难。

分数是伴随自然数诞生以来，人类最早认识的一种新数，它与自然数有着天然的联系（两个自然数的比）。有了它以后，人们不仅能数出一个集合对象中的单个数量，还能描述一个整体事物的部分，可以有效度量自然界范围内更广的量。分数不仅使自然数能畅通无阻地实施除法运算，而且也满足原算术体系中的运算规则。因此，分数作为一种数，虽然比自然数复杂，但比较容易被人们所接受。

毕达哥拉斯学派把整数和分数共同构成的数字系统，统称为"有理数"。他们认为，有了有理数，世界上万事万物都能被描述出来，这就是毕达哥拉斯学派的哲学思想："万物皆数"。

他们还把数与表现自然界的形结合起来。

初中我们学过数轴的概念，它由三部分组成，即原点、单位长度和方向（描述原点的符号是字母 O，而不是零，因为那时"零"还没有被发明出来）。我们从原点 O 出发，标出从原点到 1 的线段，确定这段线段长为单位长度（这单位长度，可以任意选取），然后向右延伸，于是，自然数就表示为数轴上一组等距离的点，它们均匀地分布在数轴上，如图 8-1 所示。

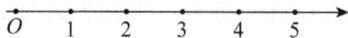

$$O \quad 1 \quad 2 \quad 3 \quad 4 \quad 5 \longrightarrow$$

图 8-1

全体自然数整齐地排列在数轴上，每个自然数都占有一个独立的点。因为任意两个相邻的点之间，还存在无数个点，即自然数在数轴上的分布是离散的。

那么，分数在哪里呢？为了表示分母为 n 的单分数，我们把从原点到 1 的单位长线段分为 n 等分，则这些分点就表示了分母为 n 的单分数（如 $\frac{1}{2}$，$\frac{1}{3}$，…，$\frac{1}{n}$）。如果我们对数轴上每一个单位区间都进行划分，那么所有的有理数都能利用数轴上的点来表示。人们称这些点为有理点，如图 8-2 所示。

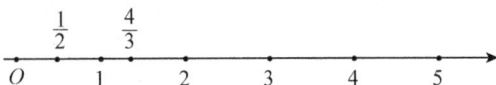

图 8-2

相对于自然数在数轴上是离散的，数学家认为有理点在数轴上是稠密的。稠密的意思是：在任意两个有理点之间，总存在另一个有理点。这很好理解，因为无论你给出距离多近的两个有理数 a 和 b，总能在它们中间再找到另一个有理数，如 $\dfrac{a+b}{2}$。同理，在 a 与 $\dfrac{a+b}{2}$，$\dfrac{a+b}{2}$ 与 b 之间同样能找到另一个有理数，因而在任意两个有理点之间总存在无数个有理点。

分数密密麻麻地挤在一起，靠在一起，缝隙越来越小，这使人相信，全部整数与分数将铺满整个数轴；反过来，数轴上的每一个点都代表一个整数或分数。早期的人们凭直觉认为，全体有理数将和数轴上全部的点建立完美的一一对应关系。

毕达哥拉斯学派从对音乐、天文、艺术等各种领域的研究中得出，自然界的其他形形色色的特性和规律都可归结为数（整数和整数比），这些数能描述世界的一切，数统治着宇宙。

那么，毕达哥拉斯学派眼中的整数和整数比真的是"魔力无边"吗？

三、无理数

你认为的不和谐恰恰是另一种的更和谐。

——无名氏

毕达哥拉斯学派认为，世间万事万物都可以用整数和整数比来度量。正如 1 是数的单位元素一样，"点是位置的单位元素"（这是毕达哥拉斯学派的几何基础）。他们信奉一种质朴的观念：线是由原子（点）依次连接而成的。原子非常之小，但质地相同，大小一样，它们是物质的最小单位。因此，取任意两个线段，它们的长度之比，不过是各段所含的原子数目之比而已，而原子数目都可用整数计量。因此，任意两条线段之比，都可用整数之比来表示。

他们最早强调了整数和整数比在自然研究中的重要性，坚持认为整数是度量一切事物的"尺子"。这就是毕达哥拉斯学派的"万物皆数"。

然而，现实并不是这么简单。

一切都源于以毕达哥拉斯命名的那个著名的定理（勾股定理）。当人们利用这个定理计算正方形的对角线的长度时，问题出现了：这个对角线的长度 a，由 $a^2=1^2+1^2=2$ 决定，这个数 a 的平方是 2，用现代的符号表示，这个数就是 $\sqrt{2}$。

$\sqrt{2}$ 具有分数的形式吗？在毕达哥拉斯学派看来，$\sqrt{2}$ 显然也具有分数的形式，他们认为可以找出这个分数。

因为这个数的平方是 2，而 $1^2=1<2$，$2^2=4>2$，所以 $\sqrt{2}$ 一定是介于 1 与 2 之间的数。他们当然知道在1与2之间有无穷多个分数，哪个分数的平方会是2呢？他们循着最自然的路线寻找：2可以先用无限个其分母为完全平方数的分数来表示：

$$2=\frac{2}{1}=\frac{8}{4}=\frac{18}{9}=\frac{32}{16}=\frac{50}{25}=\frac{72}{36}=\frac{98}{49}=\frac{128}{64}=\frac{162}{81}=\frac{200}{100}=\frac{242}{121}=\frac{288}{144}=\cdots$$

若$\sqrt{2}$是一个分数，则这个序列一直往下进行的结果，最后必定可以找到一个分子也是完全平方数的分数，只要你有足够的耐心。

第一个接近的是$2=\frac{50}{25}>\frac{49}{25}=\left(\frac{7}{5}\right)^2$，

下一个更精确的是$2=\frac{288}{144}<\frac{289}{144}=\left(\frac{17}{12}\right)^2$。

$\frac{17}{12}$叫作$\sqrt{2}$的西翁近似值（西翁，Theon，古希腊数学家），它和$\sqrt{2}$的真值相差不到七百分之一。

但是，继续找下去的结果是：他们始终未能找到理想中的那个数。

他们不得不做最坏的打算——$\sqrt{2}$可能没有两个整数比的形式，任何整数比都不行。

那么，能不能证明$\sqrt{2}$不是分数的形式呢？对于酷爱逻辑的古希腊人而言，这正是他们的强项，他们利用自己对奇数和偶数特征的粗浅认识，再加上一点儿逻辑推理，就完成了这个证明，证明方法是古希腊人所喜欢的风格——归谬法：假设$\sqrt{2}=\frac{m}{n}$（m，n是整数，且不可约），两边平方得$m^2=2n^2$(1)，这样m^2必为偶数，从而m为偶数，设$m=2k$（k为整数）代回(1)式，得$4k^2=2n^2$，即$n^2=2k^2$，这样n^2又必为偶数，所以n也为偶数，m，n皆为偶数，这与假设m，n不可约矛盾。所以，$\sqrt{2}$不能有分数的形式。

毕达哥拉斯学派别无选择——存在不能用整数比表示的数。他们还发现所有的$\sqrt{n}$序列（除非n是完全平方数）都没有整数比的形式，它们的个数是无穷的。

在毕达哥拉斯派"万物皆数"的和谐世界里，全体有理数与数轴上的点建立了完美的一一对应关系。它们全都整齐地从小到大、从左到右紧密地排列在数轴上。他们毫不怀疑全体有理数将铺满整个数轴，但是这个$\sqrt{2}$既然不是有理数，那么在数轴上能找到它的位置吗？

然而，从几何上来说，使用一个圆规就可以轻易地找到这个点（图8-3）。

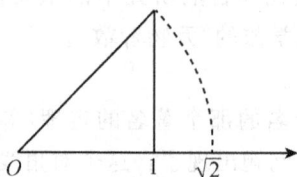

图8-3

在他们的尺规作图中，点$\sqrt{2}$分明就在那里，这没有任何怀疑的地方，只是不知道它是如何挤到这个稠密的有理数之中。这个问题直到今天，对爱思考的人来说，仍使人感到困惑。

$\sqrt{2}$ 犹如孙悟空大闹天宫，扰乱了"整数王国"的秩序。毕达哥拉斯学派不得不承认它的存在，但把它看作几何量，而不是数。当 1 和 $\sqrt{2}$ 都被当作长度也就是线段时，它们之间就没什么区别了。

他们一方面在实际运算中使用它，另一方面在理论上又不承认它是数。到阿基米德时代，古希腊人遭遇了另一个比 $\sqrt{2}$ 更头疼的数——圆周率 π，他们还没有能力来证明它也是无理数。阿基米德只能巧用割圆术，用分数来逼近它，把圆周率限制在两个分数之间，即 $3\frac{10}{71}<\pi<3\frac{10}{70}$，这是当时最精确的圆周率的值。

无理数虽然没有分数的形式，但总可以用有理数来表示它需要达到任何精确程度的近似值。我们可以让无理数"嵌"在两个有理数之间，而这两个有理数之间的区间，可以缩减到任意小。

小数的发明，使后来的数学家给了无理数一个正面的定义：无限不循环小数。但为小数的发明作出过重要贡献的德国数学家施蒂费尔，对无理数是不是真正的数还心存疑虑。使他大伤脑筋的是，如果用十进制小数表示无理数，那将需要无限个数字，你连把它们全部写出来都做不到，那么它们怎么会是真实的数呢？

"无理数"的概念源自拉丁语。英文"irrational"（用来描述那些不能表示为两个整数之比的数）的词根来自拉丁词"ratio"，原来的意义是"不合逻辑"或"不合理"。"irrational"与"rational"（有理数）形成对比。1607 年，我国清朝数学家徐光启与意大利传教士利玛窦合译欧几里得的《原本》前六卷，将"rational number"译为"有理数"，将"irrational number"译为"无理数"，一直沿用至今。

这就是无理数作为一个客观实在和无理数名称的来历。我国古代虽然没有无理数的明确记载，但在大量求平方根的运算中，不可避免地会碰到无理数。《九章算术》中指出"若开之不尽者，为不可开"，这里所谓开不尽的数即无理数。

中国人没有古希腊人"万物皆数"的禁锢，很早就承认无理数，并且大胆使用。3 世纪，刘徽注《九章算术》时，用极限思想创立了无理数的十进分数表示法，得到 $a+\frac{r}{2a+1}<\sqrt{a^2+r}<a+\frac{r}{2a}$（$a$ 为整数，r 为余数），并用它来求不尽方根的近似值。

刘徽还用"求其微数"来处理无理数，"微微无名者以为分子，其一退以十为母，其再退以百为母，退之弥下，其分弥细"。"微数"即现今的小数，这种表示法与现在的小数表示法十分相似。可惜中国古代传统数学崇尚实用，对数的理论研究并没有太大兴趣，与在理论上揭示无理数的本质失之交臂。

古印度数学家也承认无理数是数，并广泛应用。他们还给出了一些无理数的运算法则，如被誉为"婆什迦罗等式"的无理数运算法则：$\sqrt{a}\pm\sqrt{b}=\sqrt{a+b\pm2\sqrt{ab}}$（$a>b\geq0$），$\sqrt{ab}=\sqrt{a}\cdot\sqrt{b}$（$a\geq0$，$b\geq0$）等，这些无疑都是正确的。

无理数是数学中重要且复杂的概念，虽然它早在公元前 500 多年就已登上数学的历史舞台，但它被承认是数，它的理论基础直至 19 世纪 90 年代末才得以确立，其间经历了

2500 多年的风风雨雨。

我们暂时不做过多的论述，顺着历史的长河回到数的发展轨迹中去，而下一个出现的数也许会出乎意料。

四、零的发明

现在你只是一个无影无形的零，我可比你强多了，我是一个傻瓜，而你什么都不是。

——[英]威廉·莎士比亚《李尔王》

零的发明是数学史或说是人类文明史上最具魅力的一页，是一项独一无二的成就。

在人类的计数系统中，十进位值制是一项重大的发明。在这个系统中，一个数字的值，不但依赖于它所表示自然序列中的那个数，同时也依赖于它在数组中相对其他数字所处的位置。例如，同样一个"2"，在 342，725，269 三个数中，意义是各不相同的。在早期的计数过程中，存在一个困难：当计算出现"3"和"2"这两个记号时，其实可以代表下列任何一个数：32，302，320，甚至 3002 等，这容易引起混淆。人们往往需要根据上下文的关系来揣测，才能辨别出表示的到底是哪个数。

早期，古巴比伦楔形文字和中国的筹算记数法中，采用留出空位来区分。后来玛雅人采用了符号来代表空位。

公元元年前后，古印度人书写在桦树叶上的数学书稿中，用实心的点来表示空位，表示空位的这个点后来逐渐演变成为圆圈，古印度文字中的"零"字——sunya 的意义即空或空无。

我国是世界上最早使用十进位值制的国家，我国古代行文遇到缺字时都用符号"口"来表示。由于在书写的时候，字体常写成行书，书写速度快一点，就变成一个圆圈"○"。

这便是符号"零"的来历。它们早先表示的都是一个占位符号，以确保各个数字都落在确定的位置上，但其本身并无"数值"的意义。

"零"从表示空位的占位符到数字"零"的演化，经历了漫长的过程。数字零，是古印度人发明的。8 世纪或 9 世纪，在印度一种叫"德温那格利"的数码中，第一次出现了呈扁圆形的"0"。在此数码中，零不仅是占位符同时也被认为是数字，这是一个重大的突破。伟大的数"0"从此诞生了。与其他数码 1，2，3，4，5，6，7，8，9 一样，0 后来冲破国界，成为全世界通用的符号。

上古时代，人类从生产实践中抽象出 1，2，3，…这样的自然数；因与自然数的天然联系以及生产实践的需要，分数也随之而来；而无理数，则是在古希腊人几何逻辑中，无奈地被推理出来的。为什么那个简单、自然的"0"却要等到 7 世纪才出现呢？这与人类的生活习惯、思维方式和文化都有一定的关系。

在很早的时候，人们认为"1"才是数字的开端，并且它进一步引出了 2，3，4，5 等其他数字，这种认知习惯，甚至到了今天还留下深深的痕迹。尽管我们完全清楚地知道，0 本身确实具有数值意义，但我们偶尔仍然只会将 0 当作占位符号使用，而没有将它与数字联系起来。当我们抓起一部手机或随意看一看手边的电脑键盘，你会发现，0 总在 9 之后，而没有出现在它本该在的位置上——数字 1 之前，我们总是习惯从 1 开始数数，0 只能委屈地躲在电脑键盘的末尾或手机键盘的底端落座——谁叫你来得晚呢？

人们的生活习惯中也是如此，水果店卖东西的人只会说"我们这儿没有香蕉"，如果说"我这有 0 根香蕉"会被认为这人有毛病。同样，没有人因为需要购买 0 件衣服特意上街去，或去菜市场买 0 条鱼。

当我们像 1，2，3，…这样计数时，同时能轻松排列好它们的次序：1 是第一个数字，2 是第二个，3 是第三个。我们无须担心会把数字代表的数值（基数性）与其在数列中的序次（序数性）弄混，因为两者完全一致，这样的情况大家都很满意。然而，如果 0 加入进来，数字的基数性与序数性之间的完美对应关系旋即被打破，数字的排序变成了 0，1，2，3，…，即 0 在首位，1 列其次，2 则列第三，数字的序数性与基数性再不可互换，这在历法中会带来很大的麻烦。

数字的概念源于人们对数清羊群、追踪财产及记录时间的欲望和需求，完成这些任务往往不需要 0。在 0 出现之前的漫长时光里，人类原始文明照样运转自如。

0 的出现，需要人类克服思维盲点，突破自身固有思维；具备"不存在也是一种存在"，"没有"也是一种"有"的哲学思辨思维。0 的重要意义，在于产生了一种新的数字概念，它代表了"零"这样一个具体的概念，这对算术运算来说至关重要（否则 $a-a$ 就无法进行）。高斯曾经指出，"在数学中重要的不是符号而是概念。"

0 进入数字系统会带来一系列的问题。正如无理数难以进入"数字大家庭"一样，0 也是一个另类。

婆罗摩笈多曾建立了一套简要的规则，如"零和零相加仍得零"及"正数和零相加的结果仍为正数"等，但究竟如何对待这个"新的成员"，他仅仅是开了个头。

如何以一种更为精准的方式，将 0 融入当时已有的算术系统中呢？需要有一些规定（法则）和方法，以保证 0 和固有的算术法则相协调。

对原有的"数字大家庭"来说，一个数字加上另一个数字，意味着该数将发生变化。比如，1 加 1 不会仍旧是 1，而变成了 2；再比如，2 加 3 不会仍旧是 2，而变成了 5。但是 0 加 0，依然是 0，仿佛这个相加运算从未发生过。减法亦类似，2 减 0 还是 2。

当然，如果你把 0 想象成"什么也没有"，按照婆罗摩笈多规定的法则，也能说得过去，人们会慢慢习惯成自然。

然而，这个"非实质性"的数字，会威胁并动摇算术中另两种基本的运算：乘法与除法。

在数字的习惯思维中，乘法是一种延伸。如果我们把数轴想象成一根带有刻度线的橡皮筋，乘 2 相当于把橡皮筋拉长一倍。同样地，除以 2 的运算，则需要将橡皮筋收缩一半，但乘 0 又会是怎样一番情形呢？

任意数字乘 0 都等于 0，因此，橡皮筋的两端都归于刻度 0。

于是，橡皮筋绽裂，数轴崩塌。

遗憾的是，我们无法绕开或回避这个令人不快的事实：任何数乘 0 必须等于 0，是 0 加入"数字大家庭"的绝对条件。

那么对于除法呢？

设想用一把尺来测量一个长度，假定这把尺的长度为 7 个单位，我们想要知道对于要测的长度，需要多少把尺？如果被测长度是 28 个单位，那么答案将是 $28 \div 7 = 4$，除法运算的另一种表示方法是 $\frac{28}{7} = 4$。这样，我们可以通过交叉相乘，将上式改写为乘法形式 $28 = 7 \times 4$。那么，0 除以 7 会得到什么呢？假设结果是 a，即 $\frac{0}{7} = a$，则有 $0 = 7 \times a$，这样一来 a 唯一可能的值就是 0 本身。因此，人们得到：0 除以一个数的结果是 0。

0 除以一个数的结果仍是 0，那么一个数除以 0 呢？如果我们用处理 $\frac{0}{7}$ 的方式处理 $\frac{7}{0}$，将得到如下等式 $\frac{7}{0} = a \Rightarrow 7 = 0 \times a$，最终我们得到一个毫无意义的等式 $7 = 0$。如果允许 $\frac{7}{0}$ 作为一个数学实体存在，我们就会面临一场数学灾难。因此，决不允许这种运算发生：0 永远不能做除数。

历史上，0 的哲学意义，曾一度超过了它的数学意义。恩格斯在《自然辩证法》一书中说："0 比任何一个数的内容都丰富。"

0 是一个神奇的数字，0 乘任何数得 0，它就像一个旋涡，吞纳并同化了一切。更有甚者，若将 0 当作除数进行计算，结果则是逻辑的灰飞烟灭，一切都乱了套。早在 7 世纪时，婆罗摩笈多就曾经试图弄明白 $0 \div 0$ 与 $1 \div 0$ 究竟是什么，但都失败了。对于 $0 \div 0$，他认为依旧等于 0，因为它与 $0 \times 0 = 0$ 似乎也正好相容。至于 $1 \div 0$，他的表述模棱两可。

到 12 世纪，古印度数学家巴斯卡拉（Bhaskara，1114—1185）沿着婆罗摩笈多的脚步，思考将 0 作除数这个问题，他建议这个结果应该是无穷大。这是合理的。因为如果将一个数除以一个很小的数，其结果是非常大的，比如 7 除以 $\frac{1}{10}$ 得 70，除以 $\frac{1}{100}$ 得 700，分母越小，结果越大，而当分母小到最小也就是小到 0 时，那么结果将会是无穷大。

如果接受这种推理，那么将需要解释一个更加奇异的概念——无穷大。和无穷大相纠缠，是无济于事的。因为无穷大并不遵循通常的算术规则，它不是一个通常意义下的数字。

除以 0 的运算，会赋予你一种魔力——让你驶入无穷的王国。西方世界自古希腊"芝诺悖论"以来，对"无穷"这样的暗礁，一直唯恐避之不及。有数学家曾戏谑地说："无穷是数学魔术的王国，而零这个魔术师就是国王。当零除以任何数时，不论该数之值多么大，都把该数变成无穷小；反之，当零作为除数，则又把任何数变成无穷大。在零的领地中，曲可变直，圆可成方，在这里，所有的等级都被废除了，因为零把一切都降到同等水平，在零的统治下，整个王国总是快乐无比。"

巴斯卡拉勇敢地将 $\frac{1}{0}$ 引入令人望而生畏的"无穷大"王国，那么该如何处理更奇怪的 $\frac{0}{0}$ 呢？

如果说 $\frac{0}{0} = c$，通过交叉相乘得到等式 $0 = 0 \times c$，也就是 $0 = 0$，虽然这个结果并不是那么好玩，但它毕竟是正确的。从 $0=0\times c$，我们得到 c 可以是任何数字，那岂不是说 $\frac{0}{0}$ 可以是任何数？然而，这种认识却是合理的，用现代数学的方式来说，$\frac{0}{0}$ 的结果被称为一个"不定式"。

17 世纪，人类进入微积分时代。无数前辈数学家的努力，终于指向了由牛顿和莱布尼茨共同创立的微积分学。微积分学其实就是无穷小学，无穷小是个什么概念呢？它就好像是一个精灵，你要它多小它就有多小，但又不是零。换句话说，它一会儿是 0，一会儿又不是 0，这是逻辑数学的玩笑。微积分这座巍峨的大厦，竟然建立在这样滑稽的基础上，这直接导致了第二次数学危机。无穷小就像小丑一样，站在前台，而幕后那个可怕的操盘手，就是 0，它才是危机的真正导演。

然而，危机总会过去。"危"总是与"机"相伴而来，后续的极限理论告诉人们，微积分大厦基础稳固。

纵观历史，尽管受尽非议、排斥，但 0 总能够击败那些与它对抗的人。正如美国数学家乔治·伯纳德·丹齐格（George Bernard Dantzig，1914—2005）所说："人类文化历史的长河滔滔向前，0 的发现将一如既往地耀眼夺目，永远被视为人类史上最伟大的成就之一。"

五、负数

没有人能给我解释为什么"负负得正"。

——［法］司汤达

零的出现，打开了通往负数的大门。然而，对于数学家来说，需要很长的一段时间，才能最终将这扇门推开。

岁月的风尘，湮没了许多科学历史的真相，使后人无从寻觅，负数就是其中一例。和数字零一样，负数的产生与使用，负数概念的形成和确立，同样经历了一段曲折的过程。

数的产生有两种途径：一是人类生活和生产实践的经验与需要，如自然数和分数的引入；二是数学内在发展规律的需要。随着人们对数的认识的提高，数学理论的逐步建立，从而推进了数的发展进程。无理数的发现就是这样。没有人上街去买 $\sqrt{2}$ 条鱼，它由数学本身的运算（求平方根）和理论（勾股定理）派生而来。当然，有些时候外在的需要和内在的规律发展会交替起作用，负数的产生就是这样的一个例子。

自然数诞生的同时，减法运算就开始了。"一个篮子里有 5 个鸡蛋，拿走 3 个还剩下几个"表明减法在自然数中成立，因为 5-3 的结果是 2，而 2 仍是一个自然数；如果拿走了 5 个呢？那篮子里就没有了鸡蛋，数字 0 能表达；而拿走 7 只鸡蛋呢？这显然是不可能的。

0 的产生给了"5-5"一个说法，人们赋予它一个数字概念 0，这是很有必要的。数学自身的发展，同样也需要给"5-7"一个说法。负数的产生解决了这个问题。

中国古代的学者们，首先描述了与负数类似的数字。在《九章算术》的注释中，刘徽描述了一个能够代表正数和负数的彩色小竹棍（算筹）系统，红色算筹代表正数，黑色算筹代表负数。刘徽详细地解释了这两种类型的算筹之间如何彼此作用，尤其是它们如何相加和相减。

在古希腊，首先使用负数的，是数学家丢番图。丢番图在解方程时，得到的结果有时是一个负数，受古希腊几何的束缚，他认为这个结果没有意义。毕竟，从几何学的角度看，负数又能代表什么呢？人们无法从 2 亩的土地中，划割出 3 亩的农田，在古希腊人看来，它不具有任何现实意义。

但一旦数学挣脱几何意义的束缚，数学家就不必再纠结于数学概念和运算背后的几何含义是否合理的问题了。东方人没有几何传统，他们认为，负数同样实在，且有用。

负数和正数之间的统一，如同数字零一样，也是由古印度学者们率先完成的，贡献者依然是婆罗摩笈多。他在《婆罗摩修正体系》中记录了完整的研究过程。婆罗摩笈多建立了一个完整的运算规则表。其中记录了关于这些新数字（负数）的一些运算规则：两个负数相加结果为负，如 $(-3)+(-5)=-8$；正数与负数相乘结果为负，如 $(-3)\times 8=-24$。

沿着婆罗摩笈多的足迹，婆什迦罗在《算法本源》一书中，比较全面地讨论了负数，首次提出了在数码上加小点或小圆圈表示负数。如 $\dot{2}$ 或 $\mathring{2}$ 表示 -2，他还明确了负数的运算法则："正数、负数的平方，常为正数；正数的平方根有两个，一正一负；负数无平方根，因为它不是一个平方数"，但他在解方程出现负根时认为"这里不要第二个数值（负根），因为它不行，人们不赞成负数的解"。他们认为，负根是假根，真实的正数才是一种正确的数字。

负数的到来改变了加法和减法的意义，这种情况类似于"乘 $\frac{1}{2}$ 等同于除以 2"的情况。如同分数使乘法和除法运算统一起来，负数使加法和减法统一起来。因为将债务赋予某人和从某人那里拿走资金实际上是同样的效果，增加负收益等于减少正收益，这就是说 $3+(-2)=3-(+2)$，加上一个负数等于减去一个正数；同样，免去负债等于增加收益，$3-(-2)=3+(+2)$，减去一个负数等于加上一个正数。加法和减法成为同一种运算的两个方面。

负数带给人的困扰，在于它的概念和"奇怪"的运算规则。"增加一个数反而会变小，而减去一个数又能变大"，这有悖于人们原有的思维定式，而"负负得正"似乎更让人难以理解。

在欧洲，人们是通过古阿拉伯人的著作知道负数的。他们对负数的认识甚至不如无理数。古希腊人认为表征长度和面积的数的概念始终为正概念——负数因没有现成的几何意义，被另眼相看。

帕斯卡认为从 0 中减去 4，纯粹是胡说八道。他在《思想录》中说道："我了解那些不能明白为什么从零中取出四的人。"

阿尔诺（Antoine Arnauld，1612—1694）提出一种很有趣的论据来驳斥负数。阿尔诺

对 $\dfrac{-1}{1}=\dfrac{1}{-1}$ 提出疑问，由于 -1 比 1 小，那么较小的数与较大的数的比怎么可能等于较大数与较小数的比呢？1712 年，莱布尼茨也承认这里存在缺陷，但他又申辩说可以用这种比例来进行计算，因为它们的形式是正确的。

从 15 世纪到 19 世纪，数学家们对负数的争论不断，尤其在 18 世纪达到了高潮。英国剑桥大学研究员马塞罗（F. B. Maseres，1731—1824）在 1759 年出版的《专论代数中使用负数》一书中，认为负数是十分荒唐的，主张把它从代数里驱逐出去。数学家德·摩根（De Morgan，1806—1871）在 1831 年出版的《论数学的研究和困难》一书中，仍坚持负数是荒谬的观点。

摩根还举了一个具有"说服力"的例子："父亲 56 岁，他的儿子 29 岁，问什么时候，父亲的岁数将是儿子的两倍？"

他设 x 年后时，父亲年龄为儿子年龄的两倍，并列出方程 $56+x=2(29+x)$ 得 $x=-2$，他说这个结果是荒唐的。

在今天的初中生看来，$x=-2$ 可理解为父子年龄的前两年，54 便是问题的解。

显然，他们无法打开一扇透光的窗子，让负数的阳光照射进来。

韦达在代数学上作出了重大贡献，但他全然摒弃负数。在研究一元二次方程根与系数的关系时，他只取方程的正根，若有负根，他则采用变换，令 $x=-y$ 加以转换，舍去负根。

笛卡儿也只是部分地接受了负数。笛卡儿沿袭丢番图的传统，仅在实践上加以应用，而理论上则拒绝承认负数是数。但是，他又指出，给定一个方程，可以得到另外一个方程，使它的根比原方程的根大任何一个数量。于是，一个有负根的方程就可以化为一个有正根的方程了。最终他指出，既然我们可以把假根转化为真根，那么负数也是可以勉强接受的。

笛卡儿愿意接受负数，但他始终不"喜欢"负数。直接的后果是，当他做出一生中最重要的数学发明——解析几何时，后人称之为的"笛卡儿坐标系"，其实是一个"残缺的"坐标系，因为它没有负轴。

在欧洲，第一个给出负数正确解释的是意大利的斐波那契，他在《计算之书》中认为负数是有意义的，因为它可以表示负债。

1572 年，邦贝利在《代数学》一书中正式给出了负数的明确定义。斯蒂文则在方程中使用正数和负数作为系数，并且承认负根的存在。荷兰数学家吉拉德在他的《代数新发现》一书中把负数和正数同等对待，在一元二次方程的两根均为负数的情况下也给出两根，并进一步提出了代数基本定理（最早指出一元 n 次方程有 n 个根），他用有向线段解释方程的负根，是欧洲最早承认方程负根的数学家。吉拉德基于对负数的深刻理解，认为符号"—"既可以表示减法运算，同时又可以表示负数，有这样的认识是不容易的。因为负数是一个独立的概念，而减法则是一种运算。人们更习惯用两种分离的记号来表示它们，吉拉德的表示法得到人们的认可，两者是相容、统一的。

如今，人们随意地使用负数，用许多不同的方式来诠释负数。例如，金融上负数表示赤字；负温度（摄氏温标）是比结冰更冷的温度；一个物体具有负速度，是指它做反向运动。负数作为一个抽象的数学对象被用来描述自然的多个方面。

负数伴随着数字 0 而来(比 0 小的数),它们共同作用,让"3-3"和"5-7"能畅通无阻地运行,使得整数在减法中完全封闭。因为有了负数,原先的数都被称为正数。负数使原先所有的数受益,整数、分数、无理数的势力范围都扩大了一倍。负数使数轴成了数直线,我们的数学世界更加完整和谐;负数还孕育着新的生命,承载着数学新的发展,引领数学走向更加美妙神奇的"虚幻"(虚数)的世界。

六、虚数

虚数是理想世界的奇异创造,几乎是介于存在与不存在之间。

——[德]莱布尼茨

实数是人类不断创新的理想化描述之一,实数主宰着我们的世界。然而,代数学的发展表明,实数并不是万能的,代数学为世人展现了一条通往数字世界的新的道路。人们在解方程的过程中,在总结抽象方法和考虑规则的过程中,不断加深对数的认识,从而进一步完善数系的构建。

回顾数的历史发展进程,我们能够体会到,人们对在运用抽象运算方法提出新的数时提出的质疑。比如,"负的""假数"和"无理的",殊不知还会有更大的麻烦出现。16 世纪,当欧洲人还没有从无理数与负数的困境中摆脱出来时,他们又糊里糊涂地陷入了新的泥沼之中——平方根的运算又得到一种新的数,令数学家心力交瘁。

虚数的出现源于数学自身的发展——代数方程的求解。

1484 年,法国数学家丘凯(N. Chuquet,1445—1500),在《算术三篇》中解二次方程 $4+x^2=3x$ 时,遇到负数开平方的情况($\Delta<0$),他也认为得到根是不可能的。

1545 年,意大利数学家卡尔达诺,在《大术》中提出了一个求解"把 10 分成两部分,使其乘积为 40"的问题,卡尔达诺在解方程 $x(10-x)=40$ 时,得到两个奇怪的根 $5+\sqrt{-15}$ 和 $5-\sqrt{-15}$。他用当时的代数符号,把它们表示为 $5P.R\overline{m}.15$ 和 $5.\overline{m}R.\overline{m}.15$(其中 $R\overline{m}.15$ 表示 $\sqrt{-15}$)。卡尔达诺是第一个把负数的平方根表示出来的人,这在某种程度上说,宣告了一种新数的诞生。

卡尔达诺无法解释这个负数的平方根,只能无奈地写道:"尽管我的良心受到责备,但事实上 $5+\sqrt{-15}$ 乘 $5-\sqrt{-15}$ 恰好是 40 啊!"

卡尔达诺给他的 $R\overline{m}.15(\sqrt{-15})$ 起了一个名字叫"诡辩量"。"诡辩"一词,在古希腊文的原意是使人智慧,也被译作"哲人"或"智人",后来变成贬义词"无理强辩",这表明卡尔达诺怀疑这种数的运算的合理性。

对于现在的初中生来说,在解一元二次方程时,遇到 $\Delta<0$ 的情形,并不能使我们的心灵产生涟漪。因为我们可以把它舍去,得出方程无解的结论,正如小学生面对"从装有 5 个苹果的篮子里拿走 7 个苹果"一样,是毫无意义的。

16 世纪,代数学突飞猛进,明显超越古典时代的伟大发现是解任意三次方程。正如在上一章中我们所描述的,卡尔达诺在《大术》中,首次展现了三次方程的一般解法,代表了代数学上的一项突破,一元三次方程 $x^3=px+q$ 的解为

$$x = \sqrt[3]{\frac{q}{2} + \sqrt{\frac{q^2}{4} - \frac{p^3}{27}}} + \sqrt[3]{\frac{q}{2} - \sqrt{\frac{q^2}{4} - \frac{p^3}{27}}} \text{。}$$

卡尔达诺公式是代数史上的里程碑。然而，它的更大意义是还带来了一个巨大的谜团。这个谜团竟源于一个不起眼的方程：$x^3 = 15x + 4$。

卡尔达诺运用他的求根公式得到方程的解为

$$x = \sqrt[3]{2 + \sqrt{-121}} + \sqrt[3]{2 - \sqrt{-121}} \text{。}$$

卡尔达诺的"诡辩量"又出现了，他只能认为方程 $x^3 = 15x + 4$ 无解。然而，对于 $x^3 = 15x + 4$ 这样一个简单方程来说，卡尔达诺分明"看"出了它有一个根是 4，并进一步验证出它有三个不同的实数根，用现代的方法解为

$$x^3 - 15x - 4 = 0，$$
$$x^3 - 64 - 15x + 60 = 0，$$
$$(x - 4)(x^2 + 4x + 16) - 15(x - 4) = 0，$$
$$(x - 4)(x^2 + 4x + 1) = 0，$$
$$x_1 = 4，x_2 = 2 + \sqrt{3}，x_3 = 2 - \sqrt{3} \text{。}$$

卡尔达诺困惑了。

邦贝利毫不理会对于 $\sqrt{-1}$ 的任何潜在偏见，他算出 $2 + \sqrt{-1}$ 的三次方：

$$(2 + \sqrt{-1})^3 = 8 + 12\sqrt{-1} - 3 - \sqrt{-1} = 2 + 11\sqrt{-1} = 2 + \sqrt{-121} \text{。}$$

因为 $(2 + \sqrt{-1})^3 = 2 + \sqrt{-121}$，当然就可以说 $\sqrt[3]{2 + \sqrt{-121}} = 2 + \sqrt{-1}$。

同样的道理，可以得到 $\sqrt[3]{2 - \sqrt{-121}} = 2 - \sqrt{-1}$。

这样一来，对于三次方程 $x^3 = 15x + 4$，邦贝利做了卡尔达诺没敢迈出的那一步：

$$x = \sqrt[3]{2 - \sqrt{-121}} + \sqrt[3]{2 - \sqrt{-121}} = (2 + \sqrt{-1}) + (2 - \sqrt{-1}) = 4 \text{。}$$

邦贝利提出，负数的平方根，很有可能是一种全新类型的数字，这种数字，既不是正数，也不是负数！于是，在零和负数之后，"数字大家庭"再一次迎来重要的时刻。

1572 年，邦贝利在《代数学》一书中，系统地介绍了这种新型的数，他称这些数为"复杂的数"，并在书中详细介绍了这些数的计算规则。

笛卡儿不喜欢负数，对负数的平方根就更不待见了，他给这些新型数字起了一个充满讥讽的名字——虚数。这个名字会给人带来误解，就如有人经常想象自己银行账户里有 100 万的存款，毫无疑问，这只是一个虚的数字。

笛卡儿在《几何学》一书中说："方程的真根（正的）和假根（负的）都并不总是方程的根，它们有时还是虚的。"他的观点是："如果一个方程的根是负根，那么可以通过方程变换，使这个方程的根变成正根，成为'实的'，但'虚根'却办不到，所以这些根并不是数。"

18 世纪关于负数和虚数的争论使许多数学家感到非常困惑，韦达和他的学生哈里奥特认为，既然这种数是虚构的，便不能加入数字行列，应被排斥在数系大门外。但在碰到需要解决利用虚数进行计算的问题时，哈里奥特承认把它当作"数"来对待，认为虚数可以作为方程的一部分。

莱布尼茨和约翰·伯努利（Johann Bernoulli，1667—1748）在计算中也运用了虚数，

因为有用，所以他们说这样做并无损害，但他们对虚数的本质仍然缺乏清晰的认识。

莱布尼茨在研读邦贝利的《代数学》一书时，对邦贝利的讨论并不满意，因而对其进行了更加深入的研究。

莱布尼茨在探究圆 $x^2+y^2=2$ 和双曲线 $xy=2$ 时突发奇想：

由于 $x+y=\sqrt{x^2+2xy+y^2}=\sqrt{2+2\times2}=\sqrt{6}$，

从而 $\begin{cases} x+y=\sqrt{6}, \\ xy=2, \end{cases}$

消去 y 得，

$x(\sqrt{6}-x)=2$，即 $x^2-\sqrt{6}x+2=0$。

由于 $\Delta<0$，所以方程无解。

对于 $x^2+y^2=2$ 和 $xy=2$ 而言，既然 $x+y$ 是存在的（它等于 $\sqrt{6}$），那么 $x+y$ 的存在使得我们没有理由怀疑 x 和 y 的存在性，但此时的 x 和 y 却不是实数，那么它是什么呢？

莱布尼茨意识到，要解决这个问题，必须引入新数。通过解方程 $\begin{cases} x^2+y^2=2, \\ xy=2, \end{cases}$ 莱布尼茨得到 $\begin{cases} x=\sqrt{1+\sqrt{-3}}, \\ x=\sqrt{1-\sqrt{-3}}, \end{cases}$ 从而得出了这样的一个等式：$\sqrt{1+\sqrt{-3}}+\sqrt{1-\sqrt{-3}}=\sqrt{6}$。

莱布尼茨惊叹道："在所有分析中，我从来没有见过比这更奇异、矛盾的事了。"他把这个发现告诉他的数学导师惠更斯（Christiaan Huygens，1629—1695）。惠更斯在回信中写道："人们绝不相信 $\sqrt{1+\sqrt{-3}}+\sqrt{1-\sqrt{-3}}$ 会等于 $\sqrt{6}$，这里面隐藏着我们难以理解的东西。"

对于为虚数提供来源的卡尔达诺公式，莱布尼茨借助解析几何，用曲线 $y=x^3+px+q$ 来武装自己。

考察二次方程 $x^2+px+q=0$，如果 $\Delta=p^2-4q>0$，那么方程有两个不相等的实数根；如果 $\Delta=0$，那么方程有两个相等的实数根；如果 $\Delta<0$，那么方程没有实数根。我们画出曲线 $y=x^2+px+q$，那么方程 $x^2+px+q=0$ 的根就是 $y=0$ 时 x 的值，即这条曲线与水平轴相交的地方，与上述三种情况分别对应（图8-4）。

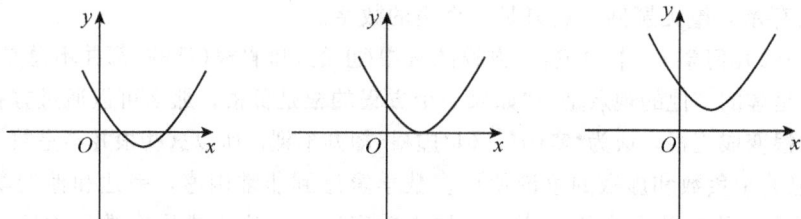

图8-4

而对于三次方程 $x^3+px+q=0$，莱布尼茨绘制曲线 $y=x^3+px+q$，同样存在三种基本情况。有趣的是，所有的三次曲线都是从第三象限开始，到第一象限结束的。

这是因为，当 x 非常大的时候（正的或者负的），代数式 $x^3 + px + q$ 中的 x^3 项会"淹没了"其他项。也就是说，对于足够大的 x 值，代数式 $x^3 + px + q$ 的值的符号取决于 x^3 值的符号（足够大的尺度取决于 p 和 q 的大小）。根据符号法则，负数的立方是负的，正数的立方是正的，所以三次曲线 $y = x^3 + px + q$ 的走向一定是从第三象限开始走向第一象限。这样一来，这条曲线必然与水平轴相交于某个位置，所以三次方程 $x^3 + px + q = 0$ 至少有一个实根（图 8-5）。莱布尼茨经过研究，它们与判别式的符号有关，具体如表 8-1 所示。

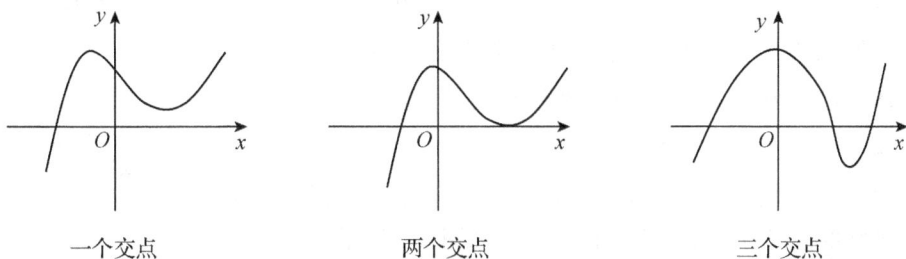

一个交点　　　　　两个交点　　　　　三个交点

图 8-5

表 8-1

	第一个根	第二个根	第三个根
$\Delta > 0$	实数	虚数	虚数
$\Delta = 0$	实数	相等实数	
$\Delta < 0$	实数	实数	实数

表格中的最下面一行，再现了卡尔达诺的困惑所在。

尽管人们对虚数抱有"成见"，但虚数还是迅速地成为数学中令人无法舍弃的存在。欧拉虽然说过，"所有类似的式子，如 $\sqrt{-1}$，$\sqrt{-2}$ 等，它们既不是无，也不比无大，又不比无小，它们纯属想象。"但欧拉有着无与伦比的数学直觉，他像使用实数一样，大胆、有效地使用虚数，提供了许多虚数应用的实例，而得到的结果往往又都被验证是正确的。

1777 年，欧拉在递交给彼得堡科学院的论文《微分方程》中第一次用字母"i"（英文"想象"的第一个字母）来表示 $\sqrt{-1}$。欧拉还把虚数、对数和三角学结合起来，给出了虚数的对数定义 $\log(x + y_i) = \log \rho e^{i\phi} = \log \rho + i(\phi + 2n\pi)$。欧拉首先认识到虚数对于函数论的重要意义，得到了 $e^{ix} = \cos x + i\sin x$。

1685 年，英国牛津大学教授沃利斯（John Wallis，1616—1703），为了说明虚数的实际意义，给虚数做了一个巧妙的解释：假设某人失去 10 亩土地，就是他得到 −10 亩土地，又如果这块地是正方形，那么它的边长不就是 $\sqrt{-10}$ 了吗？但这样解释虚数，并没有带来多少新意。

揭开虚数神秘面纱的不是它的应用，不是规则，更不是逻辑；让虚数获得清晰的"实在性"是它的几何表示。

沃利斯在 1685 年出版的《代数学》中指出，直线上找不到虚数的几何表示，必须转到平面上去。后来，至少有 3 个人，几乎同时发现了这个奥秘。

第一位是挪威的业余数学家、测绘员韦塞尔（Caspar Wessel，1754—1818）。1797 年，他向丹麦科学院递交了论文《方向的解析表示，特别应用于平面与球面多边形的测定》，文中用 $+1$ 表示正方向的单位，-1 表示负方向的单位，$+\varepsilon$ 表示另一种单位，方向与表示正方向垂直且与正方向具有共同原点的另一方向的单位，记作 $\sqrt{-1}=\varepsilon$。除了虚数单位的符号不同，韦塞尔实质上建立了复数的几何表示——复平面（图 8-6）。

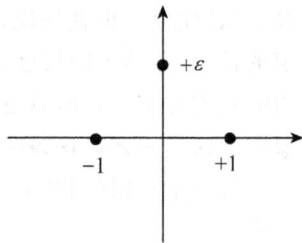

图 8-6

第二位是瑞士自学成才的数学家阿尔甘（J. R. Argand，1768—1822）。1806 年，阿尔甘创造性地讨论了 $\sqrt{-1}$ 的几何表示，因为 $(\sqrt{-1})^2=-1$，即 $(\sqrt{-1})^2=(-1)\times(-1)$，这说明 $\sqrt{-1}$ 是 $+1$ 与 -1 的比例中项，那么它的几何表示就是数直线上两个相反单位线段的比例中项的线段，如图 8-7 所示。

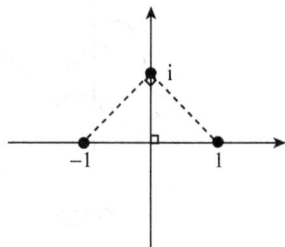

图 8-7

对任一实数 $a(a\neq 0)$，都有唯一的虚数 ai 与它对应（ai 现被称为纯虚数），它就如同实数在镜子里的影像一样，形影不离。全部实数落在 x 轴（实轴）上，与之对应的全部纯虚数落在 y 轴（虚轴）上（原点在实轴上），虚数 $ai(a\neq 0)$ 与实数 a 同样真实。

纯虚数 $bi(b\neq 0)$ 与实数 a 结合起来，构成形如 $a+bi$ 类型的数，它们不是数直线上的点，而是位于由实轴和虚轴构成的平面上。它们无法被赋予大小顺序，不过，有一种大小尺度的概念存在——$a+bi$ 的绝对值，被定义为平面上原点到这个数的距离。1806 年，阿尔甘发表论文《虚量，它的几何解释》，给出了与韦塞尔类似的表示，他用"模"（modulus）这个词来表示向量 $\overrightarrow{OM}$ 的长度（如图 8-8 所示的 OM 的长为 $r=\sqrt{a^2+b^2}$）。

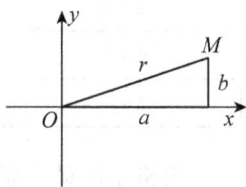

图 8-8

第三位是高斯。高斯指出："迄今为止，人们对虚数的考虑，在很大程度上依然把虚数归结为一个有毛病的概念，以致给虚数蒙上一层朦胧而神奇的色彩。我认为只要不把 $+1$，-1，$\sqrt{-1}$ 叫作正一、负一和虚一，而称之为向前一、反向一和侧向一，那么这层朦胧而神奇的色彩即可消失。"

高斯用两个向量 $\overrightarrow{OA}$，$\overrightarrow{OB}$ 的合成向量来表示数 $a+bi$，A 是实数 a 的代表点，B 是纯虚数 bi 的代表点，$a+bi$ 代表了以 OA，OB 为边的矩形对角线的末端 C，所以复数 $a+bi$ 相当于平面坐系中横坐标为 a，纵坐标为 b 的点 C（图 8-9）。

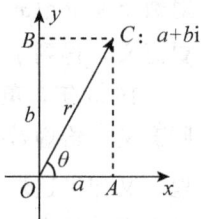

在此基础上，高斯还将表示平面上同一点的两种不同的方法——直角坐标和极坐标加以综合，统一于表示同一复数的代数式和三角式两种形式中，并进一步阐述了复数的乘法和除法的几何意义。至此，复数的几何表示就完整和系统地建立起来了。

图 8-9

到 19 世纪，人们对复数的概念有了清晰的理解，各种研究者都被吸引到复数的几何解释上来。在这些人当中，高斯无疑是了解最深入的，而且是对公众影响最持久的。高斯的日记表明：早在 1797 年，他就已经完全掌握了这个解释，尽管很久以后，他才将它发表。

1832 年，高斯第一次提出了"复数"这个名词。他把形如 $a+bi(a，b\in\mathbf{R})$ 的数统称为复数(意为实数 a 与虚数 bi 的复合体)，利用直角坐标系来表示复数的平面，叫复平面。x 轴叫作实轴，y 轴除去原点的部分叫作虚轴，原点表示实数 0，原点在实轴上。复平面内的每一个点，都有唯一的一个复数和它对应，反过来，每一个复数，都有复平面内有唯一的一个点和它对应。这样，复数集 $\mathbf{C}$ 和复平面内所有的点所成的集合就构成了一一对应的关系。

复平面的建立，揭开了虚数神秘的面纱。为了纪念高斯的贡献，人们通常把上文描述的复平面称为"高斯平面"，但我们不能忘记两位业余数学家的名字：韦塞尔和阿尔甘。

高斯平面的出现是数学史上的一个转折点。虽然我们失去了一维的简单性，但我们得到了某种想象力。从几何上来说，复数远比实数优越。实数并不是真正的几何，它们只是直线上的点，你唯一能做的是测量直线上的距离；而复数形成一个二维平面，有了两个维度让你研究，这意味着我们能做某种真正的几何。复平面上的优美模式，将带领我们进入复分析的美妙王国。

在复平面中，设想我们有一个把每个复数 $z=x+yi(x，y\in\mathbf{R})$ 各自与一个实数 $f(z)$ 相联系的规则 f，数学家把规则 f 称为"复变量的实值函数"，简称实变函数。这时，我们可以认为数 $f(z)$ 是复平面上坐标为 $(x，y)$ 的那一点的"高度"。这样，我们就成功地迈入了三维世界(图 8-10)。

若复数 z 不是与实数 $r=f(z)$ 相联系，而是与另一复数 $w=f(z)$ 相联系的规则，这样的规则 f 被称作"复变量的复值函数"，简称复变函数，——这是一个四维的世界，复变函数是高等数学的分支之一。

高斯将复数 $a+bi$ 看作一对有序数 $(a，b)$，使复数的讨论回归于实数，把复数各种运算规则之间的相容性作为概念正确性的保证。

复数 $x+yi$ 是 $x，y$ 这两个实数的结合，它是一个数对。关于这些数对，作以下的规定。

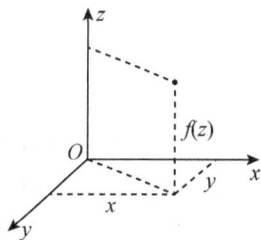

图 8-10

(1)两个复数 $a+bi$ 与 $c+di$，当 $a=c$，$b=d$ 时称为相等。

(2)加法和减法遵循下列法则。
$$(a+bi)\pm(c+di)=(a\pm c)+(b\pm d)i。$$

(3)除了始终认为 $i^2=-1$ 以外，复数的乘法运算就像一般实数运算一样。
$$(a+bi)(c+di)=(ac-bd)+(bc+da)i。$$

(4)除法定义为乘法之逆。
$$\frac{a+bi}{c+di}=\frac{(a+bi)(c-di)}{(c+di)(c-di)}=\frac{ac+bd}{c^2+d^2}+\frac{bc-ad}{c^2+d^2}i。$$

复数运算仅只依赖于实数及已知的实数运算规则，实数性质都适用于复数。但是我们不能像实数那样把复数按大小依次排列，因为虚数不能比较大小。

最后，高斯在《算术研究》中对数的发展做了一个回顾：

"我们的广义算术，其范围远远超过了古代几何，完全是近代的产物。它从绝对整数的观念开始，逐渐扩大其领域。整数之外加以分数，有理数之外加以无理数，正数之外加以负数，实数之外加以虚数。然而，这种进步每每在最初时都是令人担心的，彷徨的。早年的代数学家叫方程的负根为假根，当所求的量的性质没有相反的量时，这个讲法的确是真实的。然而，正如分数对许多可数的东西毫无意义可言，而我们却在广义的算术里毫不踌躇地承认了它一样，我们不应该只因为有无数的实体不许有其相反的量，就否认了负数有同于正数的权利，因为在其他负数的场合中，负数也具有合宜的解释，所以它的真实性就得到充分的佐证了。这些事情都早已得到承认，然而虚量，它更像是一种空洞无物的符号游戏，即使那些承认它的伟大贡献的人，明白这种符号游戏对实数关系的宝库作出如此伟大贡献的人，也还是毫不犹豫地否认其有可想象的物质基础。

"笔者多少年来就从另一个观点来看待这个数学中的极重要的部分，笔者以为虚数也和负数一样，可以赋予同样的客观存在性……"

就这样，被人们看作一种空洞符号游戏的"虚数"，由于某种机会推导出了真实而有用的结果，才保证了其存在的正当理由。虚数和任何实数的存在一样，一方面，它们完全服从算术的运算律，它们也是忠实的数；另一方面，它们又是平面上点的完整化身，是一种合乎理想的工具，适用于把平面上图形之间的复杂几何关系变成数的语言，成为解决繁难问题的有力手段。虚数在力学、电学、地图学、航空学等领域，不仅应用广泛，而且魅力非凡。

七、数系

万物归宗

为了创造一个既符合实际需要，又满足严密理论的有力工具，人们不断把数的原始概念（自然数）进行推广，在漫长而曲折的发展过程中，分数、零逐渐取得了和自然数同样的地位。为了在代数运算中得到完全的自由，人们进一步地引进了无理数、负数和虚数。从自然数到虚数，从直觉与应用到规则与逻辑，数系的发展经历了几千年。

数的进化史，从大体上来看，的确具有某种逻辑的连续性，但这只是一种粗浅的体系轮廓。数学的进展不是受逻辑指导驱动的，而是经验与直觉的使然。然而，教科书（如标准的中学数学课程）的系统论述根据的主要是逻辑的连续性，而不是历史的先后。我们在教学中很少对这个事实做出说明，因而，学生会不自觉地产生这样一种印象：数学进化的历史次序，就和课本中各章的次序一样，数学是逻辑、纯理性的产物。

其实，数学的进展常常是极不规则的。直觉与应用在数学概念的产生与发展中，担当着主要的角色，逻辑只有接受或拒绝的权利，大多情况下，它们不曾参与这些新形式的产生与发展过程。比如，虚数概念的进化，就具有这个特点。人们不会等待魏尔斯特拉斯（Karl Weierstrass，1815—1897）和康托尔（Georg Cantor，1845—1918）以及戴德金为实数建立了逻辑基础以后，才去尝试新的领域。人们把实数的合法性看作当然的事情，或把争论搁置一旁，而继续向数世界进军，开辟新数量和新领域。

那么，当代数学家是怎样看待数的呢？数学家通常把人类发明的诸多数分成五个数系。一个数系并不仅仅是一堆数字，而是由数字及算术规则共同构成的。这五个数系就像层层嵌套的模型。模型中共有五个部分，分别用大写字母 **N**，**Z**，**Q**，**R**，**C** 来表示。

最内层的是自然数系 **N**，里面是最普通的计数数字，如 1，2，3，…，[①] 可以把它们形象地排列成向右无限延长的点线（图 8-11）：

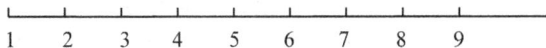

$$1 \quad 2 \quad 3 \quad 4 \quad 5 \quad 6 \quad 7 \quad 8 \quad 9$$

图 8-11　自然数 N 的家庭

自然数是数的基础，有用，但有一些缺点。其主要缺点是从一个自然数中减去另一个自然数不是永远可行的，你可以用 7 减 5，但不能用 7 减 12。也就是说，在减法下自然数集 **N** 不是封闭的（运算的结果不总在自然数范围之内）。

减法的问题因为零和负数的发明而得到了解决。自然数系扩张后形成的数系中包含了零和负整数，这样就得到了第二个部分——整数系，用符号 **Z** 表示，整数可以形象地用向左右两端无限延长的点线表示，如图 8-12 所示。

$$-4 \quad -3 \quad -2 \quad -1 \quad 0 \quad 1 \quad 2 \quad 3 \quad 4$$

图 8-12　整数 Z 的家庭

引入负数后，引人注目的第一件事是减法运算打通了，加上一个正数就是减去一个负数，加上一个负数就是减去一个正数。负数的创立，意味着减法就是加法，减法运算不再独立存在。

整数系里，可以随意进行加减乘的运算。但是，整数系 **Z** 也伴随着一件办不到的事：你不能让一个数被不是它的因数来除。比如，用 12 除以 3，用 12 除以 6，但不能用 12 除以 5。为了保证除法可行，人们引入了分数（包括正分数和负分数），这样就有了第三个部分——有理数系，用符号 **Q** 表示。有了分数，除法运算便打通了。与整数相比，人们也从可数的事物转到了可度量的事物。

有理数系可自由地实行加减乘除（0 不能做除数）四则运算，但也伴随着它本身办不到的事——有理数不能完全表示一个数的开方运算。最简单的例子是 2 的平方根。很容易证明，$\sqrt{2}$ 不是有理数。如果 n 不是完全的 k 次幂，那么 n 的 k 次方根都不是有理数。

显然，我们需要另外一个数系，它要包含所有 $\sqrt{2}$，$\sqrt{5}$，$\sqrt[3]{12}$，$\sqrt[k]{n}$，…的无理数。随着数学的不断发展，越来越多的无理数被发现，如 π，e，$\log_3 2$，$\sin 15°$ 等。能包含这些数的数系就是实数，用字母 **R** 表示，全体无理数在 **R** 内但不在 **Q** 内。

无理数远比有理数复杂。对无理数，人们一般只能用符号来表示它，如 $\sqrt[5]{7+\sqrt{2}}$，或 $\dfrac{\pi^2}{6}$，e，$\sin 20°$ 等。它们通常被称作一个"闭型"，代表这个数的一种精确表示。如果你想

---

① 近现代数学家通常把 0 也归为自然数。

追问它到底是多少，那也可以把它写成一个十进小数，但你永远也写不完。人们只能根据实际需要的精度，按四舍五入约定保留有效数字。没有一个无理数是循环的，当然，这并不代表它们没有某种模式，如 0.12345678910111213…它有很强的规律性，你可以预告后面任何一个位上的数字，但这个数不循环，它也是无理数。

同有理数一样，实数也是稠密的——在任意两个实数之间总能找到另外一个实数（进而总能找到另外无限多个实数）。你也许会提出这样的疑问：有理数本身密密麻麻地拥挤在数直线上，如何把无理数挤进这些有理数之间？数学家已证实，虽然有理数、无理数都是无穷的，但无理数的个数比有理数多得多，那么这么多的无理数怎么能够被安插在有理数之间呢？

这是一个非常有趣的问题。千百年来，它让数学家们伤透了脑筋。讨论这些不在我们中学数学的范畴内，大家记住这点就够了：表示实数的图示和有理数的图示非常类似，都是一条向左右两边无限伸展的连续直线，当这条直线用于表示 $\mathbf{R}$ 时，它被称为"数直线"。形象地说，你可以把"数直线"作为 $\mathbf{R}$ 的同义词。

$\mathbf{R}$ 可以解决开方问题，但只限于正数。根据符号原则，当任意实数（0 除外）与自己相乘时，都得到一个正数。换一句话，在 $\mathbf{R}$ 内，负数没有平方根。

16 世纪欧洲文艺复兴以来，科学和各领域都迅猛发展，"实数开方只限于正数"这一限制，开始成为数学家前进的障碍。因此，必须在原有实数系中加入新的数——虚数。于是，虚数和全体实数合在一起，形成一个新的数系，这就是复数系，记为 $\mathbf{C}$。

数学家把所有形如 $a+bi(a, b \in \mathbf{R})$ 的数统称为复数。因为复数有两个独立的部分（实部和虚部），所以复数的图示不能是直线，需要用一个向各个方向无限延伸的平面来表示，这个平面称为复平面（图 8-13），一个复数 $a+bi$ 可以用坐标表示为这个平面上的一个点。

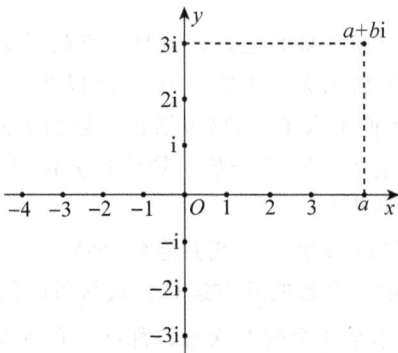

图 8-13　复数 $a+bi$ 的家族

人们在"做"数学时，为了需要，有时还会定义其他数系。但是，所有其他的数系都是以这五个依次嵌套的数系为基础的。或者在 $\mathbf{N}$，$\mathbf{Z}$，$\mathbf{Q}$，$\mathbf{R}$，$\mathbf{C}$ 的框架之内，或者与它们交叉。举一个常见的例子，质数就是 $\mathbf{N}$ 的一个子集，它们非常难得地被总称为 P，显然，P 确实是太小了，因为 P 中连最简单的加法运算都不能进行（两个质数的和还是质数吗？）。

$\mathbf{C}$ 中还有一个很重要的子集叫作代数数集。数学家们有时用字母 A 来表示，一个代数数能使一个代数多项式的值为 0，或者是某个代数方程的根。全体有理数都是代数数，因为它是方程 $ax+b=0(a\neq0)$ 的根。一个无理数可能是代数数，也可能不是代数数。那些不是代数数的数因为超越了代数的能力，被称为"超越数"，如 $\sqrt{2}$ 是代数数，因为它是 $x^2-2=0$ 的根，而 π 和 e 则被证明既是无理数又是超越数。

综上，数的发展和数系的建立，其内涵之丰富，超出了我们原有的认知。

一门学科的发展，并不是人们后来总结出来的那种理想模式，它们顺序颠倒，复杂交错，曲折前行，充满着太多的无序和偶然。

数系的每一次扩张，都是将数从原先传统运算的限制中解放出来，变不可能为可能。这充分体现了"可能""不可能""无意义"诸多词语的相对性。人们一旦认识到这种相对性，便可以创造出无限的可能性，还可以做到这一切而不产生矛盾。对于数字内在的加减乘除和开方运算来说，复数没有什么是办不到的。

数系的创建，是人类漫长探索和曲折斗争的硕果；数系的扩充，是人类对自身担忧与彷徨挑战的结晶。今天，我们所应用的数系，已经构造得如此完备和缜密，以至于在科学技术和社会生活的一切领域中，它都成为基本的语言和不可或缺的工具。在我们得心应手地享用人类文明的这份共同财富时，你是否想到在数系形成和发展的历史过程中，人类的智慧所经历的曲折和艰辛呢？

第九章　三角之美

银河璀璨星辰相望

三角解开距离之谜

湖海浩荡波澜起伏

曲线展现律动之美

　　课间，陆老师带领学生们走出教室，来到学校主教学楼前大家都熟悉的池塘景观边。

　　只见陆老师拾起一块小石子，将小石子投入池塘中央。池塘中泛起层层涟漪，向外扩散成一圈圈的微波。

　　"为什么？"回到教室，同学们眼中充满了疑惑。

　　陆老师微笑着做了个"压"的手势，说道："大家有没有感觉到，波浪中每个点的上下振动，都有股令人陶醉的力量？它的奥秘，就是三角，三角函数。"

　　啊哈！三角学竟如此之妙，如此之美？不是那些多如牛毛的、令人迷糊的公式吗？

　　回想陆老师在海伦公式中为大家展示数学艺术的美感，同学们期待着又一次对美的探寻。

一、三角学的起源

　　三角学这门学科，在某种意义上就像是望远镜的前身，它把远在天边的东西，拉近到可以观测的范围，并且首次使得人类能够用一种定量的方式去了解遥不可及的太空。

——［匈牙利］杰奇

　　很早的时候，人们就把几何学用在实际问题中，比如测量田地的面积、金字塔的高度，甚至地球的大小。虽然古巴比伦人和古埃及人早已发现三角形的不同元素之间具有某种关联。关于相似三角形边之比的那些定理，他们在丈量土地和建造金字塔时早就知道并加以利用了，但由于早期人们缺乏角的度量的概念，以前的那些应用只能称作"三边学"（三角形边的度量），而不是"三角学"。

　　首先看到并认为要建立三角形边角之间精确关系的乃是古希腊人。早期的古希腊想用已有的几何学，加上后来的三角学，来度量星空，进而探求宇宙的奥秘。

　　古希腊人在天文学上的研究要求建立某些数学规则，以便用来预报天体的运行路线和位置，帮助历法、航海、报时等。为了改善这些定量计算，三角学应运而生。

　　亚历山大时期，古希腊人的三角术主要是球面三角。球面三角需要先懂得球面几何（如大圆和球面三角形的一些知识），这在毕达哥拉斯学派晚期用数学来研究天文学时就有人研究了。欧几里得的《现象》一书中也含有一些球面几何的知识，其中许多定理被用来探索恒星的运动。

亚历山大时期，从古希腊定量几何中产生出来的三角术是由希帕索斯、梅涅劳斯（Menelaus，70—140）和托勒密所创立的。

毕达哥拉斯学派最早提出"地球是圆的"观点。这个观点被接受后，人们试图去确定地球的大小，完成这件工作的功绩应该归于埃拉托色尼（Eratosthenēs of Cyrene，约前274—前194）。埃拉托色尼在数学上以"埃拉托色尼筛法"寻找质数而闻名，最早计算出了地球周长的近似值，而希帕索斯曾用地球的半径为单位来估计地球到月球的距离。公元前2世纪，最早的三角函数表（弦表）由天文学家希帕索斯编制出来，他因此获得了"三角学之父"的称号，但他的著作已失传。

梅涅劳斯唯一留存下来的一部作品是《球面学》，主要论述球面三角和平面三角。其中第三卷中包含了我们熟知的"梅涅劳斯定理"：任何一条直线截三角形的各边或其延长线，都使得三条不相邻线段之积等于另外三条线段之积。

完整呈现给我们的第一本三角学著作是托勒密的《天文学大成》（以下简称《大成》）。托勒密生活在当时的古希腊文化中心——亚历山大，我们对他的生平了解不多。与那些认为数学是纯粹、抽象科学的大多数古希腊数学家不同，托勒密是继海伦之后的古希腊最主要的应用数学家，他的著作涵盖了天文学、地理学、光学等学科，还涉及音乐。

托勒密今天的名声在很大程度上与《大成》有关。这本书是亚历山大学派或整个古代天文学的总结。这本书所依据的理论是：地球是静止的，地球位于宇宙的中心，所有其他天体按照各自的轨道绕地球运转（地心系）。1175年，《大成》的阿拉伯版本被译为拉丁文。自此以后，它就成为地球中心论的基石，支配着欧洲科学和哲学思想直到16世纪。

像欧几里得的《原本》一样，这本书也是基于前人的成果，总结各领域的成就后编撰的，对后世思想家产生了巨大影响。但两者不同之处在于，《原本》在今天仍是古典几何学的核心，而《大成》却在哥白尼（Nicolaus Copernicus，1473—1543）的"日心说"之后失去了它的权威性。因此，与《原本》相比，《大成》在今天鲜为人知。但就写作手法而言，即使对当代著书人而言，《大成》仍不失为同类书籍中的典范。

《大成》共13卷，书中对古希腊人的宇宙模型给出了完整的数学描述，包括太阳、月球和行星的各种运动参数，此书从问世到16世纪，一直是最有影响力的天文学著作之一。天文学家通过创造数学模型——对自然现象的一种定量描述，对天体的运动进行可靠的预测。当时的天文学都建立在托勒密的这本书的基础之上。

在《大成》中，托勒密首先对古希腊人的宇宙概念做了简单介绍，紧接着就给出了计算行星位置所必需的有关球面三角学与平面三角学的数学材料。在古希腊时代，天文学家已对一个圆心角（或弧）与其所对应弦长的关系进行了系统的研究。弦的属性，作为圆的中心角的度量，已经被古希腊人所熟悉。在亚历山大时期，越来越多的天文学家处理天文学问题都需要运用三角术。

三角术的一个基本问题就是在一个半径固定的圆中，找到给定弧（或中心角）与对应弦之间的关系。如图9-1所示，在半径为 R 的圆中，弧 AB 用中心角 α 来度量，弦 AB 用半径来度量。

为了求得弦的值，托勒密首先需要确立度量体系，然后在这一体系之内计算出不同的中心角所对应的弦长。为此他需要两个基础：一是细分圆周的方案；二是细分直径（半径）的方案。

角最常用的度量单位是"度"，这起源于古巴比伦人。他们将圆周分为360等份，每一份（一段小弧）所对应的中心角的度数被定义为1°，进一步地细分便是"分"和"秒"，即 $1°=60'$，$1'=60''$。

古巴比伦人创立的"角"的度量法来源众说纷纭。为什么要把圆周分成360等份呢？从天文学上看，360和一年的天数接近；从算术上看，这一划分与古巴比伦人的计数系统十分吻合（他们采取六十进制），一个圆可以自然地分成六等份，这样每一部分对应的弦的长度与半径相等。众多的便利使古希腊人继承了这套系统。

托勒密在计算弦长时用的是古巴比伦的六十进制，这也是他那个时代唯一适合用来处理分数的计数系统，因为60°弧对应的弦长等于半径，因此托勒密将直径细分为120等份。

在这两个基础上，托勒密着手解决：给定一段弧（用圆周所含360份的若干份数表示），求弧（或中心角）相对应弦的长（用直径所含120份中的若干份数表示）。

如图9-1，在半径为 R 的圆中，已知角 α 的度数和半径长，求弦 AB 的长度，记为 $Crd(\alpha)$。

我们来看一些简单的情形（取半径为60）。在圆内接正方形中，容易算得90°的弦长为 $\sqrt{2}R$，即 $Crd(90°)=60\sqrt{2}$（图9-2）；而在圆内接六边形中，60°的弦长为 R，即 $Crd(60°)=60$（图9-3）。

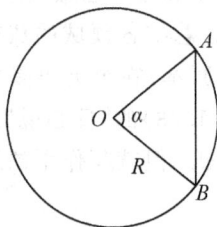

图9-1

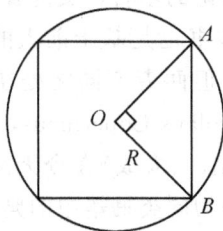

图9-2

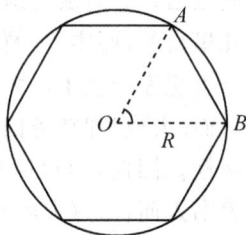

图9-3

当时还没有出现三角函数的概念，他们虽然只讲一个角对应的弦（以下称角的弦），但是其实是知道我们现代人熟知的一些三角关系的。例如，托勒密利用"半角公式"蕴含的几何量之间的关系，可以从60°的弦推导出30°的弦，继而15°的弦，7.5°的弦，直至更小角的弦。

例如，欧几里得的《原本》第十三卷中论述了关于圆内接正多边形的一个命题：内接于同一圆的正五边形、正六边形和正十边形的一边构成一个直角三角形的各边。

托勒密利用这个定理来求36°和72°的弦。

如图9-4，设 O 为圆心，AB 为直径，C 为半径 OB 的中点，$OD \perp AB$，取 $CE=CD$，则 $Rt\triangle EOD$ 的各边分别为圆内接正五边形（DE）、正六边形（OD）和正十边形（EO）的边长。

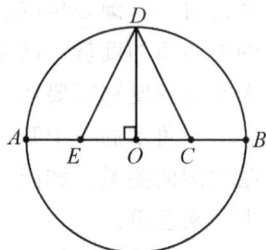

图9-4

令 $AB=120$，从而 $OC=\dfrac{1}{2}OB=30$，$OD=60$，$DC=30\sqrt{5}$，于是 $EO=CE-OC=$

$CD-OC=30\sqrt{5}-30=30(\sqrt{5}-1)$，这是正十边形的边长，即 $36°$ 的弦为 $30(\sqrt{5}-1)$。

OD 是圆的半径，也是正六边形的边长，即 $60°$ 的弦为 60。

在 Rt $\triangle EOD$ 中，$DE=30\sqrt{10-2\sqrt{5}}$，这是正五边形的边长，即 $72°$ 的弦为 $30\sqrt{10-2\sqrt{5}}$。

托勒密在建构他的弦表时使用的方法，其核心就是一个至今依然被称为"托勒密定理"的几何命题：

如图 9-5，若 $ABCD$ 是一个圆内接凸多边形，则

$$AB\times CD+BC\times AD=AC\times BD。$$

这一定理蕴含着我们熟知的"两角和与差的正弦公式"（这个公式是众多三角恒等式的核心），于是托勒密从 $72°$ 与 $60°$ 的弦能够得到 $12°$ 的弦，从 $72°$ 与 $45°$ 的弦能得到 $27°$ 的弦等。

经过大量复杂的计算，托勒密完成了他的弦表——从 $0°$ 到 $180°$，以 $\left(\dfrac{1}{2}\right)°$ 为间隔，精确度相当于精确到 5 位小数的弦长表。这张表是《大成》第一卷的主要内容，千百年来一直是天文学家必不可少的计算工具。

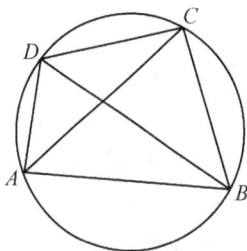

图 9-5

4 世纪之后，古希腊数学已成强弩之末。在欧洲中世纪时期，三角学和其他科学一样停滞不前，但在东方（古印度、中亚细亚等）却出现了可观的进展。古印度人在计算技巧方面总是显得很熟练，他们吸收了亚历山大学派的天文学知识，重新激发了人们对三角学这门基础学科的兴趣。

古印度人同古希腊人一样，也把圆分成 $360°$，但在三角学中引入了正弦的一个等价物，他们用半弦取代了古希腊人的通弦。

如图 9-6，弦 AB 是将线段 AB 与中心角 $\angle ABO$（弧 AB）联系起来的最直接的方法。但在许多情况下，用半角（$\angle AOD$）对应半弦（AD）显得更有利，因为它们都在同一个直角三角形中，这在数学上更容易处理一些。

第一个对三角学做出重大改进的是古印度数学家和天文学家阿耶波多，他将弦 AB 的一半称为中心角 α 的"正弦"，即图中线段 AD 的长度（一个角 α 的"正弦"被定义为这个角的倍角所对的弦的一半的长度）。这一改进的意义，在三角学日后的发展中逐渐呈现出来。因为这样一来，同角的不同三角函数之间会呈现出一种简洁的关系。

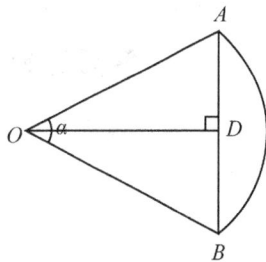

图 9-6

英语"正弦"（sine）一词即由梵文"半弦"演变而来，源于拉丁文 sinus，直至今天的"sin"。

如图 9-7，AD 的长度叫作角 α 的"正弦"，记为 $AD=\sin\alpha$。在托勒密体系中，通弦

AB 为 $\angle AOB(2\alpha)$ 的弦，记作 $AB = Crd(2\alpha)$，它们之间的关系是 $Crd(2\alpha) = 2\sin\alpha$。

特别需要说明的是，托勒密的通弦和阿耶波多的半弦（正弦）都是建立在直径为 120 个单位长度的基础上的，这个单位与把圆周定为 360 个单位属于不同的度量系统（"360"用来度量圆心角的度数或弧的长度数，而"120"用来度量弦的长度），不同的度量系统给计算带来了麻烦。

古印度人设想把表示弧长与表示弦长的度量单位统一起来。他们设想将弧长等于半径时的弧的长度（中心角的度数）定义为 1 弧度。这样，在一个圆中角的度量（圆弧）单位与弦的度量单位（半径）一致，这可能是最早的"弧度制"。

在这个基础上，阿耶波多在《阿耶波多历算书》中给出了一种更高效的半弦表（正弦表）的构造法，其本质与现代正弦函数表一样。

余弦是从中心到弦的垂直部分，称为"余角的正弦"，或称"正弦的补充"，后演变为现代的余弦"cos"。

正如在计数上存在古希腊体系与古印度体系之间的竞争一样，天文计算中也是如此。在阿拉伯，起初存在两种类型的三角学——古希腊的弦几何（托勒密的通弦）以及古印度的正弦表（阿波耶多的半弦）。阿拉伯三角学最终也是建立在古印度的正弦表的基础之上，再传入欧洲。

阿拉伯三角学与天文学也是紧密地联结在一起的。在 7—15 世纪漫长的岁月里，古阿拉伯人吸取和保存了古希腊与古印度的数学精华，并引入了几种新的三角函数。阿拉伯天文学家阿尔·巴坦尼（Al-Battani，约 850—929）观察太阳仰角和日影长的关系，经常使用"横影"和"竖影"（这被认为是"余切"和"正切"的来源），他们建立了平面三角与球面三角的一些公式。随着大量的三角函数表被编制出来，并被应用得越来越广泛，三角学开始逐渐脱离天文学而发展为一门独立的学科。

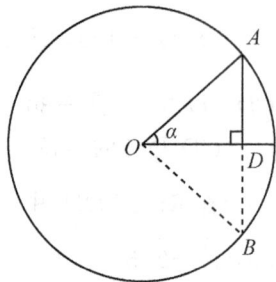

图 9-7

二、平面三角

如果你想研究那些复杂奇妙的事情，想知道星球的运动情况，那么就必须好好学习这些关于平面三角形的定理……因为没有人可以略过三角形学而得到令人满意的关于星球的知识。

——[德]缪勒《论各种三角形》

为了掌握一个三角形，我们需要弄清楚三条边的长度和三个角的度数。

然而，在实际操作中，使用三角学测量时，测量两个方向的夹角往往比测量两个点之间的距离更加容易。天文学就是一个明显的例子。古人观察夜空中的星星，两颗星星之间的距离是非常难以确定的，但现在测量星星之间或者与地平线之间构成的角度就容易得多了，一个简单的八分仪就足够了。同样的情况，绘制地图的地理学家们，可以很容易地测量出三座山构成的三角形的三个角的度数（只需要一种带有瞄准系统的量角器）。

为了给地图定向，只需要一个简单的罗盘，就能测量出正北方向和一个给定方向之间的角度。然而，要测定三座山之间的距离，则需要一场沉闷无聊的旅行，还有大量复杂的计算。

因此，三角学的任务是这样的：如何在测量尽可能少的距离的前提下，知道关于某一个三角形的全部信息。

如果我们知道三角形的三个角的大小，但是并不知道其中任意一条边的长度，那么我们只能推断这个三角形的形状，而不能确定它的大小。

如图 9-8，下面这组三角形，它们有同样的内角，但对应的边长都不相同。

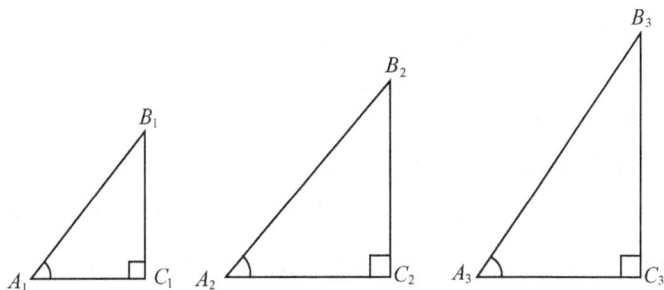

图 9-8

然而，这些三角形却具有某种不变的东西，即它们是相似的，具有相同的比例。如果我们想知道三角形最短的一条边的边长除以最长的一条边的边长等于多少，就会发现这三个三角形会给出同样的答案。这就类似于无论一个圆是大是小，它的周长与直径的比总是不变的。我们赋予这个不变量一个名称：圆周率。因为这个不变量在解决圆的度量过程中的作用是非常之大的，人们给予它一个特殊的符号 π。

和圆周率一样，人们抓住一个直角三角形中边与边之比的这个不变量，分别给这些比起了名字，称它们为一个角的正弦、余弦、正切等。

根据相似三角形的性质，如果一个角的度数一定，那么这个角的正弦值（当然也包括这个角的其他三角函数值）就是确定的。但数学家研究三角学所面临的任务比圆要繁重得多（圆只需计算一个值，即 π 的值），他们需要制作出一个完整的数表，计算出所有可能的关于三角形的内角的数据。对直角三角形而言，人们不仅要计算 $\sin 40°$，$\sin 70°$ 的值，而且至少要计算从 1° 到 89° 的正弦值才能满足实际的需要。因为计算都是近似的，总能够对计算加以改进，所以要计算出更精细的三角函数表是一个永无止境的任务。一代又一代的数学家不辞辛劳，投身于此。

三角学的英文单词"Trigonometry"，来源于两个希腊名词——"三角形"和"测量"。三角学是关于三角形边和角的数学。三角学中有以下两个公理。第一个公理是：由两个角和它们所夹的边可以确定一个三角形（ASA），也就是说，给定三角形的一条边和两个角，我们就知道了确定一个三角形的关键数据，从而算出其他的所有数据。第二个公理是：内角相等的两个三角形是相似三角形，它们的对应边成相同比例（定值）。利用以上两个公理，就可以轻松解开三角形，这种问题在直角三角形上尤其简单。因此，最初的三角函数主要关注的是直角三角形。

德国数学家缪勒（Johannes Müller von Königsberg，1436—1476）于 1464 年出版的《论各种三角形》，是三角学脱离天文学独立后的第一本系统阐述三角学的著作。

16 世纪中叶，德国数学家、天文学家雷蒂库斯（G. J. Rheticus，1514—1574）使用直角三角形的边与边的比，定义角的正弦和余弦等六种"三角比"，将传统的弧与弦的关系改进为直角三角形的边角关系，还编制了间隔为 $10'$ 的多位数的正弦表。

人们求出一个角从 1°变化到 89°时所有的比例，并制成表格。有了这样的表格，就可以通过角度推出比例或通过比例倒推出角度。比如，一个直角三角形中的未知角 θ，如果其对边为 4.5，斜边为 9，那么对边比斜边 $=\dfrac{4.5}{9}=0.5$，即正弦值 $\sin\theta=0.5$。接下来查正弦值为 0.5 对应的角度，可得未知角 $\theta=30°$。

对解三角形而言，三角形的边角关系浓缩在以下几个定理中。

从全等三角形判定定理 ASA 可知，给定一个三角形的"二角夹边"三个关键的量，就能解得这个三角形的其他量，而这正是正弦定理的任务。

缪勒在《论各种三角形》第二卷中论述了正弦定理，并讨论了用正弦定理来解斜三角形。这里也第一次出现了用三角表示的三角形的面积公式，即 $S=\dfrac{1}{2}ab\sin C$。

欧拉用 a，b，c 表示三角形的三边，用 A，B，C 表示对应的三个角，大大地简化了三角公式。正弦定理可表示为 $\dfrac{a}{\sin A}=\dfrac{b}{\sin B}=\dfrac{c}{\sin C}=2R$，它就蕴含在正弦的定义中。

正弦定理也经常用一组公式来表示，即 $a=2R\sin A$，$b=2R\sin B$，$c=2R\sin C$。

特别地，若一个三角形的外接圆的直径为 1，则根据正弦定理有 $\dfrac{a}{\sin A}=\dfrac{b}{\sin B}=\dfrac{c}{\sin C}=1$。这意味着内接于直径为 1 的圆的三角形的每边边长，都等于其对角的正弦值（图 9-9）。

1427 年，阿拉伯数学家卡西发表了他的著作《算术之钥》。在这本书中，卡西描述了一个从勾股定理推导出来的结论，通过巧妙地运用余弦，创造出一个对所有三角形，而不仅仅是直角三角形都适用的定理——余弦定理。

余弦定理借助欧拉的表示法，它可用公式 $c^2=a^2+b^2-2ab\cos C$ 来表示。你心中想着三角之美，就可以毫无困难地写出另外两个公式 $a^2=b^2+c^2-2bc\cos A$ 和 $b^2=a^2+c^2-2ac\cos B$。

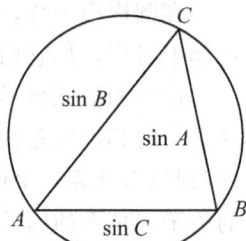

图 9-9

法国数学家韦达也独立完成了余弦定理的证明。1579 年，韦达出版了《应用于三角形的数学定律》，这是欧洲第一次有人系统地处理平面三角的方法，而且六个三角比都用到了，其中还包括他首次发现的定理：正切定理。

正切定理：在 $\triangle ABC$ 中，$\dfrac{a-b}{a+b}=\dfrac{\tan\dfrac{A-B}{2}}{\tan\dfrac{A+B}{2}}$。

用正弦定理与和差化积公式便能轻松地证明这个定理。

三、三角与几何、三角与代数

能够从寥寥几个无中生有的公理推导出那么多的结果，实在是几何学的荣耀。

——［英］牛顿

三角学起源于天文、测量、航海等实际需要，与古希腊几何学密不可分。随着三角定义的不断演进与发展，三角学与代数、函数的联系也越来越多。这使得三角学的应用领域越来越广泛，同时也推动了三角学的进一步发展。

正如牛顿在其《自然哲学的数学原理》序言中，对欧几里得从少数几个公理中推出那么多几何定理发出感叹一样，对三角学来说，我们感叹的是这门学科显现的众多的三角公式以及它与其他数学分支广泛深入的联系。

三角学的公式是丰富多彩的。我们一起来欣赏一些在三角学发展的不同历史时期中起过重要作用的公式，它们无不表现出一种独有的数学之美。

(一)三角与几何

托勒密定理：圆内接四边形两组对边的乘积之和等于它两条对角线的积。

已知：如图 9-10，四边形 $ABCD$ 是圆内接四边形。

求证：$AB \times DC + AD \times BC = AC \times BD$。

证明：过点 B 作 $\angle ABE = \angle DBC$，交 AC 于点 E。

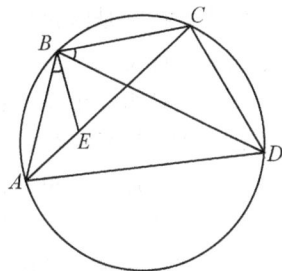

图 9-10

由 $\triangle ABE \backsim \triangle DBC$，得 $\dfrac{AE}{AB} = \dfrac{DC}{DB}$，即

$$AE \times DB = AB \times DC。 \tag{1}$$

由 $\triangle ABD \backsim \triangle EBC$，得 $\dfrac{AD}{DB} = \dfrac{EC}{CB}$，即

$$EC \times DB \Rightarrow AD \times BC。 \tag{2}$$

由(1)+(2)得

$$AC \times BD = AB \times DC + AD \times BC。$$

特别地，若四边形 $ABCD$ 恰好是一个矩形，则矩形的对角线正是圆的直径，由托勒密定理立即得到 $AC^2 = AB^2 + BC^2$，这就是著名的勾股定理。

此时，若设直径 $AC = BD = 1$，$\angle BAC = \alpha$，则有 $AB = \cos\alpha$，$BC = \sin\alpha$，我们就得到勾股定理在三角学中的等价形式 $\sin^2\alpha + \cos^2\alpha = 1$(图 9-11)。

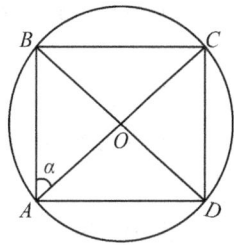

图 9-11

若四边形 $ABCD$ 的一条对角线 AC 恰好为直径，则 $\angle ABC$ 和 $\angle ADC$ 是直角，令 $\angle BAC = \alpha$，$\angle CAD = \beta$，直径 $AC = 1$，则可得 $AB = \cos\alpha$，$BC = \sin\alpha$，$DC = \sin\beta$，$AD = \cos\beta$，在 $\triangle ABD$ 中运用正弦定理 $\dfrac{BD}{\sin(\alpha+\beta)} = 2R = 1$，于是 $BD = \sin(\alpha+\beta)$，由托勒密定理 $AD \times BC + AB \times DC = BD \times AC$，我们得到：

$$\sin(\alpha+\beta)=\sin\alpha\cos\beta+\cos\alpha\sin\beta。$$

类似地，如图 9-12，若设 $\angle DAB=\alpha$，$\angle DAC=\beta$，则可构造出 $\angle CAB=\alpha-\beta$，在 $Rt\triangle ABC$ 和 $Rt\triangle ADC$ 中，分别利用正弦定理、托勒密定理又将得出这样一个结果：

$$\sin(\alpha-\beta)=\sin\alpha\cos\beta-\cos\alpha\sin\beta。$$

这可能是三角学中最重要的公式，它们在托勒密编制他的弦表中发挥了巨大的作用。

$\sin(\alpha+\beta)$，$\sin(\alpha-\beta)$，$\cos(\alpha+\beta)$，$\cos(\alpha-\beta)$ 这四个和差公式有时也被人们称作为"托勒密公式"。

(二)三角与代数

早期的三角函数由于用线段或线段比来定义，函数之间的关系必然要通过几何图形反映出来。证明一个新的公式就如同证明一个几何定理。

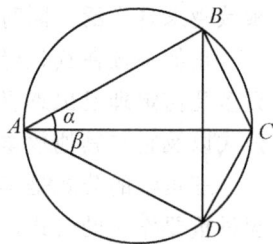

图 9-12

代数方法引入三角以后，人们可以通过代数恒等变换得到一些公式，特别是欧拉奠定了三角学的现代基础之后，人们可以通过代数推理得到三角学的全部公式。

韦达是第一个将代数方法系统地应用到三角学中的数学家。正如韦达是符号代数的实际创立者一样，他也可以被称作研究三角学的一般化分析方法的奠基者。他把三角学视为一个独立的数学分支，熟练地将代数应用到三角学。

各种各样的三角恒等式在这一时期出现在欧洲各地，人们不再局限于解三角形，而更强调解析各种三角函数之间的关系。在这些恒等式中，有一组公式被称作和差化积法则，如 $\sin x+\sin y=2\sin\dfrac{x+y}{2}\cos\dfrac{x-y}{2}$。

如果你对和差化积与积化和差公式缺乏一定的理解，只知死记硬背，那么这八个公式会令你陷入混乱之中。其实，它们都能根据两角的和差公式，通过加、减、代换等简单代数变形轻松获得。

韦达把余弦定理、正切定理还有积化和差公式都收入他的《应用于三角形的数学定律》一书中。1615 年，韦达出版《截角术》，将代数方法系统地应用到三角学中，给出了用 $\sin\theta$，$\cos\theta$ 表示 $\sin n\theta$，$\cos n\theta$ 的恒等式。

中学阶段我们有时会用到三倍角公式：

$$\sin 3\theta=3\sin\alpha-4\sin^3\alpha，$$
$$\cos 3\theta=4\cos^3\alpha-3\cos\alpha。$$

韦达注意到他的公式与三次方程的联系，并借助三角学证明了三等分角的尺规作图不可解。

韦达在把三角学应用于算术和代数问题的过程中，不断拓宽这一学科的应用范围，充分展现了三角学的发展潜力。

(三)关于 $\tan x$

我们在初等数学里遇到的众多函数中，正切函数算得上是比较特殊的一个。下面这些基本性质大家已经很熟悉了：$f(x)=\tan x$ 在 $x=n\pi$ 时（$n=0$，± 1，± 2，…）值为 0；在无限多点不连续（在 $x=(2n+1)\dfrac{\pi}{2}$，$n=0$，± 1，± 2，…时没有函数值）；$f(x)=$

$\tan x$ 的最小正周期是 π，这个性质有点令人感到奇怪，因为 $\sin x$ 和 $\cos x$ 的周期都是 2π，然而它们的比 $\tan x$ 的周期为 π。这说明对周期而言，有关函数的一般代数法则可能就不适用了：两个函数 $f(x)$ 和 $g(x)$ 的周期都是 P，并不能推导 $f(x)+g(x)$ 或 $f(x)\cdot g(x)$ 的周期也一样是 P。

正切函数起源于古代的投影计算，到文艺复兴时期，它又因为艺术中萌芽的透视法而复活。

1471 年，缪勒提出了这样一个问题："一根垂直悬挂的杆子，从地面上哪一点看上去它最长？"（视角最大）

如图 9-13 所示，设 $\angle APO = \alpha$，$\angle BPO = \beta$，$\angle APB = \theta$，则有：

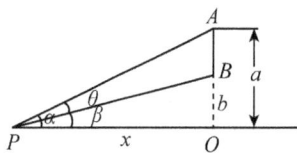

图 9-13

$$\tan \theta = \tan(\alpha - \beta) = \frac{\tan \alpha - \tan \beta}{1 + \tan \alpha \tan \beta}$$

$$= \frac{\dfrac{a}{x} - \dfrac{b}{x}}{1 + \dfrac{ab}{x^2}} = \frac{(a-b)x}{x^2 + ab} = \frac{1}{\dfrac{x^2 + ab}{(a-b)x}}$$

$$= \frac{1}{\dfrac{x}{a-b} + \dfrac{ab}{(a-b)x}} \leqslant \frac{1}{2\sqrt{\dfrac{ab}{(a-b)^2}}} = \frac{a-b}{2\sqrt{ab}}.$$

因正切函数在 $(0，90°)$ 上递增，当且仅当 $\dfrac{x}{a-b} = \dfrac{ab}{(a-b)x}$，即 $x = \sqrt{ab}$ 时，$\tan \theta$ 取最大值 $\dfrac{a-b}{2\sqrt{ab}}$，此时 θ（视角）最大，因此，所求的点到杆子的水平距离，就等于杆子上下两端到地面垂直距离的几何平均值。

能否只用 $\tan \alpha$ 来表示 $\tan n\alpha$ 呢？

我们从熟悉的正切和角公式开始：

由 $\tan(\alpha + \beta) = \dfrac{\tan \alpha + \tan \beta}{1 - \tan \alpha \tan \beta}$，令 $\alpha = \beta$ 可得

$$\tan 2\alpha = \tan(\alpha + \alpha) = \frac{2\tan \alpha}{1 - \tan^2 \alpha}.$$

同理，

$$\tan 3\alpha = \tan(2\alpha + \alpha) = \frac{\tan 2\alpha + \tan \alpha}{1 - \tan 2\alpha \tan \alpha} = \frac{3\tan \alpha - \tan^3 \alpha}{1 - 3\tan^2 \alpha}.$$

$$\tan 4\alpha = \tan(3\alpha + \alpha) = \frac{\tan 3\alpha + \tan \alpha}{1 - \tan 3\alpha \tan \alpha} = \frac{4\tan \alpha - 4\tan^3 \alpha}{1 - 6\tan^2 \alpha + \tan^4 \alpha}.$$

$$\tan 5\alpha = \frac{5\tan \alpha - 10\tan^3 \alpha + \tan^5 \alpha}{1 - 10\tan^2 \alpha + 5\tan^4 \alpha}.$$

$$\tan 6\alpha = \frac{6\tan \alpha - 20\tan^3 \alpha + 6\tan^5 \alpha}{1 - 15\tan^2 \alpha + 15\tan^4 \alpha - \tan^6 \alpha}.$$

模式终于显现出来了：公式中的系数与我们所熟悉的二项式系数，也就是 $(a+b)^n$ 展

开式中各项的系数是一样的，只不过是交错出现在分子和分母中（第一项在分母），而且它们的符号是两两一组正负交替出现，你可以把系数组成一个"杨辉正切三角形"或者"帕斯卡三角形"（图 9-14）。

$$
\begin{array}{ccccccc}
& & & & 1 & & & & \\
& & & 1 & & 1 & & & \\
& & 1 & & 2 & & -1 & & \\
& 1 & & 3 & & -3 & & -1 & \\
1 & & 4 & & -6 & & -4 & & 1 \\
1 & & 5 & & -10 & & -10 & & 5 & & 1
\end{array}
$$

······

图 9-14

谁会想到脱胎于几何的三角函数，冥冥之中与纯代数的杨辉三角有这样美妙的联系呢？

如果你想了解更多关于三角学的奥秘，可以到陆老师数学社团活动的课堂中进一步探究。（详见本书"附录：陆老师教学札记"）

四、三角函数的发展

在数学领域中，可能没有其他分支学科能像三角学一样，始终占据着中心位置。

——[美]赫伯特

三角的概念经历了从弧到角，从通弦到半弦，从线段到比值；从锐角到钝角，再到任意角的演进过程，直至发展到近代函数观点下的终边的定义。

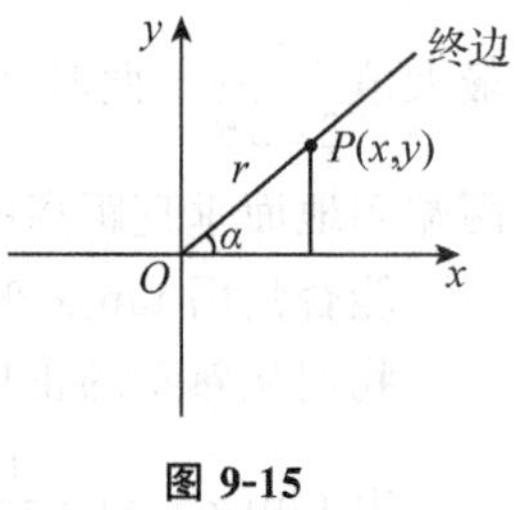

如图 9-15，以任意角 α 的顶点为平面直角坐标系的原点 O，始边沿 x 轴正向。设 $P(x，y)$ 为终边上任意一点，它与原点的距离为 $r=\sqrt{x^2+y^2}$（$r>0$），则角 α 的正弦、余弦、正切、余切、正割、余割分别定义为

$$\sin \alpha=\frac{y}{r}，\cos \alpha=\frac{x}{r}，\tan \alpha=\frac{y}{x}，\cot \alpha=\frac{x}{y}，\sec \alpha=\frac{r}{x}，\csc \alpha=\frac{r}{y}。$$

终边随原点旋转，角度从锐角扩充到 360°，通过引进"终边相同的角"（旋转超过一周）和"负角度"（顺时针旋转的角为负角），我们就可以讨论任意角度。

点 P 的坐标时正时负，自然，三角函数值也可以是负值。

至此，我们建立了一个角的集合到一个数值（比值）的集合的单值对应。正弦函数 $y=\sin x$、余弦函数 $y=\cos x$ 的定义域为任意角度，正切函数与正割函数的定义域为 $\{\alpha \mid \alpha \neq k \cdot 180°+90°\}$，而余切函数与余割函数的定义域为 $\{\alpha \mid \alpha \neq k \cdot 180°\}$（$k$ 为任一整数）。

终边的定义虽然建立了任意角到一个数值（三角函数值）的单值对应，但函数的自变量是一个角的度数，仍然沿袭了古巴比伦的传统——圆周的 $\frac{1}{360}$ 的一段弧的长度（或弧所对应的中心角)为 1 度,这个基础上的三角函数还不是真正意义上的从数值到数值的函数关系。

为了实现三角函数的从数值到数值的单值对应,人们发明了一种新的关于角的度量制度,这便是弧度制。弧度制就是将度量弧长与度量弦长的单位统一起来。

在同一问题中,采用两种不同的度量单位是很不方便的。如果某人给出一张桌子的尺寸:长是 2.35 米,宽是 1.98 尺。我们一定会说他是自找麻烦,让人感到别扭。

然而,大家对 sin 30°=0.5 这样的式子却习以为常。实际上,在 sin 30°=0.5 中,左端的 30°是一个角的度数,此时角度是用弧长来度量的,而右端的 0.5 是正弦线的长度,它是以半径为单位的(半径为 1)。

弧度制把量弧和量弦的单位统一起来,一律用半径作单位。

定义:在圆周上取与半径长度相等的一段弧,该弧的长度定义为 1 弧度。同时,该弧所对中心角的大小也为 1 弧度,作为角的度量单位,记为 1 rad。

如图 9-16,当弧 AB 的长度与半径 OB 相等时,弧 AB 的度数与其对应的中心角的度数皆为 1 rad。

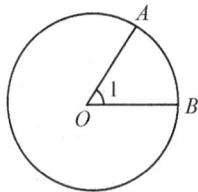

图 9-16

因为整个圆周被定义为 $c=2\pi r$,所以圆周被定义为 2π 弧度。而在圆周以度为度量单位的体系中被定义为 360°,这样我们很容易找到这两个度量体系的联系,即 2π(弧度)=360°,这样

$$1\ \text{rad}=\left(\frac{360}{2\pi}\right)^\circ=\left(\frac{180}{\pi}\right)^\circ\approx57.29^\circ(\pi\approx3.14),\quad 1^\circ=\frac{\pi}{180}\text{rad}\approx0.01745\ \text{rad}(\pi\approx3.14)。$$

人们规定正角的弧度数为正数,负角的弧度数为负数,零角的弧度数为零。这样,任一已知角 α 的弧度数的绝对值 $|\alpha|=\frac{l}{r}$(其中 l 为圆心角 α 所对的弧长,r 为圆的半径)。

事实上,对于某一个确定的角,我们以角的顶点为圆心,R 为半径,画一个圆。设这个角所对的圆弧的长为 l,那么,对于不同的半径 R,比值 $l:R$ 总是不变的。人们会特别关注当比值 $l:R=1$ 时的那个角,于是将这个角作为角的度量单位,并称它是 1 弧度的角。这样,按度量公理,人们便建立了一种度量角的单位制,即角的弧度制。

到近代,弧度作为角的自然度量单位已经被普遍采用。弧度制带来了很多便利,因为它统一了弧长与弦长的度量单位,能更简洁地反映圆中诸量的关系。例如,如果一个圆心角为 θ 弧度,那么它对应的圆弧的弧长可以表示为 $l=r\theta$,但如果圆心角以度为单位,那么相应的公式就变为 $l=\frac{\pi r\theta}{180}$。同理,一个角度为 θ 弧度的扇形面积为 $S=\frac{1}{2}r^2\theta$,若改成以度为单位,则扇形的面积为 $S=\frac{\pi r^2\theta}{360}$,弧度的应用去除了这些公式中"多余"的转换因子 $\frac{\pi}{180}$。

采用弧度制度量角的大小以后,角的大小(正或负)与实数之间就建立起真正意义上的从数值到数值的对应关系(如常用的 $180^\circ=\pi$,$90^\circ=\frac{\pi}{2}$,$60^\circ=\frac{\pi}{3}$,$45^\circ=\frac{\pi}{4}$ 等),那么作为角的三角函数,就可以看成从实数到实数的函数并加以研究。这个转变对三角函数的研究有着非凡的意义。

17 世纪解析几何的发明，数学家因而能够用代数方法去处理当时用纯粹几何方法处理的问题，而弧度制使三角函数完全实现了从数值到数值的对应，成为普通的函数，这使得三角学越来越具有解析的性质。

解析三角学在 17 世纪兴起，是因为三角学对于描述我们周围物理世界的重要性日益显现出来。当伽利略发现任何运动都可以分解为两个相互垂直且相互独立的运动分量时，三角学立刻成为研究运动的不可或缺的工具，如炮弹学主要研究的是炮弹发射的距离，如果不考虑空气阻力，这个距离由 $S = v_0^2 \sin 2\alpha / g$ 给出，当 $\alpha = 45°$ 时射程达到最大，大于 45° 或小于 45° 时射程对称递减。

17 至 18 世纪，另一个被广泛研究的力学分支是振动。惠更斯发现了摆线型钟摆的振动周期与振幅无关，而胡克 (Robert Hooke，1635—1703) 对于线圈弹簧的研究工作则奠定了现代弹簧钟表的基础。所有这些发现都强调了三角学在描述周期现象中的作用，这导致了三角学的研究重心的转移，使三角学逐渐远离了它与三角形的关系。

18 世纪中叶，欧拉给出了三角函数的现代理论。欧拉的《无穷小分析引论》是一部划时代的著作，即使仅就三角学来说也是这样。他在书中系统地论述了弧度制下三角函数的意义，并将从实数到实数的三角函数引入复数领域。

1748 年，欧拉给出了著名的公式 $e^{ix} = \cos x + i\sin x$（如今被称为欧拉公式）。由欧拉公式 $e^{ix} = \cos x + i\sin x$ 和它的伴随公式 $e^{-ix} = \cos - i\sin x$，欧拉立刻得到了 $\cos x$ 和 $\sin x$ 的两个表达式：

$$\cos x = \frac{e^{ix} + e^{-ix}}{2}, \quad \sin x = \frac{e^{ix} - e^{-ix}}{2i}。$$

这两个公式是现代分析三角学的基础。

在以上关系中，如果将 $f(x) = e^x$ 通过幂级数展开，将导出 $\sin x$ 和 $\cos x$ 的幂级数展开式：

$$\sin x = x - \frac{x^3}{3!} + \frac{x^5}{5!} - \cdots + (-1)^n \frac{x^{2n+1}}{(2n+1)!} + \cdots$$

$$\cos x = 1 - \frac{x^2}{2!} + \frac{x^4}{4!} - \cdots + (-1)^n \frac{x^{2n}}{(2n)!} + \cdots$$

这标志着三角学从研究三角形的解法转变为研究三角函数后的又一次飞跃。在复变函数论里，$\sin x$，$\cos x$（x 是复数）通常是用幂级数来定义的，它完全摆脱了几何的叙述，独立于任何一种几何体系之外。

自两千多年前至今，三角学历经了漫长的演化过程。这其中有三个发展事件。一是托勒密的弦表以及后续的有关三角形的理论，将三角学从天文学转变成一般实用的计算科学；二是韦达和欧拉将三角学与代数和分析学结合起来，使三角函数进入分析的广阔领域；三是傅立叶将三角函数的应用推到另一个高峰。

傅立叶 (Jean Baptiste Joseph Fourier，1768—1830) 的贡献是关于热的数学理论，如热是如何传导的？这部分工作是基于他在埃及沙漠中做过的实验。在对于热的研究中，傅立叶发展了重要的周期函数理论，即把函数表示为正弦函数和余弦函数构成的级数（后称傅立叶级数），形成了一种在数学物理问题中具有普遍意义的方法。1822 年，傅立叶在他的著作《热的分析理论》中，证明了几乎所有函数，当在某一给定区间上被认为是周期函数时，都可以表示成三角函数的级数：

$$f(x)=a_0+a_1\cos x+a_2\cos 2x+a_3\cos 3x+\cdots+b_1\sin x+b_2\sin 2x+b_3\sin 3x+\cdots$$

其中系数 a_i 和 b_i 可以通过对 $f(x)$ 进行积分算出。

这个结论现被称为"傅立叶定理"，是 19 世纪分析学最伟大的成就之一。它指出了，正弦函数和余弦函数对于研究所有周期函数都是必不可少的。事实上，正弦函数和余弦函数是所有周期现象的基石，正如质数是所有整数的基石一样。

傅立叶定理又被人们扩展到非周期函数。这表明，任何曲线，不论其本质为何，也不论其产生的方式为何，都可以被众多的简谐曲线完全取代。也就是说，所有曲线都可以用正弦曲线和余弦曲线堆叠的方式加以呈现。

傅立叶曾深情地指出，对自然界的深入研究是数学发展的最丰富的源泉。今天，在数不清的应用领域都能看到傅立叶级数的踪迹，从光学、声学到信息理论和量子力学等，三角函数正发挥着它无与伦比的魅力。

第十章 解析几何

一桥飞架南北，
天堑变通途。

——毛泽东《水调歌头·游泳》

江南古镇。

雨后清晨，空气中飘来泥土和青草的芳香，远山润泽在氤氲的雾色中。正想再深深感受一下下雨后江南似水的风情，低头一看表，哎呀——已经七点了，今天是我值日呢！记得昨日放学时，班主任说，明天第一节课陆老师来做讲座，可昨晚下了一夜雨，教室里会不会有很多泥土、脚印啊，我可不想让亲爱的陆老师认为我们班的卫生有问题，得加快脚步，赶在陆老师来之前去打扫一番！

几分钟后，走上离校门不远处的天桥，脚步也轻快起来了。从桥上往下看，汽车仿佛变得小了一点，行人桥上走，汽车桥下行。有桥真好，人们可以更安全、更便捷地跨越阻碍，去往自己想去的地方。

桥，连接、沟通、促交流。可什么是数学的桥呢？是阿拉伯数字，还是各种数学符号呢，难不成是乘法口诀？我还是没能想通，头脑里的问号像金鱼吐泡泡似的冒个不停！哎呀！还是加快脚步去学校，跟随陆老师去一探究竟吧。

解析几何又名"代数几何"或"坐标几何"，也叫"分析几何"。某一事物被赋予许多不同的名称，意味着这一事物具有深刻的内涵和广泛的应用。

自公元前500年古希腊哲学家开创论证数学为数学这一学科奠基以来，数学大树坚实地扎根于现实世界这块肥沃的土地上，苗壮成长，枝繁叶茂。特别是近现代以来，数学各分支的发展令人目不暇接，以至于没有人能真正窥见数学的全貌。

数学家把数学的不同分支比喻为数学王国中的一个个岛屿。开始时，这些岛屿相互独立，岛上的居民各自拥有自己独特的语言，人们各自忙着自己的事情，相互不甚往来。那么，建立沟通岛屿与岛屿之间的"桥"对数学王国的发展就显得尤为重要。解析几何就是众多桥中最重要的一座桥，因为它把数学王国最初的两个最大的岛屿——代数与几何联系起来，有力地推动了数学王国的发展。

纵观数学的发展史，现代人通常将这一宏伟画卷分为五个篇章，即数学的萌芽时期、常量数学时期、变量数学时期、近代数学时期和现代数学时期。解析几何位于常量数学向变量数学过渡的转折之中，是数学发展史上重要的里程碑。

而学习与传承解析几何的任务落在我们"K-12"教育的最后三年——高中数学的学习上，因此我们需要对解析几何产生的历史背景，以及它的建立、完善与发展的过程做些了解，以便能更精准地理解解析几何的深刻内涵，这远比做一百道解析几何试题重要得多。

一、解析几何产生的历史背景

任何事物的诞生都离不开内因与外因的作用。唯物辩证法认为，内因（内部矛盾）是事物运动的源泉和动力，是事物发展的根本原因；外因（外部矛盾）是事物发展、变化的第二位原因。内因是变化的根据，外因是变化的条件，外因通过内因起作用。

数学的发展同样遵循这一规律，但数学的发展又有其独特的一面。数学扎根于现实世界，为人们的生活与需要服务，来源于实践并服务于实践；但数学同时又是数学家的创造，有时会遵循自身的发展规律依据其内在的逻辑发展，而不一定要通过经济、社会或技术的力量来推动。很难说得清谁是第一位的，谁又是第二位的，但内因、外因共同作用推动数学的发展是毋庸置疑的。

解析几何产生于 17 世纪的欧洲，这不是偶然的。14 至 16 世纪的文艺复兴运动，给欧洲带来了具有深刻意义的文化思想革命。穿越中世纪的漫漫长夜，古希腊理性精神的光辉重新在欧洲的天空闪耀，自由、独立和创造的欲望开始复苏，科学的种子破土成长，人类迎来现代文明的曙光。

哥白尼提出的"日心说"，从根本上动摇了从欧洲中世纪以来的宗教神学关于上帝创世和地球为宇宙中心的理论基础，自然科学开始从神学中解放出来。

17 世纪初，开普勒在继承天文学家第谷·布拉赫（Tycho Brahe，1546—1601）大量的观测数据的基础上，开始尝试计算行星的轨道。和其他人一样，他先假设轨道是一个绕着太阳的圆。但在对第谷大量的观测结果做出研究后，开普勒发现火星的轨道并不符合圆形的模式，而是比圆形扁平些。他想到了圆锥曲线，通过进一步地观察、测量和计算，得出结论：轨道是一个椭圆，太阳位于椭圆的一个焦点上，并由此推测所有的行星都有类似的轨道。在这个基础上，开普勒找到了天体运行的朴素数学模型，给出了天体运动的三个定律，对天体的运动做了详细的定量描述。从此，圆锥曲线被刻在了天空上。

科学和生产技术的迅猛发展，使得人们在实践中积累了古人无法企及的大量经验和数据，给数学提供了丰富的素材，这有利于数学家建模。

这些问题和条件构成解析几何产生的外部因素。

那么，从数学内部来看，当时数学的发展又是一个怎样的情形呢？

自公元前 500 年毕达哥拉斯"定义"数学这门学科至 16 世纪这两千多年的时间里，数学的两条主线——几何与代数，它们基本上是相互独立地各自发展的。起先几何居于主导地位，代数则一直发展比较缓慢。

在希腊古典数学鼎盛的亚历山大时期，欧几里得的《原本》开创了几何论证的黄金时代。但《原本》并不全都是几何，其中也包含代数（数论）等内容，但《原本》中的代数问题多以几何的形式处理。那时，几何以严密的逻辑演绎体系居绝对统治地位，以至于在很长的时间内，几何就是数学的代名词。

亚历山大时期，古希腊几何发展达到顶峰的同时，也走进了"死胡同"。欧几里得后，帕普斯出版了他的《数学汇编》，这是一本古希腊数学成果的大汇编。随后古希腊数学陷入衰落。与此同时，以中国、古印度、古阿拉伯为主要代表的东方数学异军突起，代数学迎来了它的发展时期。

我国古代数学以代数求解方程为主线，实用的几何问题都被归结为代数方程，然后用程式化的算法来求解，这在宋朝和元朝数学著作中随处可见。这一时期的古印度与古阿拉伯数学也皆以代数为主。东方人没有古希腊的逻辑限制，他们重视的是实用与计算。

东方世界代数的发展对欧洲数学产生了深远的影响。文艺复兴初期，东西方文化的传播者——欧洲数学的代表性人物斐波那契通过翻译阿拉伯数学著作，将东方算术成果引入到西方，并在其著作《实用几何》中，开始用代数方法来解决几何问题。到16世纪，随着意大利数学家卡尔达诺攻克三次方程，代数学的发展中心重新回到欧洲。韦达在其代数专著《分析五篇》和其他几何专著中都使用代数方法来研究几何问题，其中的代表成果是圆满解决了阿波罗尼奥斯几何作图中的相切问题。

不过，代数要取代几何的传统地位还需要时间。在文艺复兴及16世纪大部分的时间里，人们依靠与代数相当的几何意义来诠释代数的理论基础，他们不仅把代数和几何捆在一起给代数法则做出几何证明，还用几何方法做出代数方程的根。传统势力认为代数没有逻辑基础，一些人甚至想回到几何基础来建立代数学的逻辑基础。

当韦达、笛卡儿等人进一步完善代数符号系统时，代数依赖于几何的状况开始逆转过来了。韦达发现，在处理有关量的相等或成比例的问题时，不管这些量是来自几何的、物理的或商业的，都有可能用代数来处理。他展望未来能出现一种运用符号的关于量的演绎科学。韦达把代数当作解决几何问题的工具，同时又有足够广阔的远见，能看到代数自身的生命力和广泛的应用。

另外，将代数推向前台的创举是代数在自然科学研究上的运用——利用代数公式对运动做出的定量描述。例如，伽利略用代数公式 $h = v_0 t - \frac{1}{2} g t^2$ 来描述以 v_0 的速度向上抛的物体距离地面的高度。有了这个定量的代数描述，物体所能达到的最高高度、达到最高高度所需的时间以及物体返回地面所需的时间等都可以通过代数方法推导出来，代数的巨大威力进一步显现。

几何、代数注定不能再以以往的情形继续存在，经典几何和代数的成熟为数学的变革做好了准备。数学要向前发展，在新的方法引导下将迈向更为广阔的舞台。

解析几何正是这生机勃勃的外部环境和数学自身发展的历史洪流中结出的智慧硕果。它的诞生成为历史的必然。这一光荣的使命落在两位法国人——笛卡儿和费马的身上。

二、解析几何的产生过程

严格意义上说，笛卡儿并不是一位纯粹的数学家，而是一位哲学家。数学以其博大精深和描述自然规律的巨大威力，深深地吸引着众多的哲学家们。在恢宏的数学发展史画卷中，我们总能发现哲学家的身影，他们为数学的奠基和发展开路。回到数学最初的岁月，会使我们想到泰勒斯、毕达哥拉斯、柏拉图、亚里士多德等人在奠定数学这门学科上所作出的巨大贡献。

我们需要先对笛卡儿的生平和哲学思想做大概的了解，虽然这在数学的学习中通常被认为是多余的。

笛卡儿，出生于法国的拉·海伊小镇。为了纪念这位著名的人物，这座小镇后改名为拉·海伊—笛卡儿镇，现代人们更习惯称之为笛卡儿镇。

·作为哲学家的笛卡儿

笛卡儿有两件事让人们难以忘记，一件是"我思故我在"的哲学宣言。

笛卡儿在 17 世纪初期开始接受教育。早期学习的是拉丁语、希腊语和古典文学，主修的课程中包括柏拉图、亚里士多德的诸多成果，为笛卡儿打下了最初的哲学基础。

1619 年，笛卡儿意识到他能够构建出一套哲学系统，这套系统将像亚里士多德的逻辑那样严格地运用推理，对所有的思想建立一个合理的、演绎的结构。笛卡儿这套哲学系统建立在他自己的思想和创新的基础之上，为学习和研究开辟了一条充满确定性和明确性的道路。在接下来的 20 年间，笛卡儿发展了这些观点，将其涵盖的领域扩充到整个世界。

1637 年，笛卡儿出版了一本关于科学思考的杰作《方法论》。在开篇部分，笛卡儿提出了四个定律作为论述的指导原则，第一个便是"不能确知是对的事，不要接受"，他的哲学是一种系统化的怀疑。他解释说："要想追求真理，我们必须在一生中尽可能地把所有的事物都来怀疑一次。"世界上唯一需怀疑的是"我在怀疑"，因为"我在怀疑"证明"我在思想"，说明我确实存在，这就是笛卡儿唯理主义的"怀疑论"。黑格尔称"我思故我在"这一气质不凡的表述为哲学史上最有力的命题之一。

《方法论》的目的是建立一个在所有领域内通向正确认识物质世界和精神世界的哲学，旨在寻求发现真理的一般方法。笛卡儿将他在科学上的三个发现放在《方法论》的后面，以表明他的这些发现都是在其方法论原理指导下获得的。这三个值得关注的发现，分别是关于光学、气象学和几何学的论述，其中《几何学》被后世历史学家视为解析几何的起点。

·作为数学家的笛卡儿

笛卡儿另一件让人难以忘记的事是以他的名字命名的"笛卡儿坐标系"（"笛卡儿平面"）这个数学名词。

笛卡儿首先是一位哲学家，为人所称道的是他在哲学上的巨大建树，但真正让他获得不朽声望的还是他对数学的贡献。虽然笛卡儿从未发明过一个定理，但他的一个创造性的数学思想，被人称为在精确科学上迈出的最伟大的一步，从而在根本上改变了数学。

笛卡儿系统地学习了古希腊严密的几何体系，对欧几里得的《原本》深信不疑。正是这种理性的传承确立了他对数学的推崇。但笛卡儿的"怀疑论"又使他怀着批判式的态度来对待前人的成果，这让他看到了欧氏体系的缺陷，为他后来研究"帕普斯问题"提出自己独创性的方法埋下了伏笔。

他的数学思想和数学方法蕴含着丰富的思辨性。一方面，他认为古希腊人的演绎推理只能用来证明已经知道的事物，却不能帮助我们发现未知的事情，并直截了当地批评了古代的几何"过于抽象而且过多地依赖于图形""缺乏动感和想象力""每个问题都需要一些特设的技巧而不具普遍性"的弊端，这阻碍了几何学的进一步发展；而代数学则太受法则和公式的约束，缺乏人们所依赖的直观性。另一方面，他又认识到几何学提供了有关真实世界的描述，非常相信欧几里得几何的逻辑力量，倡导理性的演绎法；代数则能用来对抽象的未知量进行推算，能把推理程序机械化，减少解决问题的工作量。笛卡儿认为任何科学问题都可以归结为数学问题，而数学问题又可以通过代数归结为方程问题。

正是因为笛卡儿对几何和代数的这种思辨性的通彻理解，促使笛卡儿产生了"采取几何学和代数学中一切最好的东西相互取长补短"、建立一种集代数和几何两门学科的优点于一身而又能去掉两者各自缺点的新学科的宏大构思。在《方法论》中，笛卡儿讨论了代数与几何各自的优劣，他并没有偏袒任何一方，他的目标是通过代数过程把几何从图示的使用中解放出来，同时又通过几何解释赋予代数运算的直观意义，从而建立几何与代数的深刻联系，把它们统一起来，创建一门新的数学分支。这便是笛卡儿发明解析几何的主因。

其实，笛卡儿对古希腊"帕普斯问题"的研究是解析几何诞生的重要契机之一。帕普斯在其名著《数学汇编》中，汇集了 30 多位古希腊几何学家的成果，书中有大量启发性的问题，其中对近代数学有重大影响的是"三线问题""四线问题"与"五线问题"这三个所谓"帕普斯问题"。

早在帕普斯 500 年前，阿波罗尼奥斯用他的几何方法已成功地解决了"三线问题"和"四线问题"，得到如下两个结论。

"三线问题"：给定三条直线，从某一点引出的三条直线分别和三条给定直线相交成给定的角，若所引的直线段中的两条线段的乘积与另一条线段的平方比等于常数，则具有上述性质的点落在确定的圆锥截线上。

"四线问题"：若所引直线段与已知的四条直线相交成给定的角，并且所引直线段中两条线段的积与另两条线段的积的比等于常数，同样地，这样的点也落在确定的圆锥截线上。

对于"五线问题"，阿波罗尼奥斯无能为力，帕普斯也解决不了。直到 17 世纪，仍无人能解决这个初等的平面几何问题。人们不知道所描绘出的是什么轨迹，只能象征性地称它为"线"，既不清楚它们是什么曲线，也说不出其性质。

"五线问题"：若平面上给定五条直线和一个动点，从动点向各条直线上的一个点连一条线段，使之与该直线夹已知角，且使其中三条线段之长的积等于另两条线段长之积的一个固定的倍数，求满足此要求的动点的轨迹。

笛卡儿用一种不同于前人的方法来探讨"帕普斯问题"，他先从"三线问题"开始。

如图 10-1，设平面上给定三条直线 l_1，l_2，l_3，过平面上的点 C 作三条直线分别与 l_1，l_2，l_3 相交于点 P，Q，R，交角分别等于已知角 α_1，α_2，α_3，求满足 $CP \cdot CR = kCQ^2$（k 为常数）的点 C 的轨迹。

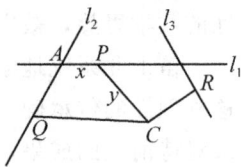

图 10-1

笛卡儿在《几何学》的第二卷中给出的解答，大致步骤如下。

(1)设所求点 C 已经找出，将 AP 记为 x，CP 记为 y。

(2)根据几何学中的边角关系，将 CQ 与 CR 用 x，y 和其他已知量表示出来。

(3)代入关系式 $CP \cdot CR = kCQ^2$。

经整理，得到满足条件的点 C 的轨迹可用方程表述为：

$$y^2 = ax + bxy + cx + dx^2。$$

其中 a，b，c，d 是由已知量组成的代数式。

这是一个二次方程，笛卡儿讨论了它表示的轨迹的各种可能情形，指出有直线、圆、椭圆、双曲线和抛物线五种情况。

这里，笛卡儿的做法是选定一条线 $AG(l_1)$ 作为基线，以点 A 为原点，x 的值是基线上的长度，从点 A 量起，y 值是一个线段的长度，与基线 (l_1) 成一个固定的角度。实际上，这就建立了一个坐标系，这个坐标系就是现在通常的斜坐标系，其中 x 和 y 只取正值。

这里我们看到了历史上的第一个坐标系，看到了点的轨迹（曲线）与方程的对应。尽管这里出现的是一个斜坐标系，但在《几何学》的第三卷，笛卡儿更多地使用了直角坐标系，并且针对不同的问题导出了高于二次曲线的方程。

对于"五线问题"，笛卡儿用了"先特殊后一般"的思维路线，先考虑下面这种特殊的情形。

令其中的四条直线互相平行，即 $l_1 /\!/ l_2 /\!/ l_3 /\!/ l_4$，且令它们是等距的，邻近的两条平行线的距离为 $a > 0$，另一条直线 $l_5 \perp l_1$，如图 10-2 所示，P 为动点，求满足条件 $PA_1 \cdot PA_2 \cdot PA_3 = kPA_4 \cdot PA_5$ 的点 P 的轨迹。

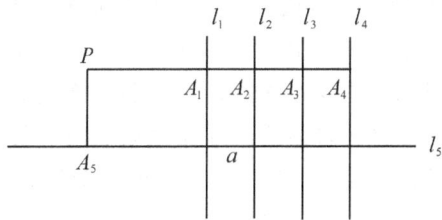

图 10-2

设 $PA_4 = x$，$PA_5 = y$，则 $PA_1 = x - 3a$，$PA_2 = x - 2a$，$PA_3 = x - a$，欲使 $PA_1 \cdot PA_2 \cdot PA_3 = kPA_4 \cdot PA_5$，

即 $(x - 3a)(x - 2a)(x - a) = kxy$，展开为

$$x^3 - 6ax^2 + 11a^2 x - 6a^3 = kxy。 \tag{1}$$

这里，笛卡儿把 l_4 与 l_5 取为坐标轴，(x, y) 称为点 P 的坐标，方程 (1) 是动点 P 的轨迹方程；笛卡儿把一条轨迹（曲线）与一个二元方程视为同一事物，从而可以通过对方程的研究来得到相应曲线的性质。

解析几何中的"解析"二字指用代数方程这种解析表达式来描述几何对象，进而研究几何问题。

对于这个特殊的"五线问题"的轨迹方程，如果进一步特殊化，令 $a = 1$，$k = 1$，将得到曲线 $y = x^2 - 6x + 11 - \dfrac{6}{x}$。后来，牛顿在 xOy 坐标系中画出了这一轨迹的图像。为了纪念笛卡儿的创造，牛顿称这条曲线为"笛卡儿三次曲线"或"三叉戟曲线"（图 10-3）。

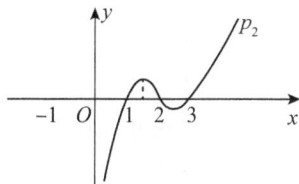

图 10-3

·费马的解析几何

费马在数学的许多领域中都做出过重大发现。他早于笛卡儿创立了自己的解析几何（费马的方法在某些方面比笛卡儿更"现代化"）；在与帕斯卡的书信往来中奠定了概率论的基础；还在微积分学的发展上作出过重大贡献（是最接近发明微积分的人）。此外，费马对物理学也有重要贡献。

在数论领域，费马更是留下了他不可磨灭的足迹。数学史上有一个被称为"大"定理的"费马大定理"就是以他的名字命名的。

费马的数学学习始于在图卢兹师范大学的数学课程。在波尔多，费马开始了借助帕普斯在《数学汇编》中的注释和引理来重构阿波罗尼奥斯的《平面轨迹》的计划，费马试图复原阿波罗尼奥斯的原著并写下了他的一些发现作为注释。费马对韦达的研究很自然地使他试图用一个代数版本取代阿波罗尼奥斯的传统的几何分析——正是阿波罗尼奥斯轨迹定理的代数版本构成了费马解析几何的开端。

费马在完成对阿波罗尼奥斯《圆锥曲线论》重构工作的两年之后，在他的《平面和立体轨迹引论》中记下了关于解析几何的新思想。费马在 1630 年左右建立了解析几何的许多关键概念。费马设计了一个坐标系统来描述未知量之间的关系，如图 10-4 所示，从一个适当的点 O 开始，往右边画一条水平参考线，从水平轴的起点 O 标出一个变量 A 的线段，在变量 A 的另一端 Z

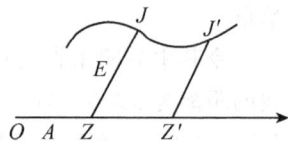

图 10-4

放置代表另一个变量 E 的线段，与第一个线段 A 成固定角度，费马设想 E 的长度随 A 的长度变化而变化，E 线段的位置向右移动，与 A 线段成同一角度。

费马的关键洞察力在于：每当他找到一个关于两个变量 A 和 E 的方程时，他就会得到一条与这个方程相对应的曲线——E 线段的最高端点 J 画出的一条曲线。它是与方程相关联的一个轨迹，用费马自己的话说："当最后一个方程中出现两个未知量时，我们有一个轨迹：一个未知量的端点描述出的一条直线或一条曲线。"

费马早先建立的坐标系相当于现在所说的斜坐标，图中 A，E 即现在的斜坐标 x 和 y（费马使用的是韦达的符号系统），当点 Z（线段 OZ 的一个端点）在底线上变化时，点 J（线段 ZJ 的另一个端点）描述出一条曲线的轨迹。

利用上面由距离表示的两个未知量，费马求出了当时已知的一些曲线的轨迹方程，共七种形式，用现代的方式表示如下。

(1)过原点的直线方程 $\dfrac{x}{y} = \dfrac{b}{a}$；

(2)任意直线的方程 $\dfrac{a-x}{y} = \dfrac{b}{d}$；

(3)圆的方程 $b^2 - x^2 = y^2$；

(4)椭圆方程 $a^2 - x^2 = ky^2$；

(5)双曲线方程 $a^2 + x^2 = ky^2$；

(6)双曲线方程 $xy = a$；

(7)抛物线方程 $x^2 = ay$。

费马还引进了新的曲线，如 $x^m y^n = a$ ，$y^n = ax^m$ 等。

费马认识到坐标轴可以平移或旋转，通过它们，可把复杂的方程化为简单的形式。费马勾画了通过变量变换将任意二次方程化为他的七种形式之一的方法。这意味着，对任意二次方程 $ax^2 + bxy + cy^2 + dx + ey + f = 0$ ，它代表的都是直线、圆、椭圆、双曲线和抛物线。

费马在家乡从事律师工作。他一直把数学当成一种嗜好，数学是使他从法律事务处理的纷争中解脱出来的港湾。费马害怕鼓噪，所以他从不发表他自己的任何成果，因为这样做会迫使他不得不及时去完善成果的每一细节，并可能把他卷入数学领域的纷争之中。费马经常通过暗示他用新方法解决了某些问题，有时会勾画出这些方法的轮廓，但他"如果有空"就填补空白的承诺却经常得不到兑现。

在他死后 14 年，由他的儿子编辑出版的费马手稿和许多书信，才使得后来的学者们对费马的方法和思想有了比较完整的了解。

三、解析几何的意义

当几何和代数沿着各自的道路独立前进，它们的进展就缓慢，它们的应用就狭窄。

但是，当这两门科学结合起来以后，它们就互相吸取对方的新鲜活力，相辅相成，并迅速地趋于完美。

——［法］拉格朗日

作为一种有效的数学工具，解析几何沟通了数学中数与形等基本数学对象之间的联系，使得几何问题可转化成代数运算来解决，同时也使得代数问题因拥有几何背景而更加直观、通透。

坐标系的建立，给出了二维平面上每一个点的数值地址，从而使几何点与它的数值坐标之间互为表征、相互对应。

当然，只定位一个点是没有什么意思的。当我们有诸如 $x^2 + y^2 = 5^2$ 这样的方程，并把它解释为平面内满足关系 $x^2 + y^2 = 5^2$ 的所有 (x, y) 的集合时，情况就变得"微妙""有趣""丰富"起来。在定位了很多满足 $x^2 + y^2 = 5^2$ 关系的点后，代数方程生成了一条几何曲线（如图 10-5 所示的圆）。

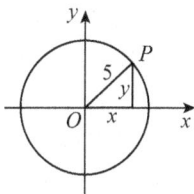

图 10-5

根据勾股定理，这个圆上的任一点都满足 $x^2 + y^2 = 5^2$ 。同时，不在圆上的点的坐标不满足这个方程，因为圆内的点如 $(3, 2)$ 有 $3^2 + 2^2 < 25$ ，而圆外的点如 $(7, 9)$ 则有 $7^2 + 9^2 > 25$ 。

这样，一条曲线（如这个圆）就通过一个方程被唯一地表示出了特征。至此，笛卡儿、费马的核心思想呈现在我们面前了：任何曲线的方程，都是该曲线上所有点的坐标满足的代数等式；同时，这个方程的所有解所对应的点都在该曲线上。曲线和它的方程，方程和它的曲线可以来回转换，它们表示的是"同一个事物"。这种对应方式仿佛一本"词典"，能够将研究对象从几何语言"翻译"成代数语言，反之亦然。

在这本"词典"中，曲线化身为方程，这为曲线的研究带来了新的方法。例如，我们在研究几何的时候，就不一定非要绘制图形，因为代数方程可以取代它们的位置。由于代数的语言远比几何语言富有启发性，在问题改变形式之后，只要进行一些代数变换，就可以发现曲线的许多出乎预料的性质。

代数与几何的这种关联如此重要与高效，让我们惊讶为什么只有到了近代才把两者联系起来。尽管欧几里得几何可以追溯到大约两千年前，但当时没有代数工具，只有通过建立坐标系，这个空荡荡的平面中才充满了数值，进而人们可以通过算术关系来衡量它们的长度，标出它们的位置。从此，代数为几何服务，同时几何也为代数服务。这产生了一种数学上的共生关系：一个问题的侧面就从与它相关的另一个侧面得到好处。

很大程度上，笛卡儿是"代数为几何服务"的倡导者。在《几何学》里，他向数学世界呈现的几何学的革新方法就是"使用代数"。当代数方程式被用来表示曲线（直线）时，古希腊人所提出的几何问题便可以用代数运算来取代了。例如，确定两条曲线相交的点，就是要找出两个方程式的公共解，而对于直线与二次曲线相切，一个"$\Delta = 0$"就能准确确定切点的位置。又比如，斜率的概念给我们提供了平行线和垂直线的代数特征（平行和垂直是欧几里得几何中的两个重要概念）。因此，两条直线平行当且仅当它们有相同的斜率，而垂直的代数特征是两条直线的斜率乘积为-1。在几何概念的代数表征下，我们就可以用代数运算来研究几何中的问题。

相比于笛卡儿"毫不犹豫把算术关系引入几何中"的这种"代数为几何服务"，更具费马特色的另一面是"几何为代数服务"。费马常常从一个代数表达式开始，然后利用这个表达式找到它在平面上生成的几何图形，"每当我们找到两个未知量的等式，我们就有一条轨迹，它描绘的不外乎就是一条直线或者曲线"。费马的预见使得数学家们可以通过描出更复杂的方程的点而生成新曲线。数学史家卡尔·博耶（Carl B. Boyer，1906—1976）把它称为"数学史中最有意义的陈述之一"。

在解析几何出现之前，曲线的来源被局限于数学家们熟悉的圆、圆锥曲线和螺旋线等，因为它们都出自经典的几何问题，但是像前面我们提到的"笛卡儿三次曲线"就完全无法想象。通过虚构各种类型的方程，它们生成了数学家之前从来没有看到过的许多穿越坐标平面的弯弯曲曲的曲线。数学家还通过代数关系，获得了大量的曲线细节，使得人们对曲线的研究有了突破性的进展。

最简单的代数关系式，指的是不涉及变量之间的相乘，只涉及变量与常量的相加或相乘。在二维情况下，这类关系等式通常都是$ax + by = c$的形式，它们与直线相对应。因此，这样的方程通常被称为线性方程。更复杂一点的方程则会涉及变量的相乘，其中最简单的要算x^2或xy的二次乘积了，圆$x^2 + y^2 = 1$就是这样的二次方程，$y = x^2$这样的平方关系或$xy = 3$也是一个二次方程，它们对应的形状分别是抛物线和双曲线。

事实上，任何形如$Ax^2 + Bxy + Cy^2 + Dx + Ey + F = 0$的二次方程，其所对应的形状总会是圆锥曲线（圆被认为是特殊的椭圆）。也就是说，我们称之为圆锥曲线的这一类曲线与拥有两个变量的所有二次方程的集合完全对应。这里存在一个特例，那就是有一些二次方程如$x^2 - 4y^2 = 0$，其所对应的形状并不是圆锥曲线，而是两条相交直线$x + 2y = 0$和$x - 2y = 0$。数学家称它们为"退化的圆锥曲线"。

那么，当次数高于2时，其情况又是怎样的呢？它会对应什么样的曲线呢？结果表明，它所对应的是一种新形状，它并不是圆、圆锥曲线、摆线、螺线或者已知曲线中的任何一种。它就是"$y^2 = x^3 + 1$ 所对应的形状"，这就是我们所能够拥有的最简单的描述了。

因为很容易写出方程，而你所写下的任何关系等式都将与某种形状对应。于是，人们突然有了大量的曲线，而不必通过某种几何构造来创建它们。除了那些最简单的是我们已知的，其他的都是全新的形状，这就是代数的表达能力——通过代数，我们拥有了无穷多的新形状。人们在古希腊人已知的曲线清单上添加了许许多多的新曲线（图 10-6、图 10-7），使得在科学上大规模运用数学成为可能。

$$x^2 + (y - \sqrt[3]{x^2})^2 = 1 \qquad\qquad (x^2 + y^2)^3 = x^2 y^2$$

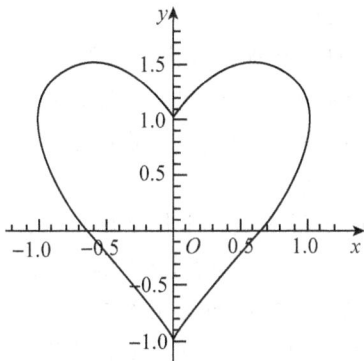

图 10-6　笛卡儿心形线　　　　　　　　图 10-7　四叶草曲线

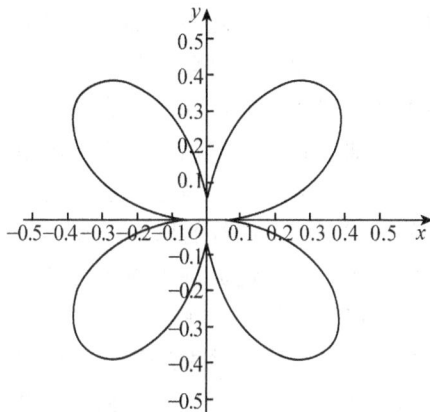

当开普勒将圆锥曲线引入天文学时，圆锥曲线已成为所有天文计算的基础。同时它还被用于现代桥梁、索道的设计中，用于透镜、望远镜、显微镜、音乐厅、探照灯和其他重要的装置设计中。在所有这些应用中，曲线的方程才使得计算成为可能。在欧几里得几何中需要巧妙构思的复杂作图，只能通过近似的测量才能求出长度，而通过代数方程来处理，不仅简洁、高效，而且给出的答案能达到任何要求所需的精度。

在大数据时代，人们在研究事物的变化，寻求规律时，会得到大量的数据信息。由这些数据，人们会根据"几何图形与数字"的一致性，描绘制作出数字曲线。在分析数据类型时，人类的思维容易识别某种简单的形状，如圆、抛物线等，而对数表则容易产生迷糊，因为由一组数据表示的数表远没有图形来得直观和清晰明了。

图形（曲线）与方程的对应，是解析几何最美妙的发现。从此以后，代数和几何突然不再是两个独立的数学分支了，它们表达了相同的真理，两者完全是等价的。既然我们能够用几何语言（图形）描述一个形状（或者运动），那么我们也同样可以用数值模式（方程）来描述这个形状（或者运动）。解析几何不仅为形状的描述提供了方便的代数解决方法（描述一条曲线的代数方程暗含了该曲线我们能想象到的所有特性），同时也为数学家提供了一种全新的构造形状和运动的方法，使我们对运动拥有了无穷的描述能力。

笛卡儿充分利用代数学自身的优势纠正了传统几何学中的缺点。例如，在欧几里得几何中，点被定义为不可再分的，没有大小的独立存在体——"点是没有部分的那个东西"，而笛卡儿使用一对简洁有序的"数对"就能定义平面上的点。从此之后，欧几里得那种模糊的定义就永远地过时了。

不过，这种蕴含深刻见解的全新定义方式只是解析几何思想的冰山一角。笛卡儿进一步用连续运动来定义几何的曲线，点 (x,y) 一旦动起来，那么 y 和 x 将成为变量，且变量 y 依赖于变量 x 的变化而变化。在 y 和 x 这两个变量之间存在某种关系，这正是函数思想的萌芽。

17 世纪以前，数学实质上是一个"静止"的几何体系，这个体系的核心是欧几里得几何。欧几里得几何虽有严密的公理化逻辑体系，但本身仅局限于直线形和圆等简单的图形。对圆锥曲线，欧几里得显得力不从心；而阿波罗尼奥斯的《圆锥曲线论》虽然在几何形式上包括了圆锥曲线的几乎全部性质，但他的几何也仅是一种"静态几何"，没有把这些曲线与代数、运动联系起来。千百年来，圆锥曲线理论没有任何的发展。

在笛卡儿和费马之前，方程也是静态的，人们只关注如何求出方程的根。在几何中，人们虽然也把曲线看成点的运动产生的轨迹，但没有坐标系的建立，这种运动就无法进行定量的描述。笛卡儿和费马建立了几何曲线和两个变量的代数方程的基本联系，他们都以自己的方式理解了函数的思想，即一个变量的变化决定了另一个变量的变化。

变量的引入，为我们提供了描述运动与变化的数学工具。坐标平面不再是一个孤立的坐标架——静止的舞台。在这变幻的舞台上，将演出运动与变化的壮丽的大戏。

客观事物总是在不断地发展变化，所以反映这些事物的概念也不可能一成不变。人们认识事物由浅入深，由片面到全面。函数这个概念也随着时代发展而不断地变化，在其诞生以来历史上的每一个阶段，都有它相应的定义。

函数是数学中的核心概念，"是近代数学思想之花"（托马斯·克拉克·基尔皮特语），是现代科学家、统计学家、经济学家真正的"面包和黄油"，须臾不可或缺。如果重复的科学实验或观察最终得出了相同的函数关系，它们就可能被提升到自然规律的地位——这里所谓规律是指所有自然现象都要遵循的，可用数学描述的行为方式。解析几何的发明是函数概念产生的标志。解析几何的思想为用数学系统性地处理几乎所有变化的事物打开了一扇门。

恩格斯对解析几何的创立给予了高度的评价："数学中的转折点是笛卡儿的变数。有了变数，运动进入了数学；有了变数，辩证法进入了数学；有了变数，微分和积分也就立刻成为必要的了。"

第十一章　微积分

从基础到高等的跨越
一个标杆

今天讲座的主题是：微积分。

小时候，我们学习的数学叫"算术"，与印度-阿拉伯数字打交道。

后来，我们学会了用字母代表数，运用方程求解未知数，进入代数的领域。

接着，我们系统地学习了平面几何和立体几何，了解到数学是研究数与形的一门学科，建立了平面和空间概念；通过欧氏几何学会了演绎推理，掌握了数学的核心特征——证明。

之后，我们学习三角函数，知道了许多"边边角角"的故事；我们建立坐标系，发展出解析几何这一学科，让变量和运动进入了数学……

终于，我们来到中学数学的最后一站：微积分。

冯·诺伊曼说："微积分的发明是近代数学取得的最高成就，对它的重要性怎么评价也不过分。"恩格斯甚至声称："在一切理论成就中，未必有什么像17世纪下半叶微积分的发明那样被看成人类精神的最高胜利了。"

对于微积分，同学们了解多少呢？微积分从萌芽、创建到完善，经历了两千多年的曲折过程，对这部宏伟画卷所展示出的非凡魅力，我们又有多少人体会到了？

我们让微积分的概念"从天而降"，把微积分基本定理"轻松捡来"；我们津津乐道的是"一阶导数等于零"的便捷，体验到的是解决复杂图形的求积时运用微积分基本原理的爽快。一句话，我们了解的是一套机械化、程序化的微积分，处在会用微积分而不懂微积分这样的一个层面上。除了套公式解题，在高考中得到相应的分数外，其实什么也没有学到，而中学里的这个"微积分"，等到大学里一切再推倒重来。

本次讲座，陆老师打算针对微积分向同学们做一概括性的介绍，重点在基本概念的理解和微积分发展的历史脉络，而不在于形式的处理和运算的技巧上。

陆老师试图多懂得一些，以使自己能站在更坚实的基础之上，但微积分是全世界众多数学家花了两千多年苦心经营建立起来的一个庞大复杂的系统，它的秘密隐藏在浓浓的迷雾之中，哪里又是那么好看清的？

这次讲座，陆老师准备的时间是最长的，但此时此刻，他心里仍是忐忑的。好啦（深吸一口气），让我们开始吧！

数学的历史进程中，很多事情并不是按我们现在学习的顺序来发展的。比如"若 $a^b = N(a>0, a \neq 1)$，则 b 叫作以 a 为底的 N 的对数，记作 $b = \log_a N$"，这就是欧拉"对数源出于指数"的定义。但我们知道，纳皮尔对数发明的时候，指数作为一个概念还未建立。

微积分的发展也重演了类似的一幕。欧拉指出，积分是反微分，积分从属于微分。

有些微积分课程的编排也是先讲微分，再讲积分。实际上，积分可以追溯到公元前，而微分学的建立则是 17 世纪以后的事。

沿着历史发展的脉络和理解的需要，我们先从积分开始。

一、积分

积分起源于面积的计算。

如何度量一个平面图形的面积大小呢？人们通常会选取一个面积单位，如一间教室地面的大小，以"1 平方米"为度量单位；一块田地，以"1 亩"为度量单位；国土面积，以"1 平方公里"为度量单位。在数学上，我们撇开具体的情形，以边长为"1"的正方形的面积定义为 1 个面积单位。在这个基础上，度量出其他几何图形的面积。

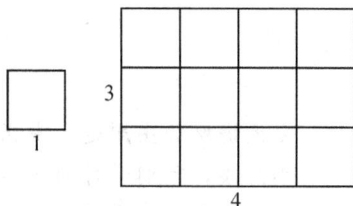

图 11-1

我们知道，能度量出来的是长方形的面积。比如，一个长和宽分别为 4 和 3 的长方形，可以划分为 12 个单位正方形，因而我们说这个长方形的面积为 3×4(图 11-1)。

如果长方形的长和宽分别为 a，b，那么它的面积为 ab。当 a，b 分别为分数或无理数时，长方形的面积为长×宽，这个结论仍然正确(图 11-2)。

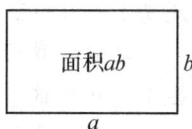

图 11-2

借助这一事实，人们可以求得以 a 为底、h 为高的平行四边形的面积。我们只需把图 11-3 中的阴影三角形剪下来挪到右边去，便可把这个平行四边形变成面积相同的长方形。因此，平行四边形的面积为底×高。

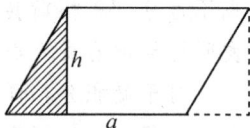

图 11-3

现在，很快就能求出以 a 为底、h 为高的三角形的面积。复制一个原来的三角形，紧靠原来的三角形放着，就构成一个底为 a、高为 h 的平行四边形(图 11-4)。三角形的面积为平行四边形面积的一半，所以，每个三角形的面积是 $\frac{1}{2}\times$底×高。

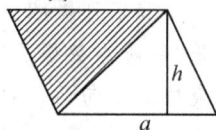

图 11-4

这就是三角形面积公式的由来。

会求三角形的面积，我们就可以求出任何多边形的面积：只需把它分割成一些三角形，然后分别计算这些三角形的面积，再求和。这是面积计算最早的"分割·求和"方法，如图 11-5、图 11-6 所示。

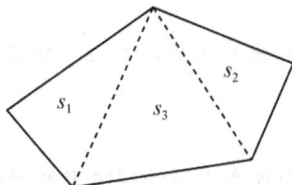

$S=s_1+s_2+s_3$

图 11-5

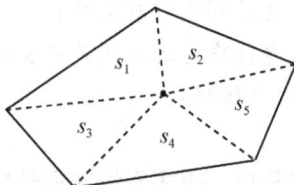

$S=s_1+s_2+s_3+s_4+s_5$

图 11-6

　　由直线段组成的图形的面积，早在古巴比伦尼罗河畔的那些"拉绳子的人"就能算出。真正困难的是：求出由曲线而不是一些直线段所界定的区域的面积。

　　一个典型问题是圆面积的计算。在这个探索求解的过程中，古代数学家们想出一种"分割·求和"方法——割圆术。

　　先将圆周六等分，得到六个全等的三角形，这六个三角形的面积之和即圆内接正六边形的面积。显然，这六个三角形的面积和比圆的面积要小，因为有六个小弓形没有被覆盖（图11-7）。

　　继续分割圆，把圆12等分，得到12个全等的等腰三角形（圆内接正十二形），虽然这12个三角形的面积和仍然比圆的面积小，但比前面更接近圆的面积（图11-8）。

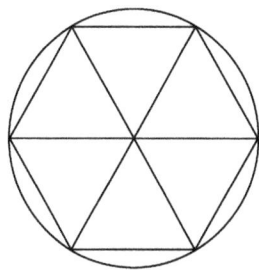

图 11-7

　　人们认识到，分割得越细，将会得到越接近圆的面积的结果。正如我国古代数学家刘徽所说："割之弥细，所失弥小，割之又割，以至于不可割，则与圆周合体而无所失矣。"

　　这里涉及一个极限的过程——"无限分割，以至于不可分割"。因此，对于曲边形面积的计算问题，在"分割·求和"的基础上增加了一个"极限的过程"。

　　古希腊数学家们在这个过程中总结出一套对付"无穷""极限"的方法——穷竭法。他们那时还没有代数语言，只能从几何上来进行阐释。

　　安提丰（Antiphon，约前480—前411）从圆的内接正方形出发，将边数逐步加倍到正八边形、正十六边形、正三十二边形……无限重复这一过程，将得到一个边长极微小的圆内接正多边形。安提丰认为这个内接正多边形最终将"穷竭"这个圆，与圆重合。而正多边形的面积能够计算，因而圆的面积也能相应地被求出来。

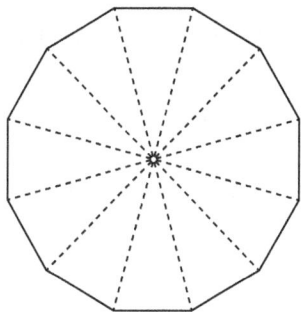

图 11-8

　　欧多克斯（Eudoxus of Cnidus，前408—前355）对穷竭法进行了改进与严格化，使其成为古希腊数学家解决面积问题时经常使用的一种有效的几何方法，其中的逻辑依据被称为"欧多克斯原理"（类似于我国古代的"祖暅原理"）。利用穷竭法，欧多克斯证明了"两圆面积之比等于其直径的平方之比"。这个命题被欧几里得列为他的《原本》第十二卷的命题2。

　　命题2换一种角度理解，就是对于任意两个不同的圆，其面积与直径平方的比是一个常数。但无论是欧多克斯还是欧几里得，都未能对这一常数做出数值估计，也未能确立这一常数与我们在研究圆的过程中所遇到的其他重要常数之间的关系。这些问题留给了阿基米德。

　　人们在更早的时候就认识到，对于不同的圆，圆的周长与直径之比是一个常数，这正是我们对圆周率的定义。公元前225年，阿基米德在《论圆的测量》中，阐述了关于圆的三个命题，其中的一个命题用穷竭法给出了圆周率的估值。与安提丰不同的是，阿基米德从圆内接正六边形开始，通过不断给边长加倍，逐步用正多边形去穷竭圆。

　　如图11-9，对圆内接正六边形来说，假定圆的半径为1个单位，则

$$圆周率 \pi = \frac{圆的周长}{直径} \approx \frac{正六边形\ ABCDEF\ 的周长}{直径} = \frac{6}{2} = 3。$$

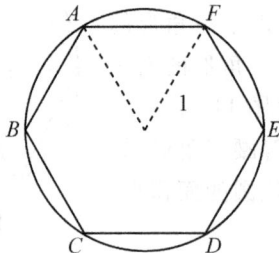

图 11-9

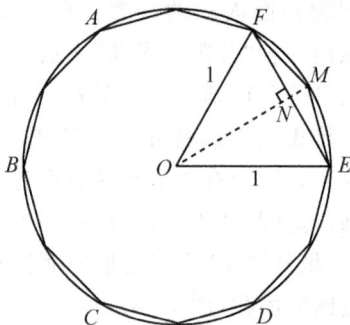

图 11-10

为了得到更精确的值，阿基米德在六边形的基础上加倍。作圆的内接正十二边形，如图 11-10 所示，假设圆的半径为 1，则有 $OF = OE = EF = 1$，$FN = NE = \frac{1}{2}$，

从而有 $ON = \sqrt{1^2 - \left(\frac{1}{2}\right)^2} = \frac{\sqrt{3}}{2}$，$NM = OM - ON = 1 - \frac{\sqrt{3}}{2}$，

进一步求得正十二边形的边长为

$$FM = \sqrt{FN^2 + MN^2} = \sqrt{\left(\frac{1}{2}\right)^2 + \left(1 - \frac{\sqrt{3}}{2}\right)^2} = \sqrt{2 - \sqrt{3}}。$$

这样，圆内接正十二边形的周长就是 $12\sqrt{2 - \sqrt{3}}$，而圆的直径为 2，那么圆周率的值为 $6\sqrt{2 - \sqrt{3}}$，化成小数约为 3.105144…

显然，正十二边形的周长与圆周的接近程度高于正六边形。阿基米德不断加倍，继续作圆的正二十四边形、正四十八边形、正九十六边形……从圆内部用正多边形逐步逼近圆周，从而得到越来越精确的圆周率的估值。阿基米德不满足于此，他又通过作圆的外切正多边形，从圆外部逐步来逼近圆周。这样，他就从两个不同的方向把圆周率锁定在一个范围内。

那么，多圆才算圆呢？阿基米德认为，$n = 96$ 就足够了（实用的角度），阿基米德用内接和外切正九十六边形的周长从两个方向逼近圆的周长，得出 $3\frac{10}{71} < \pi < 3\frac{10}{70}$，化成小数就是 $3.140845 < \pi < 3.142857$。

在《论圆的测量》关于圆的另一个命题中，阿基米德给出了圆面积的计算公式。

定理： 圆的面积，等于这样一个直角三角形的面积，直角三角形的一边是圆的周长，另一边是圆的半径。

如图 11-11，$S_{圆} = \frac{1}{2}cr$，如何来证明这个定理呢？

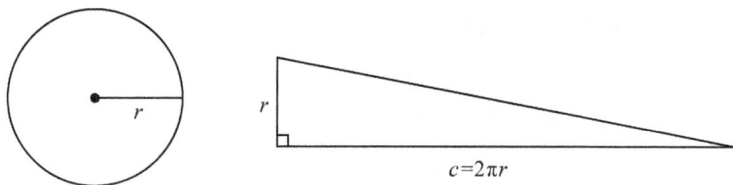

图 11-11

阿基米德采用了一种间接的证明方法。对于任何两个量 A 与 B，一定只能属于下列三种情形中的一种：$A<B$，或 $A>B$，或 $A=B$。为了证明 $A=B$，阿基米德首先假设 $A<B$，并由此推导出逻辑矛盾，因而排除这种情况的可能性。然后，他再假设 $A>B$，并再次推导出逻辑矛盾。排除了这两种可能性后，就只剩下了一种可能性，即 $A=B$。

记圆的面积为 A，直角三角形的面积为 T，需要证明的是 $A=T$。

(1)假设 $A>T$，则 $A-T$ 是一个正量。如图 11-12，作圆内接正多边形，并反复平分正多边形的边数，不断增加正多边形的边数，则正多边形的面积可任意接近圆的面积。也就是说：A 减去内接正多边形的面积，可以小于任何预先给定的正量，而 $A-T$ 是一个正量。于是，我们有：$A-$内接正多边形的面积$<A-T$。

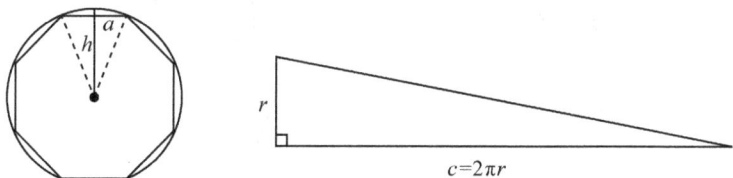

图 11-12

这样就得到，内接正多边形的面积$>T$。　　　　　　　　　　　　　　　　　　(1)

然而，内接正多边形的面积$=\dfrac{1}{2}ah+\dfrac{1}{2}ah+\cdots+\dfrac{1}{2}ah=\dfrac{1}{2}hQ$(设 Q 为正多边形的周长，c 为圆的周长)$(h<r,Q<c)<\dfrac{1}{2}rc=T$，即内接正多边形的面积 $<T$，与(1)式矛盾。

(2)假设 $A<T$，则 $T-A$ 是一个正量。如图 11-13，作圆的外切正多边形，并反复平分正多边形的边，不断增加正多边形的边数，则外切正多边形的面积可任意接近圆的面积。所以外切正多边形的面积$-A$，小于任何预先给定的正量，即外切正多边形的面积$-A<T-A$。

这样就得到，外切正多边形的面积$<T$。　　　　　　　　　　　　　　　　　　(2)

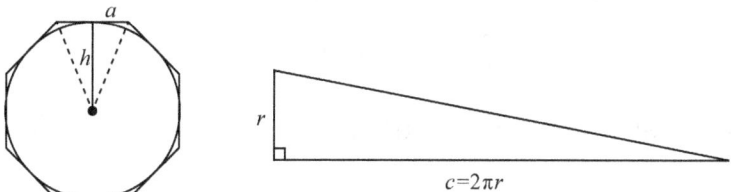

图 11-13

然而，外切正多边形的面积 $\frac{1}{2}ah+\frac{1}{2}ah+\cdots+\frac{1}{2}ah=\frac{1}{2}hQ=\frac{1}{2}rQ>\frac{1}{2}rc=T$（$Q$ 为外切正多边形的周长，c 为圆的周长），即外切正多边形的面积 $>T$，与(2)式矛盾。

最后，阿基米德写道，由于圆的面积 A 既不大于也不小于三角形的面积 T，因此，圆的面积等于直角三角形的面积，即 $A=T$。

因而圆的面积 $A=T=\frac{1}{2}rc=\frac{1}{2}r\cdot 2\pi r=\pi r^{2}$。

证毕。

阿基米德既深入理解和熟练地运用穷竭法，同时又发展了穷竭法。发展后的穷竭法成为阿基米德用来解决一系列问题的一种强有力的工具。他利用这种方法成功地证明了许多命题，其中最优美的一个问题是求抛物线下方区域的面积。

命题：一条抛物线弓形的面积是同底同顶点三角形的面积的 $\frac{4}{3}$（图 11-14、图 11-15）。

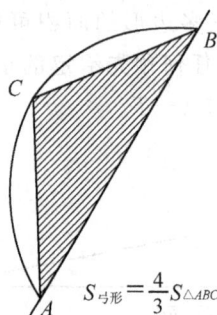
$$S_{弓形}=\frac{4}{3}S_{\triangle ABC}$$
图 11-14

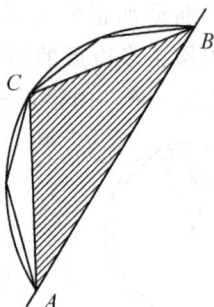
图 11-15

设三角形的面积为 S，显然，抛物线与三角形的底边所围成的弓形面积一定大于 S，因为三角形内接于这个弓形，有一小部分抛物线的面积没有被三角形覆盖。为此，阿基米德加了两个三角形，并用一种很巧妙的方法，证明了这两个三角形的面积之和为 $\frac{S}{4}$；加上这两个三角之后，仍然还有更小的一部分抛物线面积未被覆盖，于是他又加上了 4 个更小的三角形，并证明了这 4 个小三角形的面积之和为 $\frac{1}{4}\times\frac{S}{4}$，即 $\frac{S}{4^{2}}$。阿基米德不断地添加越来越小的三角形，每次新增加的小三角形的总面积都是前面三角形面积的 $\frac{1}{4}$。

如此一来，弓形抛物线的面积就是累加起来的三角形的面积：

$$S+\frac{S}{4}+\frac{S}{4^{2}}+\cdots=S\cdot\left(1+\frac{1}{4}+\frac{1}{4^{2}}+\cdots\right)。$$

这又是一个"无限"的过程，阿基米德能够看出 $1+\frac{1}{4}+\frac{1}{4^{2}}+\frac{1}{4^{3}}\cdots=\frac{4}{3}$。

现在我们可以很容易地进行如下运算：令 $x=1+\frac{1}{4}+\frac{1}{4^{2}}+\frac{1}{4^{3}}+\cdots$，则 $4x=4+1+$

$\dfrac{1}{4}+\dfrac{1}{4^{2}}+\dfrac{1}{4^{3}}+\cdots=4+x$，即 $3x=4$，这意味着 $x=\dfrac{4}{3}$。

阿基米德在《抛物线图形求积法》中，用上面的穷竭法求得了弓形的面积，同时还用双重归谬法严格地证明了抛物线下面的面积既不可能小于 $\dfrac{4}{3}S$，也不可能大于 $\dfrac{4}{3}S$，因此它必定等于 $\dfrac{4}{3}S$。

令人惊奇的是，据后来的考证，阿基米德首先是从力学上发现这一结果的，然后才用数学上的穷竭法求得，最后用双重归谬法进行严格证明。

阿基米德通过把圆周无限分割，得到一个边数不断增加的多边形(其实也就是无数个三角形)；把抛物线的弓形无限分割[用无数个三角形来铺满(覆盖)抛物线的弓形]，成功解决了圆和抛物线的弓形的面积问题。在德谟克里特(Democritus，约前460—约前370)"原子论"的哲学思想的影响下，这种方法发展为一种非常有效的方法——不可分量法(即把一个图形无限细分，分到不能再分，即"无穷小")。理解这个思想是理解积分概念的一个关键。

例如，人们可以通过这样一种方法来"演示"圆的面积：假设圆是由无数个顶点位于圆心而底在圆周上的"小得不能再小"的三角形所组成的(图11-16)，每个三角形的面积都是底边长与高的乘积的一半。对无数个"小得不能再小"的三角形而言，高就是圆的半径，而所有三角形的底边之和就是圆的周长，圆的面积就是

$$S_{圆}=\dfrac{1}{2}\cdot 2\pi r\cdot r=\pi r^{2}.$$

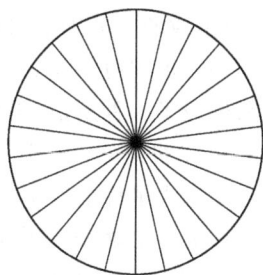

图 11-16

同理，我们将球面分成无数个"小得不能再小"的三角形(图11-17)，则整个球的体积为所有顶点在球心、底面在球面上的三棱锥的体积之和。对无数个"小得不能再小"的三棱锥而言，所有三棱锥的高就是球的半径，而所有小三棱锥的底面积的和就是球的表面积，球的体积就是 $V_{球}=\dfrac{1}{3}\cdot 4\pi R^{2}\cdot R=\dfrac{4}{3}\pi R^{3}.$

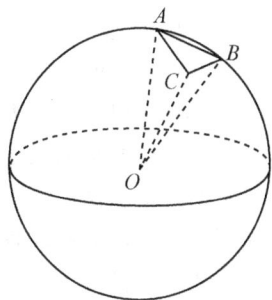

图 11-17

德谟克里特认为，世界万物都是由无限多个简单、永恒的原子组成的。这个哲学观对后来的数学家有着深刻的影响。数学家把这种观点引申到几何上，认为线是由点构成的，就像项链是由珠子穿成的一样；面是由直线构成的，就像布是由线织成的一样；立体是由平面构成的，就像书是由纸页组成的一样。在前面圆的情形中，所有分割点构成整个圆周，而要使小三角形的高都为圆的半径，只有当相邻两个分割点"重合"时才成立；在球的情形中，无数个小三棱锥的底面将铺满球面，而要使所有三棱锥的高都为球的半径，只有当每个小三棱锥的底面三角形的三个顶点"缩为一点"时才成立。换句话说，圆中小三角形的底边和球中小三棱锥的底面都是一个"无穷小"。

用"无穷小"方法来解决曲边形的面积是积分概念形成的重要源泉之一。

进入 17 世纪后，需要解决更多的曲边形的面积、弧的长度、旋转所形成的几何体的体积和表面积，以及与这类问题有关的求物体的重心等。

开普勒在探索行星运动的规律时，需要解决如何计算一个沿着椭圆轨道运行的行星与太阳的连线在某一时间段内扫过的面积问题。开普勒用"无穷小"方法，把给定的几何图形分成无穷多个"无穷小"的图形，然后用某种特殊的方法把它们加起来，通过取"极限"来求得面积。

开普勒还对表面为曲面的物体体积进行了研究。他注意到当时人们随意地对酒桶的容积进行估计，便使用无穷小切片的方法来计算葡萄酒桶的容积，在其名著《酒桶新立体几何》中，论述了 90 多种表面为曲面的几何体体积的计算。这本著作被誉为所有求体积方法的灵感源泉。

开普勒的方法对卡瓦列里（Bonaventura Cavalieri，1598—1647）、沃利斯等产生了很大的影响。1635 年，卡瓦列里把开普勒的"无限小元素法"发展为一种纯粹的几何方法，发表了关于求面积和容积方法的著作。在《用新方法促进的连续不可分量的新几何学》一书中，他把平面图看成是由不可分的"线"组成的，把立体图看成是由不可分的"面"（切片）组成的，分别把这些"线"或"面"叫作面积和体积的不可分量。卡瓦列里的方法后来又经托里拆利（Evangelista Torricelli，1608—1647）、费马、沃利斯等人的推广与改进，逐渐形成了一种所谓"不可分量法"，采用"分割·求和·取极限"的步骤求积。

17 世纪，天文学、物理学、数学都进入了一个蓬勃发展的时期。就数学学科而言，一个重大事件的发生，成为数学发展的转折点，它对整个科学界的影响和意义都是不可估量的，这就是解析几何的创立。

解析几何创立以前，关于求面积（体积），有的只是一些特殊、零星的发现。阿基米德、开普勒们解决的都是一些孤立的问题。每个个体问题都需要运用不同的技巧，虽然有效，却缺乏一般性。解析几何为创建一种具有普遍性的、新的计算系统创造了条件，并使可以解决的问题的范围大大扩大。

"不可分量法"的大量使用为提炼积分概念提供了基础。数学家将各式各样的求积问题置于平面直角坐标系中。解析几何的建立使平面不再是空荡荡的平面，赋有生动的数值（代数）特征。人们可以利用方程来代表各式各样的曲线。

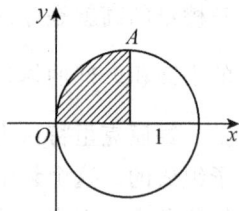

图 11-18

如求半径为 1 的圆面积，只需求出图 11-18 中阴影部分的面积，而此时圆方程为 $(x-1)^2+y^2=1$，即 $x^2-2x+y^2=0$，曲线 OA 可用函数 $y=\sqrt{2x-x^2}$ 表示。

对抛物线的弓形的面积，可归结为图 11-19 中阴影部分的面积，而弓形的曲线 OAB 可用抛物线方程 $y=ax^2+bx+c$ 来表示。

数学家将问题一般化：把曲边形面积的计算问题统一归结为求曲线 $y=f(x)$ 下的阴影部分的面积问题（图 11-20）。

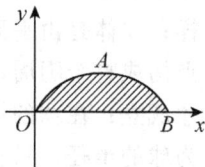

图 11-19

1657 年，法国数学家费马和帕斯卡提出了一种"分割・求和・取极限"的方法。

(1)统一用矩形带来分割曲边形(不再用三角形来分割)。

(2)用矩形的系列面积之和近似地替代曲边形的面积。

(3)利用曲线方程表示出各个分割矩形的面积，通过数列求和进而求极限的方法得到曲线形的面积。

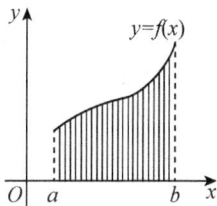

图 11-20

费马和帕斯卡的方法经沃利斯等人的完善，逐渐向积分概念迈进。积分法不再是对穷竭法的修修补补，而是从根本上改造了穷竭法，并进一步将"不可分量法"系统化、程序化。

考察一个典型的例子：计算抛物线 $y = x^2$ 从 $x = 0$ 到 1 的面积。

如图 11-21，用矩形来分割这个面积，构造一个由矩形组成的近似阶梯。比如，用 4 个分点将区间$[0，1]$分成长度相等的 5 段，然后在每一段上构造一个矩形，每个矩形的高度等于曲线 $y = x^2$ 在与该矩形右边界的交点处的高度，那么，这 5 个矩形的总面积是

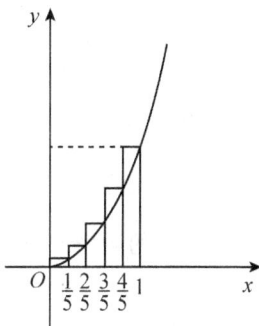

图 11-21

$$\left(\frac{1}{5}\right) \times \left(\frac{1}{5}\right)^2 + \frac{1}{5} \times \left(\frac{2}{5}\right)^2 + \frac{1}{5} + \left(\frac{3}{5}\right)^2 + \frac{1}{5} \times \left(\frac{4}{5}\right)^2 + \frac{1}{5} \times$$

$$\left(\frac{5}{5}\right)^2 = \frac{1^2 + 2^2 + 3^2 + 4^2 + 5^2}{5^3} = \frac{55}{125} = 0.44。$$

这个值只是依据 5 个矩形得出的 $y = x^2$ 在$[0，1]$之下的面积的一个近似值，显然比要求的那个面积要大，因为明显地多出了曲线上方的一部分。

为了更加逼近要求的面积，如图 10-22，将区间$[0，1]$10 等分，得到一个由 10 个矩形构成的阶梯。按照前面类似的计算，这 10 个矩形的总面积是 $\frac{1^2 + 2^2 + 3^2 + \cdots + 10^2}{10^3} = 0.385$。这个值是一个较之前更逼近的近似值。

如果将区间$[0，1]$100 等分(具体的图形就只能留在我们的想象中了)，这 100 个矩形的总面积由式子 $\frac{1^2 + 2^2 + \cdots + 100^2}{100^3}$ 确定，它的值为 0.33835，它更加逼近那个要求的面积。

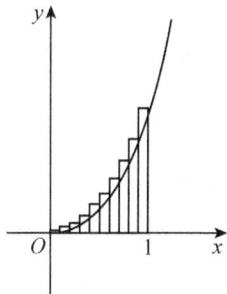

图 11-22

显然这里存在一个模式，如果我们把分割一般化，设为 n 等分，那么这 n 个矩形的总面积将是 $\frac{1^2 + 2^2 + 3^2 + \cdots + n^2}{n^3}$。

问题归结到一个著名的自然数的平方求和。我们有 $1^2 + 2^2 + 3^2 + \cdots + n^2 = \frac{n(n+1)(2n+1)}{6}$，代入可得 $\frac{1^2 + 2^2 + 3^2 + \cdots + n^2}{n^3} = \frac{n(n+1)(2n+1)}{6n^3}$，将这个结果变形为 $\frac{1}{6}\left(1 + \frac{1}{n}\right)\left(2 + \frac{1}{n}\right)$ 的形式。从中可以看到，当 n 无限增大时，$\frac{1}{n}$ 将趋近于 0，这样我们得到所求面积的那个值将是 $\frac{1}{6}(1+0)(2+0) =$

$\frac{1}{3}$（0.33…）。这个值被认为是一个精确值。

这就是积分概念中的"分割·求和·取极限"的过程。

类似地，我们可以求出 $y=x^3$ 在$[0,1]$下的阴影部分的面积（图 11-23）。

把 $[0,1]$ n 等分，n 个矩形的总面积为 $S=\frac{1^3+2^3+3^3+\cdots+n^3}{n^4}$，而对 $1^3+2^3+\cdots+n^3$ 求和，它的结果为 $\frac{1}{4}n^2\cdot(n+1)^2$，故 $S=\frac{n^2(n+1)^2}{4n^4}=\frac{1}{4}\left(1+\frac{2}{n}+\frac{1}{n^2}\right)$。当 n 趋近于无穷时，我们说 $\frac{2}{n}$ 与 $\frac{2}{n^2}$ 都趋近于 0，从而求出 $y=x^3$ 在$[0,1]$下的面积为 $\frac{1}{4}$。

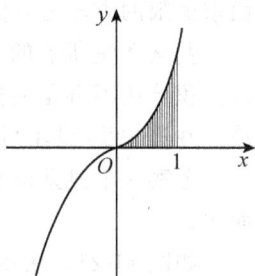

图 11-23

这里同样存在着一个模式，卡瓦列里、费马等人都找到了这个模式，得到 $y=x^n$ 在$[0,1]$下的阴影部分的面积为 $\frac{1}{n+1}$，或说幂函数 $y=x^n$（n 为正整数）从 $x=0$ 到 $x=a$ 区域内的面积为 $S=\frac{1}{n+1}a^{n+1}$。

费马的成果被看作一个意义重大的突破，因为它解决的是一类曲线（而不是一条曲线）的求积问题，特别是费马进一步把 n 从正整数推广到负整数，结论依然成立（但 $n=-1$ 除外）。

至此，我们可以整理一下头绪，引出积分的定义。积分寻找的是用一个统一的方法来求任意曲线界定的面积——求曲线 $y=f(x)$ 下从 a 到 b 的曲边梯形的面积。

如图 11-24 所示，点 t_1 和 t_2 把 a 到 b 的水平区间分成三个更短的线段，称为$[a,b]$的子区间，它们的长度记为 $\Delta t_1=t_1-a$，$\Delta t_2=t_2-t_1$，$\Delta t_3=b-t_2$。

接下来，在每个子区间上构造矩形。当然，不是任何矩形都可以的，因为它必须与曲线 $y=f(x)$ 有关联才行。为此，我们选择 a 到 t_1 这个区间上的矩形的高为函数在 t_1 处的值，即 $f(t_1)$。依此类推，我们把三个矩形的面积加起来，从而近似地求得曲线下的面积：

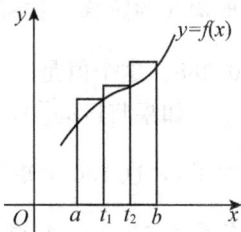

图 11-24

曲线下的面积 $\approx$ 矩形面积之和 $=f(t_1)\Delta t_1+f(t_2)\Delta t_2+f(b)\Delta t_3$。

显然，这个值是曲线下的面积相当粗略的近似，如何改进它们？

改进的技巧是取更多更小的矩形。如图 11-25，我们把从 a 到 b 的区间分成 6 个子区间：曲线下的面积 $\approx$ 矩形面积之和 $=f(t_1)\Delta t_1+f(t_2)\Delta t_2+f(t_3)\Delta t_3+f(t_4)\Delta t_4+f(t_5)\Delta t_5+f(b)\Delta t_6$。

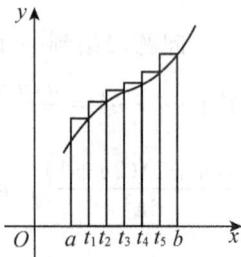

图 11-25

这是一个改进的结果，因为矩形更小。但为什么到 6 就停止呢？当我们把从 a 到 b 的区间分成 n 个子区间，在每个子区间上构建矩形，会得到下面的近似值：曲线下的面积 ≈ 矩形的面积之和 $= f(t_1)\Delta t_1 + f(t_2)\Delta t_2 + \cdots f(b)\Delta t_n$，$n$ 越大，矩形就越小，对问题中的面积的估测就越准确。但是，即使有一千个小矩形也不能给出曲线下的精确面积。为了得到面积的精确值，我们最后用到"极限"的思想。

极限的思想是积分的关键，不要止于一千或者一百万个矩形，我们让它的数量没有限制地增加，取当所有子区间的长度趋近于零的极限。在取极限之后，我们可以把"≈"替换成"="，去掉定词"近似"。数学家认为，当取过极限之后，其最终的面积就变成精确的值了。

解析几何因为建立了曲线与方程的联系，使代数的威力得以显现。数学家们把用"分割·求和·取极限"的方法求出的曲线下方区域的面积，定义为函数在某一区间内的积分，更准确的名称叫定积分。

定义：如图 11-26，函数 $f(x)$ 在区间 $[a,b]$ 上的定积分为曲线 $f(x)$ 在 $[a,b]$ 下的面积，用代数形式表示为 $\lim\limits_{n\to\infty}[f(x_1)\cdot\Delta x + f(x_2)\Delta x + \cdots + f(x_n)\Delta x]$，用求和符号"$\sum$"表示为 $\lim\limits_{n\to\infty}\sum\limits_{i=1}^{n} f(x_i)\cdot\Delta x$，其中 Δx 为分割子区间的长度。

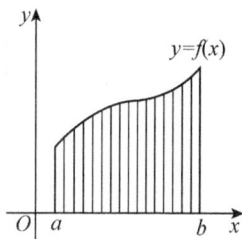
图 11-26

17 世纪中叶，德国数学家莱布尼茨赋予积分一种新的表示符号。如图 11-27，这个区域由无限多个无穷小的矩形组成，动点 x 从 a 到 b，莱布尼茨把矩形的宽度用 $\mathrm{d}x$ 表示，每一个矩形的高为 y（$y=f(x)$，y 随曲线 AB 形状的变化而变化），那么无穷小矩形的面积为 $y\cdot\mathrm{d}x$，对这无穷多个面积"求和"。他选用伸长的"s"——"$\int$"作为表示这个求和过程的记号，这样，这个面积的和就表示成了 $\int y\mathrm{d}x$，从此以后，他的积分符号成为一种标志，向所有看到它的人宣告微积分时代的来临。

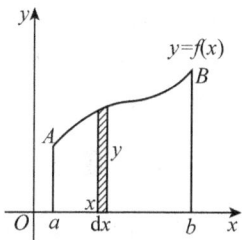
图 11-27

莱布尼茨的积分符号"$\int$"代表的是一个求和的过程，求这个积分的过程称为积分法。这个表示法简洁、明了，自它诞生之日起一直沿用至今。如图 11-28 中的各个阴影部分的面积，我们可分别表示为 $\int_0^a x^2\mathrm{d}x$，$\int_0^r \sqrt{r^2-x^2}\,\mathrm{d}x$，$\int_0^\pi \sin x\mathrm{d}x$，$\int_0^b f(x)\mathrm{d}x$。

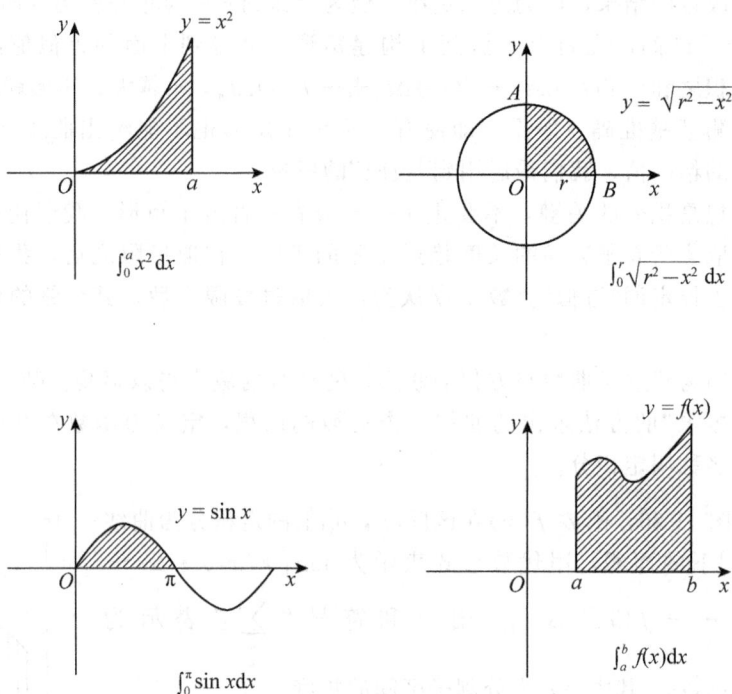

$$\int_0^a x^2 \, dx$$

$$\int_0^r \sqrt{r^2 - x^2} \, dx$$

$$\int_0^\pi \sin x \, dx$$

$$\int_a^b f(x) \, dx$$

图 11-28

提出一个表示面积的记号是一回事，而如何计算它是另一回事。如果光有这个记号，在计算时还要回到"分割·求和·取极限"上。这里的关键是莱布尼茨不仅提供了一个好的符号表示，更重要的是他还揭示了一种新的积分计算方法。

讲到这里，我们仿佛看到了另一路数学大军正向我们赶来，这就是下面我们要了解的——微分。

二、微分

我们生活在一个不停地运动的世界中，大部分的运动都可看作是规则的，展现了可以从数学中得到的某种规则模式。不过，由于数学工具本质上都是静态的，像点、线、方程式等都难以表现在运动之中。因此，为研究运动与变化，人们必须找出新的方法，使得这些静态的工具，可以施加在有关变化的模式上。

人类大约花了两千年的时间才完成这一项壮举，从而实现了数学的发展由常量时期向变量时期的伟大转变。

17 世纪，天文学、力学、运动学和机械学等领域得到快速的发展，大量的科学问题需要得到数学处理，其中的主要问题集中在以下四种类型。

1. 第一类问题是求运动物体的速度或距离

已知物体移动的距离表示为时间的函数，求物体在任意时刻的速度（或加速度）；反过来，已知物体的运动速度表示为时间的函数，求物体在某时间段运动的距离。

这类问题是研究运动时直接出现的。其困难在于问题涉及的速度（或加速度）每时每刻都在变化，这给量化带来了困难。比如，计算瞬时速度，就不能像计算平均速度那样，用运动的距离除以运动的时间。因为在给定的时刻（瞬时），移动的距离和所用的时间都是 0，而 $\frac{0}{0}$ 是没有意义的。但是，一个运动的物体在它运动的每一时刻必有速度，这是无疑的。同样，已知速度公式求移动距离的问题，也遇到同样的困难。因为速度每时每刻都在变化，不能简单地用运动的时间乘速度来得到移动的距离。

2. 第二类问题是求曲线的切线

这问题的重要性来源于好几个方面，对科学应用有巨大的作用。比如，在变速运动中，运动物体在它的轨迹上任一点的运动方向是轨迹上的点的切线方向，如何用数学进行描述呢？

光学是 17 世纪的一门重要的科学。要研究光线通过透镜的通道，必须知道光线射入透镜的角度以便应用反射定律，这里重要的角是光线同曲线的法线间的夹角（图 11-29），法线是垂直于切线的，因而问题聚焦于切线。

3. 第三类问题是求函数的最大值与最小值

这类问题在各种应用中都非常重要，如消耗（成本）最低、利润最大化等。就军事而言，炮弹在炮筒里射出，它运动的水平距离（即射程）依赖于炮筒与地面的倾斜角（即发射角）。17 世纪初期，伽利略断定最大射程在发射角时达到，他还得出炮弹从各个不同角度发射后所达到的不同的最大高度。天文学中研究行星的运动，也涉及最大值和最小值的问题。例如，求行星离开太阳的最远和最近的距离。

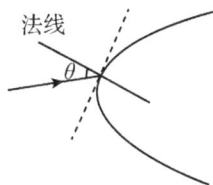

图 11-29

4. 第四类问题是求曲线长

古希腊人用穷竭法求出了一些面积和体积，但他们只是解决了一些孤立的问题，缺乏一般性，解决的问题有限。虽然后来的数学家们建立了"分割·求和·取极限"的一般方法，但当遇到越来越复杂的函数时，求和的过程也会变得异常复杂，需要找到新的算法途径来取得突破。例如，行星在已知时间内移动的距离；曲线围成的面积，曲面围成的体积；物体的重心；一个体积相当大的物体（如行星）作用于另一物体上的引力等。

为解决前三类问题，"微分"的概念应运而生。微分学是关于变化的数学，即通过把握事物微小变化或瞬间特征（如计算不断变化事物的瞬时变化率）来研究事物整体的一种方法。处理变化事物时，变化率是一个必须充分考虑的概念。而在变量的变化率中，我们需将平均变化率与瞬时变化率区别开来。例如，某人用 3 h 驾车行驶了 180 km，我们说他的平均速度即平均变化率是每小时 60 km。显然，这个数字并不能代表在这段旅途中任何一个特定的瞬间，因为汽车的速度是变化的。比如，在某个时刻，驾驶员瞥了一眼汽车的速度计，指针的读数是 70 km/h，这个量就是一个瞬时速度。

变速运动正是 17 世纪科学家所面临的主要问题。开普勒第二定律所描述的行星运动，就不像古希腊人和文艺复兴以前的其他科学家所认为的那样以恒定的速度运动，而是以一个连续变化的速度运动着。类似地，按照伽利略理论，靠近地球表面的物体的上升与下落，在其运行过程中的速度也在连续变化。在处理这些运动时，科学家碰到对瞬时速度的精确计算的困难是——在某一瞬间，物体运行的距离是 0，所花的时间也是 0，而 0

除以 0 没有意义。

只有利用一种非同寻常的方法，才能成功地计算出瞬时速度。

牛顿想到一个绝妙的主意来绕过"0 除以 0"的陷阱。

例如，怎样计算出小球在自由下落时第 10 s 的瞬时速度？

牛顿从第 10 s 开始，以一段非常小的时间间隔来代替那个"瞬时"。这个增加的时间非常小，几乎是 0，但关键是它并不是 0。牛顿首创了用小"o"符号来表示变量 x 的无穷小增量，称为"瞬"。这里我们将增加的这个"无限小时间"称为"deltat"，在书面上用希腊字母 Δ（"delta"）写成 Δt。

小球的运动状态可用 $h = \frac{1}{2}gt^2$ 来描述，第 10 s 的一个时间增量记为 Δt，那么小球在这个时间间隔 $[10，10+\Delta t]$ 内的平均速度为

$$\frac{\Delta h}{\Delta t} = \frac{\frac{1}{2}g(10+\Delta t)^2 - \frac{1}{2}g \times 10^2}{(10+\Delta t)-10} \tag{3}$$

$$= \frac{\frac{1}{2}g(20\Delta t + \Delta t^2)}{\Delta t} \quad (g=9.8 \text{ m/s}^2)$$

$$= \frac{4.9\Delta t^2 + 98\Delta t}{\Delta t} \tag{4}$$

$$= 98 + 4.9\Delta t。 \tag{5}$$

牛顿令 $\Delta t = 0$，得到小球第 10 s 的瞬时速度为 98 m/s。

牛顿的瞬时速度不是直接由距离除以时间来定义的，而是通过引入了一个无穷小的时间间隔来替代瞬时，用平均速度来逼近（达到）瞬时速度——一个当时间间隔趋近于 0 时，平均速度趋近的那个数值。

当然，如果我们计算的不是第 10 s 的瞬时速度而是第 t s 的瞬时速度，同样可得小球在 $(t，t+\Delta t)$ 这个时间间隔内的平均速度为 $\dfrac{\frac{1}{2}g(t+\Delta t)^2 - \frac{1}{2}gt^2}{\Delta t} = gt + \frac{1}{2}g\Delta t$，那么，当 Δt 趋近于零时，小球在第 t s 末的瞬时速度就等于 $9.8t$。这样，我们就得到了任意时刻 t 的瞬时速度。

在这个例子中，距离与时间的关系是 $h = \frac{1}{2}gt^2$，距离对时间的瞬时变化率即瞬时速度为 gt，即 $v=gt$。在这个基础上，牛顿进一步计算速度对时间的瞬时变化率（即瞬时加速度）为 $\dfrac{g(t+\Delta t)-gt}{\Delta t} = g$，而这正是自由落体常数。

牛顿在通过运动学来定义和计算瞬时速度的方法中，变量 h 代表距离，t 代表时间，但就数学方面来说，对变量 h，t 并没有做特殊的要求，这些量可以是具有任意意义的变量。这样，我们就可以用计算在某一时刻距离与时间变化率的相同的数学程序，去计算一个变量对另一个变量的变化率，从而使这种方法具有更一般的意义。

例如，大气压强随着地球表面高度的变化而变化。对于这个函数，我们能够计算出

在任意给定的高度，高度对压强的变化率。

如果变量代表商品的价格，另一变量代表时间，那么我们也能够计算出在任何时刻价格对时间的变化率。

上述方法可以使我们能够定义、计算成千上万种变量的变化率。于是，微分学可以定义为这样的一门学科：它处理的是一个变量对另一个相关变量的瞬时变化率概念，而这个概念具有各种各样的应用。

牛顿曾说，理解导数的最好方法是考虑速度。正是从这里开始，牛顿向我们展示了他通向微分的道路。

牛顿的微分带有明显的运动学特征，他把时间和动点的位置都看成变量，认为变量就是量的连续运动，并把它们形象地称为流量，把一个变量对另一个变量的瞬时变化率称为流数。如果两个变量是 y 和 x，它们的函数关系为 $y = f(x)$，那么变量 y 对变量 x 的瞬时变化率为 $\lim\limits_{\Delta x \to 0} \dfrac{\Delta y}{\Delta x} = \lim\limits_{\Delta x \to 0} \dfrac{f(x + \Delta x) - f(x)}{\Delta x}$，这个极限值被称为变量 y 对 x 的导数，牛顿用在变量 y 上面加一点来表示导数，即 $\dot{y} = \lim\limits_{\Delta x \to 0} \dfrac{\Delta y}{\Delta x}$。求变量 y 对 x 的导数的过程叫微分。

另一条通向微分道路的关键概念是曲线的切线。

17 世纪的数学家在科学实践中经常会碰到以下的一些问题，如人们很容易画出平面的反射光线，那么，在曲面上光是如何反射的呢？又如已知物体的运动轨迹，如何确定它在某一时刻（某一点）的运动方向；我们很容易确定斜坡的坡度，但拱桥的坡度又如何确定？诸如此类的问题都与切线有关。

古希腊数学家把切线定义为"与曲线只有一个公共点，且位于曲线一侧（不穿过曲线）的直线"。这个定义有明显的缺陷，一个缺陷是一个交点的说法显然不适用于所有的曲线，如图 11-30 所示。另一个缺陷是这个定义属于一种静态的直觉定义。一个交点只是一种定性的描述，这其实也是很自然的，因为那时解析几何尚未建立，人们面对的平面是一个几何的平面；在这个平面上用几何方法很难对切线做出定量的描述。

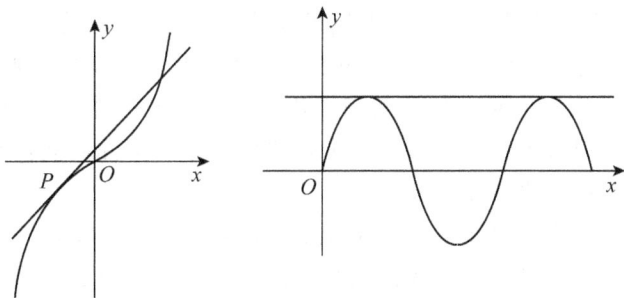

图 11-30

后来的数学家发现了切线的一些构造法。他们从古代的割圆术中得到启示：圆的切线可看作圆内接无穷多边形一边所在的直线（圆可看作边数为无穷的正多边形），进而提炼出"圆的切线是割线的极限位置"的观念，并推广至所有曲线。

"切线是割线的极限位置"这就是数学家们关于切线的新的定义——一种动态的定义。在这个过程中，笛卡儿、费马、巴罗(Isaac Barrow，1630—1677)、托里拆利等都做了卓有成效的探索。法国数学家罗伯瓦(Roberral，1602—1675)则从运动的角度出发，将切线看作描画曲线的运动在这点的方向，这两种不同的观点，拉开了微分学的序幕。

如何给出切线的定量描述呢？数学家创造出斜率这一概念。

我们先给出直线斜率的定义，如图 11-31，l 是 xOy 平面内的一条直线，在 l 上任意选择两点 $A(x_1，y_1)$ 和 $B(x_2，y_2)$，这两点决定一个 Rt$\triangle ACB$，这条直线的斜率用 $\dfrac{|BC|}{|AC|}$

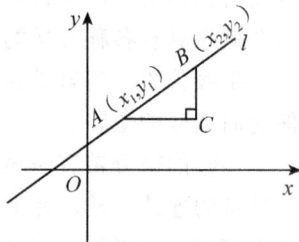

图 11-31

表示，即 $k=\dfrac{y_2-y_1}{x_2-x_1}$，也就是直线 l 上的点上升的高度(y 的改变量)与水平的移动(x 的改变量)之比。它也表示直线与水平面构成的角的正切值，斜率能衡量一条直线的陡峭度。

如图 11-32，如果一条直线的斜率是 $\dfrac{2}{5}$，那么意味着当 x 增加 5 个单位时，y 会增加 2 个单位，直线缓缓上升；如果斜率是 $\dfrac{5}{2}$，则表明当 x 增加 2 个单位时，y 增加 5 个单位，此时攀升速度相当快。在生活中，泥工师傅称斜率为(屋顶的)斜度，而公路工程师称之为道路的坡度：一个"A——结构"的房屋，其最小斜度应为 1.3，以便泻雪，而高速公路的坡度最多为 0.06，以保障汽车的行驶安全。

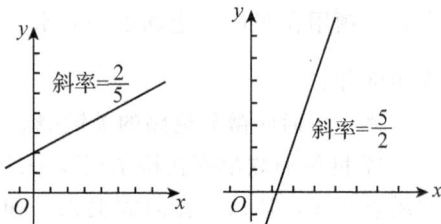

图 11-32

斜率有非常大的现实意义。假设一架运动的飞机，用 x 代表飞机在高空中飞行的时间，y 是它在 x 内飞行的距离。如果 $x-y$ 关系的图像是一条直线，那么这条直线的斜率即为单位时间变化(x 的变化)所对应的距离的变化(y 的变化)，即斜率代表飞机的速度(每小时的千米数)，这个速度对飞行员来说非常重要。

如果我们考虑经济学问题，在某个制造过程的两个变量：x 是生产出的产品数量，y 是销售 x 件产品后产生的利润，如果 $x-y$ 关系的图像是一条直线，那么这条直线的斜率为对应于单位销售量的变化而产生的利润变化，即每增加一件产品销售所增加的效益。经济学家对这个概念很重视，给它起了一个特定的名字叫边际利润，它的值通常作为企业对产品决策的一个重要的参考数据。

类似的还有很多斜率的例子，如汽车加油，消耗每升汽油能行驶的千米数；汽车过磅，每吨质量的价格等。斜率就在我们的身边。数学应用中只要涉及一个量相对于另外一个量的变化比率，就会体现斜率的思想。

这些都是斜率理论适用于直线的情形。因为在直线上任取两点，由 $\Delta y/\Delta x$ 求出的斜率都是一样的，几何中的相似理论可以保证这一点。然而，现实世界的很多现象会显现出多变的、非线性的性质——这些现象表现出来的通常是一条曲线：飞机不可能以某个固定的速度飞行，生产过程也不可能呈现出不变的边际利润。在数学上，我们需要确定的是一条曲线的斜率，这个问题引领我们进入微分学领域。

考虑一个简单的抛物线 $y=x^2$，如图 11-33，显示出曲线 $y=x^2$ 的一部分。抛物线在靠近点 O 的地方的切线一点儿也不陡，但当动点沿着这曲线从 O 向右移动时，切线的陡峭度增加，如在点 B 处曲线就很陡。因为整个抛物线不像直线那样具有固定的斜率，动点沿着这条曲线移动时，要不断地改变方向，斜率也在随时变化。

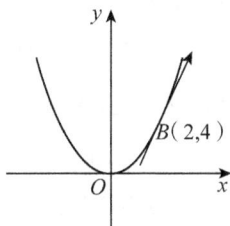

抛物线由无数个动点组成，我们先考虑如何解决抛物线上某一点的斜率。取曲线上一点 $B(2，4)$，如何确定抛物线在这点的斜率呢？

图 11-33

我们把曲线 $y=x^2$ 想象为一颗彗星的轨道，轨道上任意一点的切线，表明这颗彗星在该点的运动方向。如果引力突然消失，彗星就会"飞速跑到切线上去"，这条切线的斜率被定义为抛物线在点 B 处的斜率。

求出这切线的斜率存在困难，因为最初斜率被定义为 $\dfrac{y_2-y_1}{x_2-x_1}$，需要直线上的两个点来计算，然而本例中我们只知道切线上的一个点，即 $B(2，4)$，但另一个点在哪里呢？——不知道。

也许你会在切线上再任意找出一点，算出这条切线的斜率，但切线与抛物线只有一个公共点，那么你找的切线上的另一点不在抛物线上，与抛物线没有关联。

数学家给出了绕过这一障碍的方法，那就是在抛物线上再找出一点，作出抛物线的一条割线，通过这点的运动，用割线来逐步逼近切线，那么这条割线的斜率就间接地逼近这条切线的斜率。这个步骤的意义在于用曲线上的二点决定的直线（割线）来逼近切线，从而与曲线的联系密切，能更好地反映曲线的特征。

对过点 $B(2，4)$ 的切线，我们取抛物线上的另一点，如点 $C(2.5，6.25)$，通过点 B，C 的直线为曲线的割线，容易算出其斜率为 $k=\dfrac{6.25-4}{2.5-2}=4.5$。

在抛物线上选出一个比点 C 更靠近 $B(2，4)$ 的点。比如，我们取 $x=2.2$，$x=2.1$，$x=2.001$，…并计算出相应的割线的斜率，这样的一连串计算出现在下面的表格里。

抛物线上连接点 C 与点 $B(2，4)$ 的割线的斜率如表 11-1 所示。

表 11-1

(2.5，6.25)	4.5
(2.2，4.84)	4.2
(2.1，4.41)	4.1
(2.01，4.0401)	4.01
(2.001，4.004001)	4.001
…	…

这里存在一个模式：当我们取的点沿抛物线向 $B(2，4)$ 移动时，对应的割线也旋转着更加靠近过点 B 的切线，它们的斜率会逐渐逼近切线斜率的更精确的估测值。我们能

猜测出问题中的切线斜率是这些割线斜率无限靠近的那个数——抛物线 $y=x^2$ 在点 $B(2,4)$ 处的切线的斜率是 4。

用极限的语言来描述，取靠近 $B(2,4)$ 的一点 $C(x_0, x_0^2)$，当 x_0 无限趋近 2 时，割线 BC 的斜率 $\dfrac{x_0^2-4}{x_0-2}$ 的极限值即为过 $B(2,4)$ 点切线的斜率，即 $k=\lim\limits_{x_0\to 2}\dfrac{x_0^2-4}{x_0-2}=\lim\limits_{x_0\to 2}(x_0+2)=4$。若再求同一抛物线在点 $(1,1)$ 处的斜率，同样可以像上面一样制作一张类似的表格，最终抓住那个逐渐逼近的斜率，用极限的语言来表述，即抛物线 $y=x^2$ 在点 $(1,1)$ 处的斜率为 $k=\lim\limits_{x_0\to 1}\dfrac{x_0^2-1}{x_0-1}=\lim\limits_{x_0\to 1}(x_0+1)=2$。

我们采取更抽象的观点，把这个问题一般化，而不再关注特定的点，找到求抛物线 $y=x^2$ 上任意点 P 处的切线的斜率的一个公式。

设抛物线 $y=x^2$ 上一点 $P(x,y)$，选择一个靠近点 P 的点，使用割线的斜率逼近切线的斜率。

如图 11-34 所示，习惯上把"邻近"点 P 的点 Q 的横坐标记为 $x+h$。之所以这样做，是因为 h 是非常小的一个量，是一个只超出 x 一点儿的小增量，于是通过 P，Q 两点的割线的斜率为

$$k=\frac{y_2-y_1}{x_2-x_1}=\frac{(x+h)^2-x^2}{(x+h)-x}=\frac{2xh+h^2}{h}=2x+h。$$

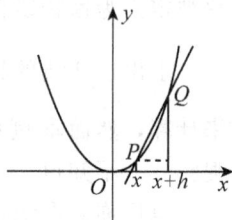

图 11-34

根据极限的观点，在确定这条切线的精确斜率时，只需要取当 h 趋近零时这条割线的极限就可以了，因此，切线的斜率由下面的极限给出：

$$\lim\limits_{h\to 0}(2x+h)=2x。$$

至此，我们求出了抛物线 $y=x^2$ 上任一点 $P(x,y)$ 的斜率，即 $k=2x$，因 x 在变化，所以这个斜率公式也是一个函数，即函数 $y=x^2$ 的斜率是函数 $y=2x$。

数学家把由函数 $y=x^2$ 推导出来的新函数 $y=2x$ 叫作函数 $y=x^2$ 的导函数（简称导数），求一个函数的导函数的过程叫微分。

微分学的目标是发展更一般的情形。数学家不会局限于处理抛物线，他们从一般曲线 $y=f(x)$ 开始，求其上任意点 (x,y) 处的切线的斜率：在曲线上选择一个邻近点 $(x+h, f(x+h))$，定义导数是 $\lim\limits_{h\to 0}\dfrac{f(x+h)-f(x)}{(x+h)-x}$（即 $\lim\limits_{\Delta x\to 0}\dfrac{\Delta y}{\Delta x}$）。

莱布尼茨把导数 $\dfrac{\Delta y}{\Delta x}$ 记为 $\dfrac{\mathrm{d}y}{\mathrm{d}x}$。后来的拉格朗日引入了一个更简洁的记法，使用符号 $f'(x)$ 表示 $f(x)$ 的导数，这样就得到一个所有微分学书籍中都可以找到的基本公式：

$$f'(x)=\lim\limits_{h\to 0}\frac{f(x+h)-f(x)}{h}。$$

从这个定义出发，可以求出许多函数的导函数。比如，当微分 x 的幂函数时，可得到 $f(x)=x^3$ 的导数为 $f'(x)=3x^2$，$f(x)=x^4$ 的导数为 $f'(x)=4x^3$，即求形如 $f(x)=x^n$ 的函数的导数时，一个非常优美的模式出现了：若 $f(x)=x^n$，则 $f'(x)=nx^{n-1}$。

这是一个重要的规则，一类曲线（幂函数）的性质及其切线的性质就蕴藏在这个简洁的模式中。这个模式会被用来求一般函数的导数。这里通常分两步：一是把 $f(x)$ 表示成

多项式或幂级数；二是求 $f(x)=ax^n$ 的导数，而幂级数的导数等于每一项导数之和，在 17 世纪，导数大都是这样求出来的。

如同计算曲线下的面积那样，计算曲线的斜率也是一个极限过程，这个极限即过曲线上的点的切线的斜率，反映了曲线上运动的点的瞬时变化率和在该处的运动方向。"微分"这个词，来源于 $f'(x)$ 是微差 Δy 除以微差 Δx 的极限，即 $f'(x)=\lim\limits_{\Delta x\to 0}\dfrac{f(x+\Delta x)-f(x)}{\Delta x}$，也称为"微商"（这里的"$\Delta x$"是一个无穷小的量）。

许多实际问题需要确定一个函数 $y=f(x)$ 的极大值与极小值，这在数学理论和应用两方面都是非常重要的。在什么条件下，我们可以极大化我们的利润，极小化消耗或成本？极值问题是现实中左右我们做出各种决策的关键。

在函数的图像中，极大值对应一个峰顶，它比相邻的其他点都高，而极小值对应谷底，它比相邻的点都低，而导数能很好地刻画曲线的变化特征。对曲线 $y=f(x)$ 的变化来说，如果在一个点有正的导数，即 $f'(x)>0$，就表示该点的曲线上升；负的导数 $f'(x)<0$，表示曲线下降；$f'(x)=0$ 表现的是曲线在点 x 既不上升，也不下降——处于一个水平方向，这意味着在极大值点或极小值点处，斜率必然是零。因此，对于函数 $f(x)$，通过解方程 $f'(x)=0$，就可以找到函数 $f(x)$ 的极大值点或极小值点的位置。这正是费马提出的方法"一阶导数等于 0"，它在众多学科中都有着广泛的应用（图 11-35）。

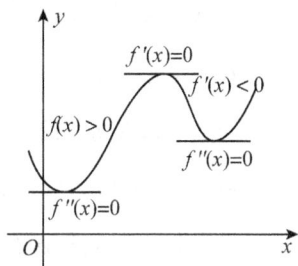

图 11-35

三、微积分

在学习微积分之前，我们先回忆一下数学界为了准备这一伟大发明所历经的探索过程。微积分的发明是众多学者长期探索发展起来的一连串数学思想的结晶。

在经过半个世纪的酝酿与努力之后，积分、微分的大量知识积累起来了，人们把面积、体积、弧长、重心等问题的共性提炼出来建立了积分学，把变化率、切线、极值等问题的共性提炼出来建立了微分学，但它们开始时是两个相互独立的系统，没有人注意到它们之间的联系并将这个联系作为一般规律明确提出，进而建立一种新的算法系统。

微积分学的基础已经具备，但还剩下最后一步有待迈出。正如美国数学家 M. 克莱因（Morris Kline，1908—1992）所说："这个人要能敏锐地从纷乱的猜测和说明中清理出前人有价值的想法，有足够的想象力把这些碎片重新组织起来，并且足够大胆地制定一个宏伟的计划。"

最先洞察到其中奥秘的是牛顿。积分和微分概念的建立，都是和函数图像的几何观念相联系的，但是导数概念的意义绝不只是求曲线切线的斜率问题。自然科学中，更重要的问题是计算随时间 t 而变化的某个量 $f(t)$ 的变化率。对牛顿来说，微积分的基本思想是同运动有关的：一个方程中的变量都被看作——至少是隐含地——依赖于时间的距离。牛顿把这些变量形象地称为流量，时间是所有流动量的自变量。

1671 年，牛顿在《流数法与无穷级数》中，用清晰准确的语言阐述了微积分的两个基本问题：

1. 已知连续运动距离与时间的关系，求任何指定时刻的运动速度（微分法）。

2. 已知连续运动速度与时间的关系，求任何指定时间内的运动路程（积分法）。

问题 1 与问题 2 联系起来考虑，这个模型沟通了微分和积分的关系——它们通过一个定理密切地联系在一起，这个定理就是我们今天的微积分基本定理。

牛顿之前，伽利略在处理匀加速运动时，证明了在速度—时间曲线下的面积就是距离。这个结论使托里拆利也认识到，变化率（导数）的问题本质上是面积（积分）的逆问题。

问题：在速度—时间坐标下，求时间间隔 $[a, b]$ 内运动物体的距离。

把 $[a, b]$ 分成 n 个区间，在每一个微小区间 $(\Delta t = t_{i+1} - t_i)$ 内，物体运动的平均速度可用端点的瞬时速度来替代，这样运动物体所走的路程就是

$$V(t_1) \cdot \Delta t + V(t_2) \cdot \Delta t + \cdots + V(t_n) \cdot \Delta t = \sum_{i=1}^{n} V(t_i) \cdot \Delta t。$$

而这个和就是如图 11-36 所示的所有小矩形的面积和，这正是函数 $V(t)$ 在 $[a, b]$ 上的定积分 $\int_a^b V(t) \mathrm{d}t$。

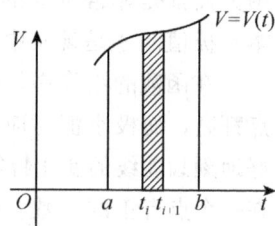

图 11-36

设路程—时间的函数关系为 $S(t)$，则运动物体在 $[a, b]$ 时间内所走的路程可表示为 $S(b) - S(a)$，故我们有

$$\int_a^b V(t) \mathrm{d}t = S(b) - S(a)。 \tag{6}$$

另外，在路程—时间的函数关系 $S = S(t) \, t \in [a, b]$ 中，$\frac{\Delta s}{\Delta t}(\Delta t \to 0)$ 代表的是时刻 t 的瞬时速度，即函数 $S(t)$ 的导数 $S'(t)$（速度是路程对时间的导数）。

$$V(t) = S'(t)。 \tag{7}$$

这样我们就有：若 $S'(t) = V(t)$，则 $\int_a^b V(t) \mathrm{d}t = \int_a^b S'(t) \mathrm{d}t = S(b) - S(a)$。

把这个结论一般化，我们就得到一个重要的公式：

若 $F'(x) = f(x)$，则 $\int_a^b f(x) \mathrm{d}x = F(b) - F(a)$，函数 $F(x)$ 叫作函数 $f(x)$ 的原函数。这个公式就是微积分基本定理，史称牛顿-莱布尼茨公式。

微分学的发展带来了一个令人意外的奖品，这是一个难以被人洞穿的东西：微分的基本模式与底蕴在面积（或体积）计算下的积分模式有关联！更直白地说，面积的计算本质上是微分——寻找切线斜率的过程——的逆运算，犹如开门和关门，这是一个令人惊奇的结果，这个关键的发现，是数学史上最重要的时刻。

牛顿在《流数法与无穷级数》中指出："一旦（反微分）问题可解，许多问题也将迎刃而解。"他在文中用了大量篇幅讨论正、反微分运算的各种应用，处理了求曲线切线、曲率、拐点、曲线求长、求积、求引力与引力中心等共 16 类问题，展示了牛顿算法的普遍性。

在微积分的创立中，与牛顿共享荣誉的是莱布尼茨。

牛顿建立微积分主要是从运动学的观点出发，而莱布尼茨则侧重于几何学的角度。如图 11-37，当 P，Q 是一条曲线上无限靠近的两点时，$\mathrm{d}x$ 是它们的横坐标之差，$\mathrm{d}y$ 是它们的纵坐标之差，而且点 P 处的切线与弧 PQ 重合，因此 $\mathrm{d}y$ 除以 $\mathrm{d}x$，就是切线的斜率，$\triangle PQR$ 被称作特征三角形。帕斯卡和巴罗早些时候也研究过，他们称之为"微分三角形"。莱布尼茨用它来证明有关 $\dfrac{\mathrm{d}y}{\mathrm{d}x}$ 的一些结果。

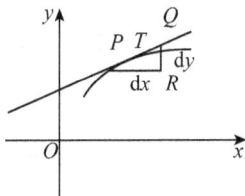

图 11-37

而对积分，莱布尼茨将曲线 $y = f(x)$ 下面区域的面积想象成是由无限多个小的矩形构成的，每个矩形的宽度为 $\mathrm{d}x$，高度为 y，y 的值随曲线 AB 的形状变化而改变。无限小矩形的面积为 $y\mathrm{d}x$，所有面积的求和即 $\displaystyle\int y\mathrm{d}x$（图 11-38）。

恰当的符号表示有助于莱布尼茨思考微分和积分之间的本质联系。

和牛顿一样，莱布尼茨认识到积分不仅仅是曲线下面积的和，也是微分的逆运算。在致洛必达（Marquis de I'Hôpital，1661—1704）的一封信中，莱布尼茨简洁地总结了微分与积分的关系："求切线不过是求差，求积不过是求和。"两年后，莱布尼茨发表了他关于微积分的这个成果。

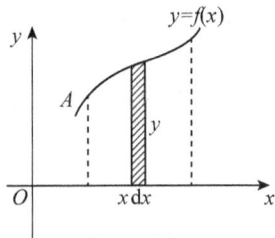

图 11-38

解析几何将变量引进了数学，使运动与变化的定量表述成为可能，从而为微积分的创立搭起了舞台。在这个过程中，函数始终是微积分学的中心概念。

微分学提供了描述运动和变化的一种有力的方法，微分的目的在于获得某种变化中的量的变化率。对于给定的那个描述运动和变化的函数关系式，微分作用在这个关系式上，给出变量变化率的另一个公式，正如算术加法是一种在数字上执行的运算一样，微分是一种在函数上执行的运算。导数（导函数）——从函数 $f(x)$ 出发而推导出来的另一个函数 $f'(x)$。其中，$f(x)$ 是曲线 $y = f(x)$ 在点 x 的高度，$f'(x)$ 是曲线 $y = f(x)$ 在点 x 的斜率（切线的斜率）。

函数概念对于积分同样意义重大。早先的人们研究的都是一个个特殊图形的求积问题，对这些孤立的问题，需要不同的技巧进行单独处理。开普勒的酒桶里蕴藏着众多的秘密。解析几何的建立，把面积问题归根到曲线下的曲边形的求积（体积由曲线旋转而成），按解析几何的思想，曲线即方程（函数），方程（函数）即曲线。这样，求积分的问题也就归到已知一个函数，求它的积分函数的问题上来，人们再也没有必要对每一种特定的问题都用某种特殊的方法来处理。

如此一来，处理微分和积分的问题，都成为函数的问题。对某一函数 $f(x)$，我们可以对它实施微分运算或积分运算，得到它的导函数 $f'(x)$ 和积分函数 $\displaystyle\int f(x)\mathrm{d}x$，这两个结果都将产生一个新的函数。我们同样可以再对这个新的函数实施微分和积分运算。这样微分和积分的关系就将显露出来，就像数字计算上的加法与减法，乘法与除法一样。

在 17 世纪 40 年代中期，费马就已经确定出任何形如 $y=x^n$ 的曲线下的面积（$y=x^{-1}$ 除外），并且能够做出 $y=x^n$ 这些曲线的切线。费马在微分和积分两个问题上都作出了贡献，但没有意识到两者的互逆关系。今天的我们在看到从 0 到 x 的 $y=t^n$ 下的积分是函数 $\dfrac{x^{n+1}}{n+1}$，而 $y=\dfrac{x^{n+1}}{n+1}$ 的导数是函数 x^n，可能会立即意识到两者的互逆性质。

如图 11-39，曲线 $y=f(x)$ 描绘出一个面积，它决定一个面积函数：对任意 x，将有一个对应的面积 $A(x)$。

即使我们不知道它的公式 $A(x)$，但仍然可以对这个函数实施"微分"运算。

我们来考察，当给变量 x 一个小的增量 h 时，面积 $A(x)$ 如何变化。显然，新的面积可以被分解成两部分：$A(x)$ 加上一小块新增的面积，几乎是长方形的面积，长方形的宽是 h，高是 $f(x)$，因此增加的面积是 $hf(x)$，这样，整个面积由下列逼近给出：

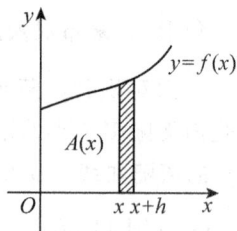

图 11-39

$$A(x+h)\approx A(x)+hf(x)。$$

上面的式子变形为：

$$\frac{A(x+h)-A(x)}{h}\approx f(x)。$$

由导数定义，$\lim\limits_{h\to 0}\dfrac{A(x+h)-A(x)}{h}=A'(x)$，我们得到一个等式：$A'(x)=f(x)$。

这个定理提供了寻找面积 $A(x)=\displaystyle\int f(x)\mathrm{d}x$ 的一种方法：针对给定曲线 $y=f(x)$，为了寻找它的面积函数 $A(x)$（即 $\displaystyle\int f(x)\mathrm{d}x$），你必须找一个函数，使其导数为 $f(x)$。为此，你只需学习如何"微分逆转"，而不必回到"分割·求和·取极限"的求积分的老路上。

微积分基本定理为我们求面积提供了一条捷径，而不管这些函数是简单函数还是复杂函数乃至超越函数①，都能够使我们自动且用相对直白的一种方法来确定面积。

积分思想中的"分割·求和"方法，需要两个技巧：一个是分割的技巧，如阿基米德采取特殊的形式用三角形去铺满抛物线弓形，费马用特殊的分割求曲线 $y=x^n$ 下的面积，而开普勒的酒桶里面藏有更多这方面的技巧。虽然后来的数学家采用了一般的分割模式——在坐标系下用等宽的矩形来分割，基本上解决了分割的问题，但还将面临另一个技巧，即如何解决代数求和的问题。有些求和比较好解决，有些求和会比较困难，甚至解决不了，所以这种方法的成功与否取决于几何技巧和代数技巧。

而微积分基本定理提供了一种新的途径来解决求积问题。

问题：求 $y=\sin x$ 在 $[0,\pi]$ 上的投影面积。

解法 1：如图 11-40，按定积分的定义，我们把区间 $[0,\pi]$ n 等分，共 $n-1$ 个分点，坐标分别为 $\dfrac{\pi}{n}$，$\dfrac{2\pi}{n}$，…，$\dfrac{(n-1)\pi}{n}$，作出 n 个矩形，矩形的高分别为 $\sin\dfrac{\pi}{n}$，$\sin\dfrac{2\pi}{n}$，…，

---

① 注：超越函数，指变量之间的关系不能用有限次的加、减、乘、除、乘方、开方等代数运算表示的函数，如三角函数、对数函数以及变量的无理数幂等。

$\sin \dfrac{(n-1)\pi}{n}$，最后一个矩形的高为 $\sin \dfrac{n\pi}{n}$，则所求面积为

$$S = \frac{\pi}{n}\sin \frac{\pi}{n} + \frac{\pi}{n}\sin \frac{2\pi}{n} + \cdots + \frac{\pi}{n}\sin \frac{n\pi}{n}$$

$$= \frac{\pi}{n}\left(\sin \frac{\pi}{n} + \sin \frac{2\pi}{n} + \cdots + \sin \frac{n\pi}{n}\right)。$$

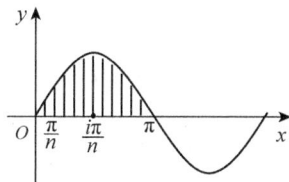

图 11-40

用莱布尼茨的表示法即为定积分

$$\int_0^\pi \sin x \, \mathrm{d}x = \frac{\pi}{n}\left(\sin \frac{\pi}{n} + \sin \frac{2\pi}{n} + \cdots + \sin \frac{n\pi}{n}\right)(n \to \infty)。$$

对于这个求和，我们可以令 $S = \sin x + \sin 2x + \cdots + \sin nx$，

两边同乘 $2\sin \dfrac{x}{2}$ 得

$$2\sin \frac{x}{2} \cdot S = 2\sin \frac{x}{2}\sin x + 2\sin \frac{x}{2}\sin 2x + \cdots + 2\sin \frac{x}{2}\sin nx$$

$$= \left(\cos \frac{x}{2} - \cos \frac{3x}{2}\right) + \left(\cos \frac{3x}{2} - \cos \frac{5x}{2}\right) + \cdots + \left[\cos\left(nx - \frac{x}{2}\right) - \cos\left(nx + \frac{x}{2}\right)\right]$$

$$= \cos \frac{x}{2} - \cos\left(nx + \frac{x}{2}\right)$$

$$= 2\sin \frac{(n+1)x}{2}\sin \frac{nx}{2},$$

所以 $S = \left(\sin \dfrac{(n+1)x}{2}\sin \dfrac{nx}{2}\right)\Big/ \sin \dfrac{x}{2}$。

即 $\sin x + \sin 2x + \cdots + \sin nx = \left(\sin \dfrac{(n+1)x}{2}\sin \dfrac{nx}{2}\right)\Big/ \sin \dfrac{x}{2}$。 (8)

令 $x = \dfrac{\pi}{n}$，利用(8)式可得

$$\int_0^\pi \sin x \, \mathrm{d}x = \frac{\pi}{n} \cdot \left[\frac{\sin\left(\dfrac{n+1}{2} \cdot \dfrac{\pi}{n}\right)\sin \dfrac{\pi}{2}}{\sin \dfrac{\pi}{2n}}\right](n \to \infty)$$

$$= \frac{\pi}{n} \cdot \frac{\sin\left[\left(1 + \dfrac{1}{n}\right) \cdot \dfrac{\pi}{2}\right]}{\sin \dfrac{\pi}{2n}}(n \to \infty) = 2 \cdot \frac{\sin\left[\left(1 + \dfrac{1}{n}\right) \cdot \dfrac{\pi}{2}\right]}{\left(\sin \dfrac{\pi}{2n}\right)\Big/ \dfrac{\pi}{2n}}(n \to \infty)$$

$$= 2 \cdot \frac{\sin \dfrac{\pi}{2}}{1} = 2。$$

注意，当 $x \to 0$ 时，$\dfrac{\sin x}{x} \to 1$。

如此，经过一系列的变形，终于得到了我们要求的那个积分值。

解法 2：牛顿把 $\sin x$ 用幂级数展开

$$\sin x = x - \frac{x^3}{3!} + \frac{x^5}{5!} - \frac{x^7}{7!} + \cdots$$

那么 $\displaystyle\int_0^\pi \sin x \, dx = \int_0^\pi \left(x - \frac{x^3}{3!} + \frac{x^5}{5!} - \frac{x^7}{7!} + \cdots \right) dx$

$$= \int_0^\pi x \, dx - \int_0^\pi \frac{x^3}{3!} \, dx + \int_0^\pi \frac{x^5}{5!} \, dx - \int_0^\pi \frac{x^7}{7!} + \cdots$$

因为有 $\displaystyle\int_0^a x^n \, dx = \frac{1}{n+1} a^{n+1}$，所以每一项的积分都容易求得：

$$\int_0^\pi \sin x \, dx = \frac{1}{2} \pi^2 - \frac{1}{3!} \cdot \frac{1}{4} \pi^4 + \frac{1}{5!} \cdot \frac{1}{6} \pi^6 - \frac{1}{7!} \cdot \frac{1}{8} \pi^8 + \cdots$$

$$= \frac{\pi^2}{2!} - \frac{\pi^4}{4!} + \frac{\pi^6}{6!} - \frac{\pi^8}{8!} + \cdots$$

对于这样的求和，我们大概就无能为力了。

解法 3：有了微积分基本定理，对于 $\displaystyle\int_0^\pi \sin x \, dx$ 的计算，我们可以这样解：

因为 $(-\cos x)' = \sin x$，

所以 $\displaystyle\int_0^\pi \sin x \, dx = (-\cos x)\big|_0^\pi = -(\cos \pi - \cos 0) = 2$。

微积分基本定理把微分和积分作为矛盾的对立面统一了起来。这一重要定理使得许多问题得以简化。莱布尼茨的符号特别强调了这种算法的特点，现在的我们只需去学会运用，当你在纸上写下"$\displaystyle\int_a^b f(x) \, dx = F(b) - F(a)$"时，永远不要忘记这些知识背后先辈们的努力。

四、牛顿和莱布尼茨

历史认定牛顿和莱布尼茨是微积分的发明人，原因是他们完成了以下四项任务。

1. 他们都提出并建立了同微积分相联系的两个基本概念——对牛顿是流数和逆流数，对莱布尼茨是微分和积分，它们分别来自变化率（切线）和面积。

2. 他们都发明了使人们能方便地使用这些概念的符号——对牛顿是"点主义"（$\dot{x}$，$\dot{y}$），对莱布尼茨是"d 主义"，并发展出关于微分和积分的算法法则。

3. 他们揭示了微积分两个基本概念——微分与积分的互逆关系，建立微积分基本定理将两者统一起来，并完善了微积分学的系统算法。

4. 他们使用微积分算法解决了许多以前不能解决的问题。

随着微积分的广泛传播，其重要性日益显现出来。一个敏感的问题随即产生了——到底是谁发明了微积分？是牛顿，还是莱布尼茨？

·牛顿

牛顿在数学上很大程度上是依靠自学。牛顿大量阅读了欧几里得、韦达、费马等人的著作。在所有这些著作中，笛卡儿的《几何学》和沃利斯的《无穷算术》的影响是决定性的，它们将牛顿引导到当时数学最前沿的领域——解析几何与无穷级数。

牛顿在广泛阅读的同时也听取大学的各种课程，特别是巴罗于 1664 年开设的卢卡斯讲座。牛顿后来追溯流数概念的来源时说道："巴罗博士当时讲授关于运动学的课程，也许正是这些课程促使我去研究这方面的问题。"

1665 年 8 月，英国剑桥大学因瘟疫流行停学，牛顿离校返回家乡，随后的两年时间成为牛顿科学生涯中的黄金岁月：发明微积分、发现万有引力、提出光学颜色理论……可以说描绘了他一生主要科学创造的蓝图。

在牛顿的全部科学贡献中，数学成就占有突出的地位，这不仅是因为这些成就开拓了崭新的近代数学，还因为牛顿依靠他所创立的数学方法实现了自然科学的一次巨大飞跃并开拓了近代科学。

牛顿生涯中第一个创造性数学成果是关于任意次幂的二项展开定理。在牛顿之前，正整数幂的二项展开式早为人们熟知（这正是我们熟悉的"杨辉三角"或"帕斯卡三角"），牛顿将其推广到正负有理数幂的情形。

牛顿首次用 $a^{\frac{1}{2}}$，$a^{\frac{1}{3}}$，$a^{\frac{5}{3}}$ 代替 $\sqrt{a}$，$\sqrt[3]{a}$，$\sqrt[3]{a^5}$，用 a^{-1}，a^{-2}，a^{-3} 代替 $\dfrac{1}{a}$，$\dfrac{1}{a^2}$，$\dfrac{1}{a^3}$。

他不但发现了像 $(1+x)^5$ 这样基本的二项式的展开形式，而且还发现了像 $\dfrac{1}{\sqrt[3]{(1+x)^5}}=(1+x)^{-\frac{5}{3}}$ 这样复杂的二项式的展开形式，如 $\dfrac{1}{\sqrt{1-x^2}}=(1-x^2)^{-\frac{1}{2}}=1+\dfrac{1}{2}x^2+\dfrac{3}{8}x^4+\dfrac{5}{16}x^6+\dfrac{35}{128}x^8+\cdots$ 这种展开不仅以另一种形式重建了二项式定理，更是从有限向无限的飞跃，这一飞跃为无穷级数的研究开辟了广阔的前景，成为牛顿众多数学发明的起点。

寻找函数的无穷级数表示，是牛顿同时代数学家们的热门课题。牛顿利用级数处理所有能表示为单变量的有限多项式的代数关系或超越关系，凭借他的二项式定理，牛顿得到了一系列函数的级数，如

$$e^x = 1 + x + \frac{1}{2}x^2 + \frac{1}{6}x^3 + \cdots$$

$$\sin x = x - \frac{1}{6}x^3 + \frac{1}{120}x^5 - \frac{1}{5040}x^7 + \cdots$$

$$\cos x = 1 - \frac{1}{2}x^2 + \frac{1}{24}x^4 - \frac{1}{720}x^6 + \cdots$$

$$\arcsin x = x + \frac{1}{6}x^3 + \frac{3}{10}x^5 + \frac{5}{112}x^7 + \cdots$$

如果运动学是牛顿创立微积分的独特视觉，那么级数即是他创建微积分学的重要的数学武器。当他意识到一个含有无穷级数的和可能更接近一个有限的目标（极限）时，便用这种方法来处理微分和积分的问题。

牛顿在 1669 年所写的《分析学》一书中，论述了求面积的方法，给出了求曲线下面积的三个法则，展示了他的数学智慧。

法则 1 简单曲线的面积：如果 $y=ax^{\frac{m}{n}}$ 是曲线 OD 的函数（a 为常数，m 和 n 是正整数），那么区域 OBD 的面积为 $\dfrac{an}{m+n}x^{\frac{m+n}{n}}$。

如图 11-41，O 为原点，$B(x，0)$，曲线方程为 $y=at^{\frac{m}{n}}$，牛顿的命题可表示为

$$\int_0^x at^{\frac{m}{n}}\mathrm{d}t=\frac{ax^{\frac{m}{n}+1}}{\frac{m}{n}+1}=\frac{an}{m+n}x^{\frac{m+n}{n}}。$$

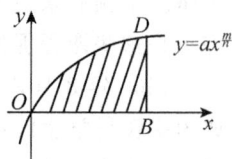

图 11-41

（即 $\int x^n\mathrm{d}x=\frac{1}{n+1}x^{n+1}$ 的推广）

法则 2 由简单曲线构成的复杂曲线的面积：如果 y 的值由若干项构成，那么它的面积等于其中每一项的面积之和。

法则 3 所有其他曲线的面积：如果 y 的值或者它的任何项比上述曲线更复杂，那么可以利用级数把它分解成更简单的项……然后应用前面两个法则，就可以获得欲求曲线的面积。

广义二项展开式和级数是牛顿强有力的工具。在数学上，牛顿正是从级数和逆级数的研究中洞察了积分和微分之间的互逆关系。

1687 年，牛顿发表了《自然哲学的数学原理》，这本著作用准确、详细的数学语言陈述了牛顿力学。全书从三个基本的力学定律出发，运用微积分工具，严格地推导证明了包括开普勒行星运动三大定律、万有引力定律等一系列结论，并且还将微积分应用于流体运动，声、光、潮汐、彗星乃至宇宙体系，充分显示了这一数学新工具的威力。

· **莱布尼茨**

莱布尼茨 1646 年出生于德国莱比锡，广泛阅读了他父亲（一位哲学教授）数量可观的学术藏书。15 岁时，莱布尼茨进入莱比锡大学学习法律，同时开始接触伽利略、开普勒、笛卡儿、帕斯卡以及巴罗等人的思想，五年后获法学博士学位。在正要开始学术研究生涯时，莱布尼茨决定离开大学校园，进入政府部门服务，不久被派往巴黎任外交官，因而有机会数度出访荷兰与英国，这些拜访让他接触到了当时许多顶尖的学术领袖。

莱布尼茨在巴黎与荷兰数学家、物理学家惠更斯的结识，激发了他对数学的强烈兴趣。到巴黎之前，莱布尼茨还是一个数学上的新手。

莱布尼茨阅读了大量数学著作，远至欧几里得，近至他那个时代的卡瓦列里、笛卡儿、帕斯卡、巴罗以及他师从的惠更斯。开始时困难重重，但他坚持了下来，尽管他有很多的不足，但是"不知从哪里来的自信让我坚信，只要努力就可以成为他们中的一员"。

莱布尼茨回忆说："此时我已经为自己独立前进做好了准备，因为我读数学就如同别人读浪漫故事一样。"在几乎是狼吞虎咽地吸收这些成果之后，莱布尼茨很快地进入到数学的前沿阵地。到 1673 年春天，他正式开始自己的数学创造。

莱布尼茨在巴黎居留了四年，他的许多重大成就包括创立微积分都是在这一时期完成或奠定基础的。莱布尼茨初试牛刀，解决了一个富有挑战的问题："找到和为完全平方且其平方和亦为完全平方的平方的三个数"。这类问题在他那个时代很流行，莱布尼茨发现的数是 64，152 和 409，因为 $64+152+409=625=25^2$，而 $64^2+152^2+409^2=194481=441^2=(21^2)^2$。

他是如何发现这些数的，已无从知晓，但可以肯定的是：绝不是凭猜测就能得到的。

莱布尼茨还在研究曲线 $x^2+y^2=2$ 和 $xy=2$ 的关系时，发现了一个古怪的公式：

$$\sqrt{1+\sqrt{-3}}+\sqrt{1-\sqrt{-3}}=\sqrt{6}。$$

这个公式令当时的一些数学家们感到困惑，但帮助人们认识了虚数。

莱布尼茨在 1676 年已经得出了牛顿在几年之前所得出的同样的结论，但对微分学的最早介绍，直到 1684 年才发表了论文《一种求极大值与极小值和求切线的新方法，它也适用于无理量，以及这种新方法的奇妙类型的计算》。在这里，我们第一次看到微分基本公式 $\mathrm{d}x^n=nx^{n-1}$ 的清晰表达，求极值的条件 $\mathrm{d}y=0$ 和求拐点的条件 $\mathrm{d}^2y=0$。对此，莱布尼茨自豪地说："别的有学问的人必须绕很大弯子才能做到的事，熟悉这种算法的人一下子就能做出。"这是世界上最早的微分学文献，具有划时代的意义。

两年后，莱布尼茨又发表了一篇阐述积分学的论文，其中求积分被证明是反向切线法的特例，揭示了微积分基本定理中求微分和求积分的反向关系。

莱布尼茨对符号的应用非常重视，他提倡创立一种人类思想的"字母表"——一种将所有基本概念用符号表示，并通过符号的组合来表示更复杂的思想的方法。他最初的思想包含在 1666 年的《论组合的艺术》里，是现代符号逻辑的前身。

莱布尼茨对于良好的符号表示法，作为对思想的一种帮助的重要性始终有着清醒的认识，认为"使用符号，人们就可以见识到这个发明的优势，其最伟大的地方在于用简短、图形化的方式表达事物的本质，这样就可以省去许多思考的精力了"。为微积分这一新学科创立出一套恰当的语言和符号表示法是他义不容辞的责任。经过周到的考虑、小心运用和一些试错之后，莱布尼茨引进了两个记号"d"和"$\int$"，来表示他关于"差"与"和"的思想的推广，其中 d 是拉丁语"差"（differentia）的起首字母，而"$\int$"是拉丁语"求和"（summa）的起首字母 s 的拉长形式。莱布尼茨从开始用"any"来表示"一切 y"（积分），到"$\int y$"，最后到积分符号"$\int y\,\mathrm{d}x$"，既揭示本质又简洁明了。他的导数 $f'(x)=\dfrac{\mathrm{d}y}{\mathrm{d}x}$ 符号也有很大的优越性，如对 $y=f(x)$ 的反函数 $x=g(y)$，其微分法则 $f'(x)\cdot g'(y)=1$ 被简单地记作 $\dfrac{\mathrm{d}y}{\mathrm{d}x}\cdot\dfrac{\mathrm{d}x}{\mathrm{d}y}=1$，而对复合函数 $z=g(f(x))(z=g(y),\ y=f(x))$ 的微分法可表示为 $\dfrac{\mathrm{d}z}{\mathrm{d}x}=\dfrac{\mathrm{d}z}{\mathrm{d}y}\cdot\dfrac{\mathrm{d}y}{\mathrm{d}x}$，简洁明快，通俗易懂。这些符号强调了算法的特点，在微积分理论和发展中是不可或缺的。

莱布尼茨不仅为我们创造了恰当的微积分符号，也创造了很多数学名称，如"函数""坐标"。由于他的影响，表示相等的记号"＝"和表示乘法的符号"·"得以通用。在莱布尼茨那里，内容和形式得到了完美的统一。数学是符号的艺术。他的贡献之一，正如后来拉普拉斯所说的为数学提供了"一种非常恰当的符号"。

在数学上，他的贡献也不止于微积分。莱布尼茨发展了笛卡儿数学哲学，进一步提出了科学数学化思想，认为数学和形式逻辑之间可以建立联系，开创了数理逻辑的先河，为数理逻辑的建立奠定了基础。

莱布尼茨的另一个重大贡献是发现了二进制——用 0 和 1 表示一切自然数。二进制在现代被应用于计算机设计，是计算机的"内核"。他还创造了行列式理论。当然，最让我们感到愉悦的是他发现的关于圆周率的优美表达式：

$$\frac{\pi}{4}=1-\frac{1}{3}+\frac{1}{5}-\frac{1}{7}+\cdots$$

莱布尼茨兴趣广泛，具有渊博的知识，贡献突出，通常被看作是最后一位伟大的全才，其著作涉及数学、力学、机械、逻辑、哲学、法律、语言和神学等领域。

莱布尼茨晚年的大部分时间担任汉诺威公爵的顾问，皇家的许多事务使他极为忙碌。但他总能找到时间钻研数学，并在这一领域同遍及欧洲的同事们保持着活跃交流。莱布尼茨对中国非常友好，是梵文和中国文化的专家。他于1700年担任柏林科学院院长，直到1716年去世。

· 牛顿 VS 莱布尼茨

那么，是谁发明了微积分？是牛顿，还是莱布尼茨？

牛顿出生于1643年，而莱布尼茨出生于1646年，比牛顿小3岁，他们属于同一时代的人，相互认识，都是英国皇家学会的会员。

1664—1666年，牛顿研究了微积分这个课题。当时还是英国剑桥大学三一学院学生的牛顿创造了他的"流数"；而莱布尼茨则是十年之后在巴黎履行外交使命时，才开始思考他的微分和积分，而后再经过十年左右完成自己的奠基工作，并于1684年首次发表他的成果。换句话说，牛顿的流数要比莱布尼茨发表的微分早二十年。毫无疑问，牛顿先提出了该方法，但问题没有这么简单。

任何一件事情，只要存在争论，总是有其客观原因的。

莱布尼茨确实先发表了他的微积分成果，而此时牛顿的《分析学》和其他关于流数的论文仍以手稿的形式尘封着，直到1736年，牛顿才出版他的著作《流数法和无穷级数》。换言之，大多数流传至今我们所知道的牛顿的早期成果都是在莱布尼茨发表其微积分成果之后才发表的。

牛顿拒绝发表他的研究成果是有原因的。牛顿对批评十分敏感，他对于大众可能会持有的观点时而感到怀疑，时而漠不关心，时而又很鄙视。一句话，他讨厌随之而来的争论。特别是1672年发表在《哲学会刊》上的那篇关于色彩性质的论文遭到胡克等人攻击之后，牛顿竟决定再不发表任何东西了，他只想静静地去研究和工作。此后的一段时间里，他没有发表过任何东西，直到在哈雷的不断教促和赞助下才出版了《自然哲学的数学原理》。与此同时，他在1669年至1676年间撰写的介绍其微积分的三本专著，依然以手稿的形式保留着，只是供他要好的同行传阅。《自然哲学的数学原理》出版大约15年之后，胡克去世了。牛顿于1704年出版了他的《光学》，并将数学论文《曲线求积法》作为其附录。在《曲线求积法》中，牛顿的流数术的介绍，终于以印刷品的形式得以呈现。

与此相反，莱布尼茨不仅及时发表了他的作品，而且总是注意寻找合适的听众，乐于与同行分享他的成果，并积极尝试解决任何可能给他带来声望的问题。与牛顿孤傲、谨慎的风格相比，莱布尼茨是大胆的、富于想象的，这使得在欧洲大陆，微积分是由莱布尼茨推动并发展起来的。

另外，莱布尼茨在1673年造访英国皇家学会时，曾经读过牛顿尚未发表的一些研究报告和关于流数的论文手稿。莱布尼茨能从牛顿的手稿中得到多少东西很值得怀疑，因为无论是在几何学还是在数学分析领域，他当时作为一个数学新手，尚未做好准备。

1676 年，为回答莱布尼茨要求进一步披露其研究的信息时，牛顿曾经写了两封回信，提供了微积分研究方面的某些细节。牛顿在回信中用"密码"的形式告诉莱布尼茨自己的研究工作，以防泄露太多的秘密。牛顿的密文翻译过来是："对于一个含有流动数量的等式，可计算出它的流数，反之亦然"。

虽然牛顿的回信晦涩难懂，但 1673 年莱布尼茨的造访和 1676 年牛顿的回信成为某些英国数学家指控莱布尼茨剽窃的证据。

开始时，两位当事人对争议都置之度外。1687 年，当牛顿在《自然哲学的数学原理》中首次发表他的流数方法时，还在前言中作了这样的一段说明：

"十年前，我在给学识渊博的数学家莱布尼茨的信中曾指出：我发现了一种方法，可用来求极大值、极小值、作切线以及解决其他类似的问题，而且这种方法也适用于无理数……这位名人回信说他也发现了类似的方法，并把他的方法给我看了，他的方法与我大同小异，除了用语、符号、算式和量的产生方式外，没有实质性区别。"

而 1707 年在柏林王宫的一次宴会上，当普鲁士国王问到对牛顿的评价时，莱布尼茨对牛顿不吝赞美之词："纵观有史以来的全部数学，牛顿做了一多半的工作。"

莱布尼茨对发明的孰先孰后轻描淡写地带过："我知道牛顿先生已经研究出了其原理……但一个人不可能一次研究出所有成果的，你有你的贡献，我也有我的。"

牛顿最初的流数思想借由物理运动的进路，他关心的是他的"流数术"在科学上的应用，而在符号的选择方面，他认为这事无关紧要，采用的一些符号是粗糙的、不精巧的。虽然在早得多的时候，牛顿的成果就在英国为人所知，但在物理学之外的影响还没有出来。而莱布尼茨的微积分采用几何式的路径，在很多方面他的处理显得更加自然，加之莱布尼茨的哲学思维使他非常重视符号的作用，设计出了一套精巧、恰当的符号，让其他数学家可以简单地理解并使用，因而迅速地在欧洲风行起来。逐渐地，围绕他形成了一个数学学派，主要代表人物有瑞士的伯努利兄弟和约翰·伯努利的学生洛必达等。

1695 年，牛顿的好友，英国数学家、密码专家沃利斯告诉他，微积分在荷兰被认为是莱布尼茨的发明，牛顿被迫应战以捍卫自己的荣誉，并于 1704 年将自己早在 20 世纪 60 年代中期就已研究出来的成果作为《光学》这本书的附录公之于众，但此时莱布尼茨已成为他的劲敌。

1714 年，莱布尼茨写了《微积分学的历史和起源》一书。在这本书中，他叙述了自己微积分思想的发展过程，为自己是微积分的发明者辩护。

两人都有众多的追随者，各自忠实的粉丝分别加入不同的阵营，双方都采取了一些"侵略性"的行为，这场争端逐渐加温，且充满火药味。

科学史上，重大的真理往往在条件成熟的一个特定时期，由不同的探索者相互独立地发现，这在数学史上也并不是罕见的，如费马和笛卡儿就几乎是同时发现解析几何原理的，他们之间也存在过发明权之争，因为这是两个法国人之间的事，所以并没有掀起大的波浪，然而微积分发明权之争的两位主角分属不同的国家，两国数学家的争辩使局势逐渐恶化，双方遣责之声如潮水般涌来，一片混乱，彼此之间的唇枪舌剑弥漫在英吉利海峡和整个欧洲大陆。

这场"旷世之争"是人类科学史上一件不幸的事情，争论的结果给个人和国家都带来了深远的影响。

对两个当事人来说，他们都有错。如果牛顿在他的发明与莱布尼茨论文发表的二十年间任何时候发表他的研究成果，那么优先权的问题就不存在了。正因为他的沉默，牛顿给自己招来了麻烦。对于莱布尼茨来说，如果他事先说明接触过牛顿的手稿，那么他就能更令人信服地享有他应该得到的信任。正因为他的沉默，莱布尼茨让整个世界（除英国外）都相信他是唯一的发现者。随着这场争吵的不断升级，他也不断承受着自己的"不诚实"带来的困扰。

牛顿作为科学巨匠，其世界级的崇高威望无人能望其项背，与之争锋。牛顿对莱布尼茨采取了一些强硬的对策，在这场争斗中大获全胜。这个结果给莱布尼茨的晚年生活蒙上了巨大的阴影，什么事都不顺利。1716年，莱布尼茨在汉诺威去世时，他的很多计划都没有完成，他的葬礼也只有他生前的助手一人参加，作为对这个可怜人声誉的最后一击，法国讽刺作家伏尔泰还在他的《老实人》一书中，狠狠地对莱布尼茨做了一番嘲弄。

莱布尼茨在与牛顿的争斗中黯然失色，但数学界还是给了莱布尼茨以充分的肯定。他分享了自己的成果，启发了他人，特别是伯努利兄弟，通过他们的研究和相互交流，构成了今天我们所知道的这门学科。他的符号也更有优势，是我们今天仍愿意使用的，因此，就某些现实意义来说，我们的微积分是莱布尼茨的微积分。

那么，在这样一场无意义的争议中，牛顿又得到了什么呢？根据"作用力与反作用力原理"，牛顿对莱布尼茨辛辣的攻击在体力和精神上也重创了牛顿自己，而且更坏的结果还在后面。

这场争论的结果不在于谁胜谁负，因为历史自有公论。问题是争论使得英国数学界与欧洲大陆数学家之间的关系降到冰点。欧洲大陆的数学家，尤其是伯努利兄弟，支持莱布尼茨，而英国数学家则坚决捍卫自己的学术领袖，彼此形成两派，停止了思想交流。就微积分来说，由于欧陆派数学家继承和发展了莱布尼茨建立的符号体系和算法，使得他们的数学得到了蓬勃发展，而英国人为了伟大的"民族主义"，坚持用牛顿的"点主义"$(\dot{x}, \dot{y})$对抗莱布尼茨的"d主义"。18世纪下半叶，当欧洲大陆正在澎湃汹涌着近代数学思潮时，英国人还躲在阴湿的浓雾里拥着牛顿不放，闭关自守。他们剥夺了自己进步的机会，也使整个英国数学的发展赶不上欧洲大陆快速发展的步伐。

这场冲突的最后结论是：莱布尼茨输了这场战役，却赢得了整场战争。

19世纪之后，现代学者们终于抹去了国家和个人的感情因素，认定牛顿和莱布尼茨在没有任何直接借用对方成果的情况下，各自独立地创建了微积分。正如所有领域的重要发现一样，它们都属于全人类的事业。

五、微积分的发展

有时候，人们过于简单地把微积分的发明归功于牛顿和莱布尼茨两人，这种看法是很不妥当的。事实上，微积分是长期演变的结果，既不是从牛顿和莱布尼茨开始的，也不是由他们完成的，但不可否认他们两人在其中起的决定性作用。

如果牛顿和莱布尼茨是微积分的建筑设计师，那么正是后续的众多数学家们所做的大量工作，才把微积分建立成今天我们所知的这座大厦。

17 世纪至 18 世纪的大部分时间里，英国数学家在剑桥、牛津和爱丁堡等大学里教授和扩展牛顿的流数术。微积分的发明权之争滋长了大不列颠数学家的民族保守情绪，使他们不能摆脱牛顿流数术学说中存在的弱点的束缚，使英国数学陷入了长期停滞的状态。而与此相对照，微积分在莱布尼茨的后继者们的传播下蓬勃发展起来。

1696 年，法国数学家洛必达出版了第一本微积分教科书《无穷小分析》。这本书的发行量很大。在其影响下，法国读者普遍接受了莱布尼茨的微积分，使用他发明的符号，并把它推广至欧洲各地。

在 17 世纪至 18 世纪的过渡时期，推广莱布尼茨学说的任务，主要是由雅科布·伯努利(Jakob Bernoulli，1654—1705)和约翰·伯努利两兄弟担当。虽然莱布尼茨的工作富于启发性而且意义深远，但很多地方显得零碎不全，甚至难以理解，伯努利兄弟把他梗概性的文章加以阐释，并进行了新的扩展。他们的工作，构成了现今初等微积分的大部分内容。

18 世纪微积分的重大进展是由欧拉做出的。欧拉 1748 年出版的《无穷小分析引论》以及随后出版的《微分学》《积分学》是微积分发展史上里程碑式的著作，这三部著作包含了欧拉本人在分析领域的大量创造，同时引进了一批符号，如 $f(x)$——函数符号，$\sum$——求和号，e——自然对数底，i——虚数单位等，这对分析表述的规范化起了重要作用，成为数学语言中的标准符号。

18 世纪，在推进微积分及其应用方面贡献卓著的数学家中，还有拉格朗日、达朗贝尔、拉普拉斯等。拉格朗日是发明函数微分符号 $f'(x)$ 的人，他的目标是把微积分的整个过程简化为代数运算，即在代数的概念上建立微积分。他们在微积分的发展史上功不可没，没有他们的奋力开发与耕耘，微积分领地就不可能如此春色满园。

微积分俨如一座桥梁，通过它，人们从基础性的初等数学走向富于挑战性的高等数学，面对从离散转向连续、从有限转向无限、从静态转向运动、从肤浅表象转向深刻本质的令人眼花缭乱的转换。英语中人们通常在微积分一词 Calculus 前郑重地加上冠词"the"，"the Calculus"——用"the"特指微积分是一个浩如烟海、独立存在且令人敬畏的科目。

随着众多数学家对微积分学的改进、提高和扩展，这种发展与广泛应用紧密交织在一起，推动了许多数学新分支的产生，从而形成了"分析学"这样一个在观念和方法上都具有鲜明特点的数学领域。"数学分析"有时被用作微积分的同义语，但在更多的场合下，这个四处延伸的课题指的是微积分、级数论、微分方程、积分方程、变分法、微分几何、泛函分析等数学分支的总称。在数学史上，18 世纪被称为分析的时代。绝大部分数学家的注意力，被这新兴的、有无限发展潜力的学科所吸引，人类从此阔步迈向现代数学时期。

与一般的看法相反，微积分并不是所谓高等数学的顶峰。事实上，它仅仅是开始，以微积分为基础发展出来的分析学，涉及的范围比我们印象中的代数和几何大得多。到20世纪初，分析学已经汇聚成包含无数概念、定义、定理和实例的一座宝库——并且发展为一种独具特色的思维方式，确立了它作为一个至高无上的数学体系的地位。

微积分改变了人类的生活。要是没有微积分，现代技术将不会存在。有了微积分，科学家就能充分利用分析学领域中的数学工具，继续寻找自然界的规律，从而提升了人类对自然界的控制权。

当分析学分支不断发展时，一种新文化也正在形成。科学、哲学、宗教、文学等，都从对宇宙做出的一种全新的数学解释中吸取了有益的部分。这促进了人类文化各个领域的发展，我们将在一个更新更高的平台上去学习、领悟与发展。

至此，我们对微积分概念发展史做了一个较为详细的阐述。这对我们了解微积分、理解微积分、欣赏微积分是大有裨益的。讲座的意图不在于单纯地叙述历史，也不在于讲解微积分知识和描绘数学家的传奇故事，而是要展现微积分创建过程中的思想，揭示微积分创建的曲折过程和最终的结果之间的必然联系。也许正是从这里开始，我们第一次真正领略到数学的奥秘和潜在的魅力。

第十二章　欧拉三重奏

听，海浪中 π 的律动

星空里 e 的轻吟

一切的虚与实、有限与无限

都在月落东山时归于沉寂

距离上次讲座又过去了一些时间，海羽仍陶醉在微积分的余韵里。微积分伟大的历史画卷，让她对数学文化充满憧憬，每每在应用牛顿-莱布尼茨公式或费马的"一阶导数等于0"解题时，总感觉到大师们的身影就在自己身旁，给自己带来灵气和无尽的底气。

微积分是数学基础教育的顶峰。这堂讲座结束后，意味着陆老师的讲座会越来越少了，想到这里，她心里平添了几份留恋与惆怅。

所幸，不久校园内又贴出了一张海报，是陆老师的"欧拉三重奏"数学讲座。陆老师特意将这场讲座安排在学校艺术楼的紫色大厅举行，他将带领同学们向伟大的欧拉致敬，同时也准备向同学们道别——未来的日子里，他们将面对高考的挑战，愿"欧拉三重奏"的旋律能给他们带去美好的祝福！

陆老师的讲座将围绕数学中三个重要的常数展开，天才的欧拉凭借他敏锐的数学直觉和巧妙的构思，创造出了神奇的欧拉公式，奏响了天籁之曲。

一、圆周率之谜

好熟悉，认识你太久

好陌生，你的故事太长

若我驻足，也算了解了你

若我继续，能否看到你的尽头

圆周率对我们来说既熟悉又陌生。说熟悉，因为大家从小学就知道它，并且一直用到现在，将来读大学还要与它打交道，它在数学、生活、宇宙中无处不在；说陌生，是因为同学们对它的历史和内涵，它的性质和未知之谜知之甚少。

那么，这是一个怎样的数呢？

·为什么要定义圆周率这样一个概念

为什么要定义圆周率这样一个概念呢？这个问题不搞清楚，我们对 π 的认识就是水中月，镜中花，就像是空中楼阁。学习要善于从源头上多问为什么，让我们先从圆开始谈起，然后再一起去了解 π。

圆是宇宙中最简单也是最常见的形状。雨滴落在池塘里，圆形的涟漪不断扩大；从空中往下看，树冠也是以球形向外延伸的（这样整个树冠接触阳光的面积会最大）；就连行星和恒星也不例外，它们在空中以圆球的形式存在着。对人类的早期文明而言，每天高挂在天空的月亮和太阳，一直是未知力量和神秘的象征，甚至在文明开始之前，人类就曾利用木桩和绳子，在沙地里画出一个个大小不一的圆。

圆是人们最早认识的一种曲线（椭圆、抛物线、双曲线等都是相对较晚的时候才发现的曲线）。托尔斯泰在其短篇小说《一个人需要很多土地吗》中讲了一个土地划分的故事，约定一个人从早晨太阳升起时开始行走，如果在太阳下山时回到了起点，那么他所走的路径围成的土地区域就归他所有。问题是，他该沿怎样的路径行走？我们可以假定一天中走路的时间是定值，他的平均速度也可认为是定值，那么，他在这一天中走的路程就是一个定值。事实上，周长一定的图形中，圆的面积最大，这样，最佳的路径是尽量走成一个大圆圈。

冬天里的猫等动物都喜欢蜷作一团，是因为体积一定，球的表面积最小，因而蜷作一团，散发（消耗）的热量就最少。

小时候我们都玩过吹泡泡游戏。拿来一根铁丝，将它弯成一个形状，蘸一下肥皂水后开始吹泡泡。奇怪的是，无论我们把铁丝弯成什么形状，最后吹出来的气泡一定是一个个色彩斑斓的圆球形。这是因为气泡总是试图寻找一种仅需最少能量就能塑成的形状，圆球就是最容易塑造的一种形状，而自然是如此的高效，这正是自然界特别偏爱球形的原因。

圆也广泛地存在于人们的思想和文化中：回家过年是为了家人新年团聚，团团圆圆。举办学校运动会，我们祝愿活动圆满成功。甚至小孩吃饼干，有时也喜欢哭闹着"不吃方的，吃圆的"，圆真是无所不在。

我们知道，所有圆的模样都是相似的，这反映在数学上，圆的最本质的特征就是圆的周长与直径的比是一个常数，这个不变量是所有圆的共性。正因为如此，数学家才把这个常数定义为圆周率，圆周率能沟通所有圆之间的关系，是人们认识圆的钥匙。

·圆的周长、圆的面积、球的体积公式是怎么来的

π 的语源是希腊语 $\pi\varepsilon\rho\iota\varphi\rho\varepsilon\iota\alpha$（"周围之意"）的字头（希腊文的第 16 个字母）。圆周率是圆的周长与直径之比 $\dfrac{\pi}{\delta}$，取直径为 1 个单位，圆周率即为 π，但古希腊人并没有以 π 代表圆周率。直到 1706 年，英国数学家琼斯（William Jones，1675—1749）在《数学概论手册》一书中才首次以 π 代表圆周率，但由于他的名气太小，他的书在数学界也没有什么分量，当时并没有引起人们的响应。1736 年，欧拉开始在《解析学》中提到这个符号，这个符号才被人们广泛采用。

对于 $C=2\pi r$，$S=\pi r^2$，$V=\dfrac{4}{3}\pi r^3$ 等公式，大家都非常熟悉，用过无数遍，但似乎并没有多少人去深究这些公式的来历。

人们很早就知道，圆的周长与直径的比是较 3 大一点的数。对不同大小的圆进行测量，得到的这个比值也许是 3.15，也可能是 3.09，但到底是多少，没有人能准确地得到一个确定的数值。所以，认识到对任意一个圆，圆的周长与直径的比是一个常数（不变的），这样质的跨越是一个很了不起的成就。

有了这个跨越，人们于是把周长 C 与直径 d 的比值定义为圆周率（π），即 $\dfrac{C}{d}=\pi$，也就是 $C=2\pi r$，因此圆的周长公式是人们通过定义得到的。有了这个公式，人们就可以把对圆周（曲线）的度量问题转化成对直径（线段）的度量。

欧几里得在《原本》中证明了"两个圆的面积比等于两圆直径的平方比"，即 $\dfrac{S_1}{S_2}=\dfrac{d_1^{\,2}}{d_2^{\,2}}$，换一种形式为 $\dfrac{S_1}{d_1^{\,2}}=\dfrac{S_2}{d_2^{\,2}}$，也就是说，对不同的两个圆，圆面积与其直径的平方比的比值是相等的，这就意味着对任意的圆，圆的面积与其直径的平方之比是一个常数，即存在一个常数 k，使得 $\dfrac{S}{d^2}=k$（$S=kd^2$）。

但是一维常数 π（$C=\pi d$）与二维常数 k（$S=kd^2$）之间有什么关系？欧几里得没有发现这种联系。

阿基米德在《论圆的测量》一书中解决了这个问题。阿基米德用"双重归谬法"证明了这样一个命题：圆的面积等于一个直角三角形的面积，这个直角三角形的一条直角边是圆的半径，另一直角边等于圆的周长。用现代语言表示：如图 12-1 所示，$S_{圆}=S_{\mathrm{Rt}\triangle}=\dfrac{1}{2}\cdot\dfrac{d}{2}\cdot\pi d=\dfrac{\pi}{4}d^2$，从而求出了这个面积常数为 $k=\dfrac{\pi}{4}$。

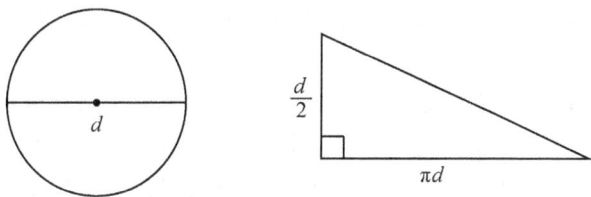

图 12-1

阿基米德乘胜追击，他又证明了两个球的体积之比等于两球直径的立方比，即 $\dfrac{V_1}{V_2}=\dfrac{d_1^{\,3}}{d_2^{\,3}}$，换一种形式有 $\dfrac{V_1}{d_1^{\,3}}=\dfrac{V_2}{d_2^{\,3}}$。也就是说，对不同的两个球，球的体积与其直径的立方比是相等的，这就意味着对任意一个球，球的体积与球的直径的立方之比也是一个常数，即存在一个常数 m 使得 $\dfrac{V}{d^3}=m$，即 $V=md^3$。阿基米德证明了命题："任一球体的体积等于底面积为球体最大圆面积、高为球半径的圆锥体积的 4 倍"，如图 12-2 所示。用现代语言表示：

$$V_{球}=4\cdot\dfrac{1}{3}\cdot\dfrac{\pi}{4}d^2\cdot\dfrac{d}{2}=\dfrac{\pi}{6}d^3,$$

从而解决了体积常数 $m=\dfrac{\pi}{6}$。

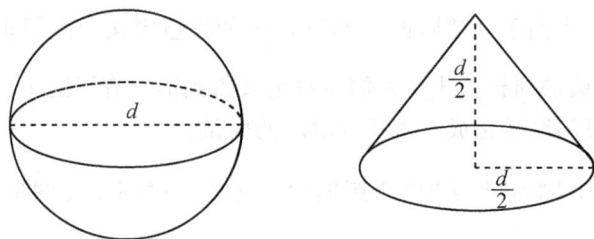

图 12-2

这样，对于圆的周长、圆的面积、球的体积这三个不同维数的问题，通过定义圆周率 π 这样一个概念，使得三个常数（$C=\pi d$，$S=kd^2$，$V=md^3$）都建立在 π 的基础上，显示了它们之间惊人的统一。我们从小学开始直到现在，知道了圆的周长、圆的面积、球的体积公式，背它们，用它们，但仅此而已，并没有在思想上就周长、面积、体积形成系统的认识。

有了圆周率 π 这个概念，$C=\pi d$，$S=\dfrac{\pi}{4}d^2$，$V=\dfrac{\pi}{6}d^3$，反映了圆的周长、圆的面积、球的体积与直径的联系，只是这三个公式在"K-12"教育中经常出现的是 $C=2\pi r$，$S=\pi r^2$，$V=\dfrac{4}{3}\pi r^3$ 的形式。

· **怎样算出圆周率的值**

圆周率如此重要，怎样才能求得它的准确值呢？几千年来，这个问题吸引了无数数学家为之努力。

最早得到圆周率精确估值的是古希腊数学家阿基米德。阿基米德用割圆术取边数不断增加的圆内接正多边形来逐步逼近圆周，同时他又通过作圆外切正多边形，从圆外部逐步逼近圆周，这样就从两个不同的方向把圆周率锁定在一个想要有多精确就有多精确的范围内。当边数达到 96 时，得出 $3\frac{10}{71}<\pi<3\frac{10}{70}$，化成小数就是 $3.140845<\pi<3.142857$，这正是我们从小学就知道的 π 是 3.14 的由来。

我国古代数学家刘徽运用同样的手法，算到圆内接正 6×2^9（3072）边形，求出圆周率的近似值约为 3.1416，这个值被称为"徽率"。

稍晚一些的我国古代数学家祖冲之以圆内接正 6×2^{12}（24576）边形算出圆周率的上下限为 3.1415926 和 3.1415927，祖冲之还通过其他办法得到一个优美的圆周率估值 $\dfrac{355}{113}$，既简洁又相当精确。这个分数值被称为"祖率"，是我国古代数学最伟大的成就之一。

阿基米德开创了圆周率 π 值科学计算的悠久历史，对后世数学的发展影响深远。此后的岁月里，数学家们前赴后继，乐此不疲，不断得到更精确的 π 估值。德国人鲁道夫（1540—1610）用圆内接 6×2^{29} 正边形（边数超过 30 亿）计算出有 35 位小数的圆周率，代价是一生的努力。德国人称这个圆周率的估值为"鲁道夫数"，是用古典方法计算圆周率的"绝唱"。

π 的重要性还表现在人们在计算 π 的过程中，不断地发现新的数学思想方法。

最先跨出这一步的是法国数学家韦达。1579 年，韦达效法阿基米德，将圆外切和内接正六边形的边数倍增 16 次，计算出两个正 393216 边形的周长，得到圆周率的下限和上限分别为 3.1415926535 和 3.1415926537，韦达的圆周率精确到小数点后 10 位，但关键的是他还用了一种新方法：以无穷乘积表达圆周率。

随着三角学的发展，人们引入弧度制，赋予了圆周率 π 新的含义。利用 π 表示角度，大大拓展了 π 的研究空间，使人们对 π 的研究有了新的途径。

1593 年，韦达通过对圆的研究，给出了 π 的一个无穷乘积表达式，突破了自古以来人们对"无穷"的禁忌，使无穷以闪电般的速度登上数学舞台的中心。

$$\frac{2}{\pi}=\sqrt{\frac{1}{2}}\times\sqrt{\frac{1}{2}+\frac{1}{2}\sqrt{\frac{1}{2}}}\times\sqrt{\frac{1}{2}\times\frac{1}{2}+\sqrt{\frac{1}{2}+\sqrt{\frac{1}{2}}}}\times\cdots \tag{1}$$

就这个公式来说，我们取

$$\frac{2}{\pi}=\sqrt{\frac{1}{2}}, \quad \pi=2\sqrt{2}=2.828,$$

$$\frac{2}{\pi}=\sqrt{\frac{1}{2}}\times\sqrt{\frac{1}{2}+\frac{1}{2}\sqrt{\frac{1}{2}}}, \quad \pi=3.065,$$

$$\frac{2}{\pi}=\sqrt{\frac{1}{2}}\times\sqrt{\frac{1}{2}+\frac{1}{2}\sqrt{\frac{1}{2}}}\times\sqrt{\frac{1}{2}\times\frac{1}{2}+\sqrt{\frac{1}{2}+\sqrt{\frac{1}{2}}}}, \quad \pi=3.106。$$

继续算下去，可以得到越来越精确的 π 的估值。

韦达的公式漂亮、简洁、实用，只需要用加、乘、除、开平方四种基本运算，全部作用在 2 上，就能找出 π 的估值。这个公式经过 9 次计算后，即可得到 3.1415914，精确到小数点后 5 位，效率很高。

这是人类第一次以无穷乘积叙述一个值，是数学发展史上的里程碑。此后就有多种无穷连乘积、无穷连分数、无穷级数等表现形式，如沃利斯于 1655 年发现了 $\frac{\pi}{2}=\frac{2\times2\times4\times4\times6\times6\times8\times\cdots}{1\times3\times3\times5\times5\times7\times7\times\cdots}$ 人类开始朝级数和微积分迈进，这些方法为 π 值的计算开辟了新的途径，很快就突破了用经典几何方法计算圆周率所创造的纪录。

进入 18 世纪，欧拉发现了一系列的 π 的级数表示：

$$\frac{\pi}{4}=\arctan\frac{1}{2}+\arctan\frac{1}{3}。$$

$$\frac{\pi}{4}=5\arctan\frac{1}{7}+2\arctan\frac{3}{79}。$$

$$\frac{\pi}{4}=2\arctan\frac{1}{3}+\arctan\frac{1}{7}。$$

$$\frac{\pi^2}{6}=\frac{1}{1^2}+\frac{1}{2^2}+\frac{1}{3^2}+\cdots$$

$$\frac{\pi^3}{32}=1-\frac{1}{3^3}+\frac{1}{5^3}-\frac{1}{7^3}。$$

$$\frac{\pi^4}{90}=\frac{1}{1^4}+\frac{1}{2^4}+\frac{1}{3^4}+\cdots$$

$$\frac{\pi}{2}=\frac{3}{2}\times\frac{5}{6}\times\frac{7}{6}\times\frac{11}{10}\times\frac{13}{14}\times\frac{17}{18}\times\frac{19}{18}\times\frac{23}{22}\times\cdots$$

1706 年，英国数学家梅钦（John Machin）利用 $\frac{\pi}{4}=4\arctan\frac{1}{5}-\arctan\frac{1}{239}$，将 π 计算到小数点后 100 位，此后纪录迅速突破 500 位大关。1873 年，英国人尚克斯（William Shanks，1812—1882）花费 15 年光阴计算出有 707 个小数位的圆周率，这是他以纸和笔努力多年的成果。当时的人们将这个成就誉为一项震古铄今的数学发现。尚克斯效仿阿基米德，立下遗嘱将其刻在他墓碑上作为一生的荣誉。可惜的是，后来人们发现尚克斯的计算在第 528 位是错误的，因而后面的 180 位的计算也白搭了。

对于 20 世纪以前的人来说，计算速度快如闪电的电子计算机就像是天方夜谭，但这个梦想在 20 世纪中叶实现了。1949 年，美国数学家弗格森（D. F. Ferguson）摆脱了恼人的纸和笔，利用早期简易计算机，计算出了有 808 位的圆周率。

· **圆周率的魔力**

人们热衷于计算圆周率的数值，当然不仅仅是为了创造新的纪录。从计算机计算 π 来看，这种计算已演变为检验计算机优良程度和判断计算机程序设计好坏的一种有效的方法：如果在计算中得出的数值出了错，这就表示计算机硬件有毛病或软件设计有问题，需要进行更新。对计算机而言，最大的挑战就是计算圆周率——它就像计算机的心电图一样。

当然，对数学而言，数学家用计算机计算 π，是想研究 π 的位数是否有它独特的规律，他们希望能通过更多的位数看得更远，以发现某些模式的蛛丝马迹。正如楚诺维斯基兄弟说的，"我们正在找寻一些规则，一些能凸显出圆周率和其他数值不同之处的规则。"如果有人从圆周率中任意连续抽出 100 万个小数位数，你能否看出它们来自圆周率？数学家寻找的是一个特定的模式。

圆周率从第 700100 位起，连续出现 7 个 3，从第 3204765 位起又连续出现 7 个 3；π 的前 100 万小数位包括了 99959 个 0，99758 个 1，100026 个 2，100229 个 3，100230 个 4，100359 个 5，99548 个 6，99800 个 7，99985 个 8 以及 100106 个 9，各个数字出现的频率接近 0.1。回到前面，英国数学家尚克斯以 π 的 707 位闻名于世，很长一段时期里人们对他的这一结果深信不疑。1944 年弗格森对尚克斯的 707 位数中的各个数码出现的次数与频率进行统计。统计表明，各个数码出现的频率有的与 0.1 相差太大，弗格森因而怀疑尚克斯的计算可能有误，于是他重新检验，用了整整一年的时间，最终确认尚克斯的 π 值只有前 527 位是正确的。

圆周率各位数字是否以正态分布？0123456789，987654321 等数字串会出现在圆周率中吗？像类似这样的一些问题，显然不是计算机能解决的。它是个理论问题，要找到答案，还是要靠数学知识，而不能指望计算机。目前有很多人认为计算机无所不能，这类问题的存在，或许能点醒他们。

圆周率独有的魅力，让人忍不住要多看几眼，它的数字排列完全不按章法，没有任何规律。然而，从数学的观点来看，这正意味着它包含了所有的规律。

有人别出心裁，用其他进制来表示π（如二进制、五进制、十二进制），试图看看有什么规律，结果也是令人失望的；还有人把圆周率的数字转换成音符，谱写圆周率之歌，想听听天籁之音是如何美妙，初听起来无法听出任何旋律，但一直听下来，似乎又有些旋律。

圆周率作为一个几何概念，经常出其不意地出现在其他的数学分支中。一个比较有名的例子是，数学史上关于级数 $1+\dfrac{1}{2^2}+\dfrac{1}{3^2}+\dfrac{1}{4^2}+\cdots$ 的求和。这是一个令人头疼的问题，难倒了很多的数学家。欧拉通过巧妙的方法求出了这个和，π 出人意料地出现在这里，级数和的值竟然是 $\dfrac{\pi^2}{6}$。更为令人惊奇的是，数学家蒲丰通过投针实验就可得到 π 的值，这不但为圆周率研究开辟了一条新路，并逐渐发展成为一种新方法（统计实验法）。统计学中的标准正态分布函数为 $y=\mathrm{e}^{-\frac{1}{2}x^2}/\sqrt{2\pi}$，其中 π 恒定。

圆周率不仅大量存在于数学的各个分支中，同时也广泛存在于其他自然科学和艺术领域等范畴里，甚至在声波和海浪的节奏中，也隐藏着圆周率的身影。如在河床的情形中，河流有一种走出更多的环形路径的倾向，因为即使是最细微的弯曲都会使外侧的水流变快，但这反过来又对河岸造成更大的侵蚀和更急剧的转弯，大自然中各种因素的平衡最终会使河流的走向成自然态。奇妙的是河流从源头到出口之间的实际长度与直线距离之比的平均值为 π。

π 作为自然界最重要的常数。越来越多的人认识到，探索圆周率就像探索宇宙，如果我们能更多地了解这个数值，能找出这一长串数字的规律性或认识到圆周率与自然事物间的关联，那么我们对于宇宙的数学性和物理性就会有更进一步的认识。

李商隐有诗云："此情可待成追忆，只是当时已惘然。"身处其中，我们看不清事态的发展，不明白上天这么安排的意义，不知命运将载我们驶向何方。我们只能由着当时的场景，由着自己浅显的判断随波逐流。若干年之后，一切都尘埃落定。回忆过往，才惊叹命运早已给出暗示。关键时刻，它都给出了指引，只是当时我们走得太匆忙，没看见，或者我们眼神不够清澈，没看清。π 就是一本这样的书。

它一直在循环，一直不间断，一直在继续。这绵绵不断的数字中包含的每一段都是不同的数字，如你的生日、手机开机密码、身份证号，都会出现在这串数字里。如果你把这些数字换成字母，1 是 a，2 是 b……24 是 x，25 是 y，26 是 z，那么能够从圆周率中找到你上学时学过的每一个单词，你所说所做的一切，你全部的人生故事。这个世界无尽的可能性，都藏在这个非凡的数里。

但它不是先知，不会预先告诉你，它静静地在那儿，等一切结束，等谜底揭开，你才恍然惊悟，原来是这样啊。它是一个超强大的先知，早已洞悉一切，只是混沌行走的我们无法看透它的预警。

二、自然之数

一个神奇而美妙的数字
静静存在于宇宙之中
即使那些看起来死气沉沉的物质
也蕴藏着这个数字
让人仰视，让人敬畏

北京师范大学出版社出版的高中教科书数学必修一"指数函数和对数函数"一章中，在简单介绍对数的定义后，赫然出现了以下的文字：

e 是一个重要的常数，是无理数，它的近似值为 2.71828，科学技术中常以其作为对数的底数，以其为底的对数称为自然对数。

从此，e 作为自然对数的底，嵌入我们中学生的大脑。至于 e 是怎样出现的？e 为什么是一个重要的常数？对数中为什么要以这样一个"奇怪的 2.71828"为底而且命名为自然对数？这些问题对于我们大部分同学来说是不需要或没机会弄清楚的。

什么是 e？答："自然对数的底。"

什么是自然对数的底？答："e。"

这样的认识也许会伴随我们中学生一生。好端端的，神奇的 e 啊，就这样被"糟蹋"了，我们的学生怎么能喜欢上数学呢？

- **e 是一个怎样的数**

为了搞清 e 的来历，我们从一个现实问题——"存钱"开始，为此，需了解一下"复利"的概念。

假如我们向银行存入 100 元（本金）钱，年利率为 5%，每年计算一次复利，那么在第一年年末，账户上就会有：本金＋利息＝100＋100×5%＝100×(1＋5%)＝105 元。如果你不取出来，银行就会自动将这个金额作为本金，开始重新计算新的一年的利息，那么在第二年年末时，账户上的余额将会变成：

$$105＋105×5\%＝105(1＋5\%)＝100(1＋5\%)×(1＋5\%)＝100(1＋5\%)^2。$$

以此类推，第 3 年年末，账户上的余额将为 $100×(1＋5\%)^3$ ……（不仅开始的本金被用来计算利息，本金获得的利息也将会产生利息，这种计息方法叫作"复合型利息"，简称"复利"，俗称"利滚利"）。我们看到，账户余额将以 1＋5% 为公比呈几何级数增长。相比之下，单利形式的账户每年只能获得相等的利息回报，如果以 100 元的本金投资单利，年利率也是 5%，那么账户的金额会每年多 5 元钱，以等差数列 100，105，110，115，…增长。显然，不管利率是多少，复利的收益都要比单利来得快，时间越长，快得就越厉害，甚至可以超乎想象。大家都知道，指数增长的威力大得惊人。爱因斯坦就曾说过，"复利是宇宙间最强大的力量。"

从这个例子我们可以得出一个普遍规律。假设我们将本金 a 元存入账户，获取的复利年利率是 r，那么第 n 年年末，账户余额是

$$S＝a(1＋r)^n。 \tag{2}$$

这个公式实际上是一切财务计算的基础，常常被用在银行存款、贷款抵押、分期付款和养老金等的计算上。

如今，商业竞争日趋激烈，时效性也显得越来越重要。银行为方便客户，同时也为回报客户，提高竞争力，银行结息也并不都是一年只计一次利息，而是根据需要计算多次，有一年期、半年期、季度期等。如果银行的复利存款年利率是 5%，约定每半年结算一次，银行就会将年利率的一半称为期利率。一年内 100 元本金，半年期利率为 2.5%，那么年末总金额就是 $100 \times (1+0.05/2)^2$，这会比年利率为 5% 的一年结算一次的复利存款多出 6 分钱。

假设一年内银行计算复利的次数是 n，那么银行会把年利率 r 除以 n 作为每次结算的利率，也就是 r/n，那么本金 a 元在一年年末时资金将增长至

$$S = a\left(1+\frac{r}{n}\right)^n 。 \tag{3}$$

100 元本金存一年期复利率为 5% 时，理论上不同的结算周期对存款收益的影响如表 12-1 所示（精确到小数点后两位）。

表 12-1

结算周期	n	$100 \times \left(1+\dfrac{r}{n}\right)^n$	S/元
一年	1	$100 \times \left(1+\dfrac{0.05}{1}\right)^1$	105.00
半年	2	$100 \times \left(1+\dfrac{0.05}{2}\right)^2$	105.06
季度	4	$100 \times \left(1+\dfrac{0.05}{4}\right)^4$	105.09
月	12	$100 \times \left(1+\dfrac{0.05}{12}\right)^{12}$	105.12
周	52	$100 \times \left(1+\dfrac{0.05}{52}\right)^{52}$	105.12
日	365	$100 \times \left(1+\dfrac{0.05}{365}\right)^{365}$	105.13

从表中可看出，当 n 越来越大时，$100 \times \left(1+\dfrac{0.05}{n}\right)^n$ 也会缓慢增大。当然，你也别小看这个增长，如果本金为 100 亿，增长的金额也会是一笔很大的数目。理论上，若客户要求以小时结算，客户账户的余额会增大到什么程度？银行会不会破产呢？

为了更深入地探索这个问题，我们考虑 (3) 式的一个简单情形，即 $r=1$（也就是说，年利率 100%，当然还没有哪家银行会慷慨到如此地步，但就数学而言，r 作为一个常

数，当 n 很大时，式子 $a \times \left(1+\dfrac{r}{n}\right)^n$ 中 r 取一个小数还是取 1，对结果影响不大），我们来看看 n 的增加对式子 $\left(1+\dfrac{r}{n}\right)^n$ 的影响（取 $a=1$，$r=1$）（表 12-2）。

表 12-2

n	$\left(1+\dfrac{1}{n}\right)^n$
1	2
2	2.25
3	2.37037
5	2.48832
10	2.59374
50	2.69159
100	2.70481
10000	2.71815
1000000（1 百万）	2.71828
10000000（1 千万）	2.71828
...	...

从表 12-2 中可以看出，随着 n 的增加，式子 $\left(1+\dfrac{1}{n}\right)^n$ 也随之增大，但越到后面，增长的速度会越来越缓慢。

要计算 $\left(1+\dfrac{1}{n}\right)^n$ 当 n 越来越大以至于趋于无穷大的值时，需要运用极限运算。数学家通过极限理论已证明，当 $n \to \infty$ 时式子 $\left(1+\dfrac{1}{n}\right)^n$ 的值虽然会缓慢增大，但它存在一个极限值。欧拉在《无穷小分析引论》中用字母 e 来表示这个极限，定义为 $\lim\limits_{n \to \infty}\left(1+\dfrac{1}{n}\right)^n = \mathrm{e}$。从表 12-2 可知，它的近似值为 2.71828…

根据欧拉的定义，结合二项式定理和简单的极限知识，我们可以快速地计算出 e 的近似值。

$$\left(1+\dfrac{1}{n}\right)^n = C_n^0 \cdot 1^n + C_n^1 \cdot 1^{n-1} \cdot \dfrac{1}{n} + C_n^2 \cdot 1^{n-2} \cdot \left(\dfrac{1}{n}\right)^2 + C_n^3 \cdot 1^{n-3} \cdot \left(\dfrac{1}{n}\right)^3 + \cdots + C_n^n \cdot$$

$$1^0 \cdot \left(\dfrac{1}{n}\right)^n$$

$$= 1 + n \times \dfrac{1}{n} + \dfrac{n \times (n-1)}{2!} \times \left(\dfrac{1}{n}\right)^2 + \dfrac{n \times (n-1) \times (n-2)}{3!} \times \left(\dfrac{1}{n}\right)^3 + \cdots + \left(\dfrac{1}{n}\right)^n$$

$$=1+1+\frac{1-\dfrac{1}{n}}{2!}+\frac{\left(1-\dfrac{1}{n}\right)\left(1-\dfrac{2}{n}\right)}{3!}+\cdots+\frac{1}{n^{n}}。$$

显然，当 $n\to\infty$ 时，$\dfrac{1}{n}$，$\dfrac{2}{n}$，$\cdots$ 的极限值都是 0。因此我们有

$$\lim_{n\to\infty}\left(1+\frac{1}{n}\right)^{n}=1+1+\frac{1}{2!}+\frac{1}{3!}+\cdots$$

即 $\mathrm{e}=1+1+\dfrac{1}{2!}+\dfrac{1}{3!}+\dfrac{1}{4!}+\cdots$

计算这一无穷级数中的项并将它们相加变得相对简单一些，与前面直接计算 $\left(1+\dfrac{1}{n}\right)^{n}$ 相比，它们能更加快速地接近极限值。

这一无穷级数开始前 8 项的和见表 12-3。

表 12-3

$1+1=$	2
$1+1+\dfrac{1}{2}=$	2.5
$1+1+\dfrac{1}{2}+\dfrac{1}{6}=$	2.666$\cdots$
$1+1+\dfrac{1}{2}+\dfrac{1}{6}+\dfrac{1}{24}=$	2.708333$\cdots$
$1+1+\dfrac{1}{2}+\dfrac{1}{6}+\dfrac{1}{24}+\dfrac{1}{120}=$	2.716666$\cdots$
$1+1+\dfrac{1}{2}+\dfrac{1}{6}+\dfrac{1}{24}+\dfrac{1}{120}+\dfrac{1}{720}=$	2.7180555$\cdots$
$1+1+\dfrac{1}{2}+\dfrac{1}{6}+\dfrac{1}{24}+\dfrac{1}{120}+\dfrac{1}{720}+\dfrac{1}{5040}=$	2.718253968$\cdots$

因为每个和式中的项都在急剧地减小，序列将迅速收敛。此外，由于每项都是正数，收敛过程是单调的：每新加一项都会使我们更接近于极限值。我们可以根据需要，把序列中更多项相加以达到想要的精度。

什么是 e？简单地说，e 就是 $\left(1+\dfrac{1}{n}\right)^{n}$ 增长的极限。

随着科学技术的不断发展，研究的领域也越来越宽泛，人们在研究众多的实际问题时，总能遇见 e 的身影。如在物体的冷却、细胞的繁殖、放射性元素的衰变中，都要研究式子 $\left(1+\dfrac{1}{x}\right)^{x}$ 当变量 x 趋近无穷时的极限。有趣的是，当 x 趋于正无穷大时，$\left(1+\dfrac{1}{x}\right)^{x}$

的极限等于 e＝2.71828…当 x 趋于负无穷大时，$\left(1+\dfrac{1}{x}\right)^{x}$ 的极限结果也是 e＝2.71828…正是这种无限变化中获得的有限，以及从两个相反方向发展而得来的共同形式，充分体现了宇宙万事万物的形成、发展及衰亡的最本质的东西，这可能就是 e 被称为自然常数的原因。

·为什么是它

大家都知道以 e 为底的对数被称为自然对数，但很少有人去深究，数学家为什么选择 2.71828…这样一个无理数为对数的底呢？

为此，我们先对对数的发明做个回顾。

16 世纪至 17 世纪初，各领域的科学知识急速发展。数学、力学、航海、天文等突破古老教条的束缚，急剧地改变着人们的世界观。哥白尼的"日心说"在经过近一个世纪与教会的斗争后，终于渐渐为人们所接受。1521 年麦哲伦的环球旅行宣告了游遍地球每个角落的崭新航海探险时代到来。同一时期，意大利人伽利略正在奠定力学的基础。德国人开普勒创立了行星运动三大定律，从此彻底颠覆了中世纪的"地心说"。这些科学发展带来了庞大的数据计算问题，科学家们不得不花费大量宝贵的时间专注于这些烦琐的数字运算，这时迫切地需要一种新发明，能够将他们从这些烦琐的运算中解放出来。

让我们用一个例子来体验一下，计算 299792.468×31536000，当然不能出一点儿差错，因为"差之毫厘，失之千里"，计算的结果是 9454255270850，这是什么意思呢？299792.468 是光在真空中的速度(km/s)，而 31536000 是一年的总秒数(按 365 天算)，所得结果正是天文学中的 1 光年，这个天文学基本单位涉及的运算尚且如此复杂，要探索整个宇宙，任务何其艰巨！科学家常常为陷于繁杂的大数计算而苦恼不已，为了计算出一个行星的位置，往往要耗费几个月甚至几年的时间。庞大的天文数字计算严重地束缚着人类探索宇宙的进程，而其他领域中亦面临同样的难题。

算术运算的改进成了当时紧迫的一项任务。

对数的发明被归功于纳皮尔。纳皮尔不是职业数学家，但对数学的某些方面——主要涉及计算和球面三角方面的问题做出过深刻的研究，如今"纳皮尔算筹""纳皮尔相似式"和"纳皮尔圆弧法则"都是有关解决球面三角问题的内容。尽管人们认为这些都是纳皮尔的生平杰作，可比起他的伟大发明——对数来，只不过是雕虫小技而已。

对数思想的萌芽，源于早先人们对两个数列(级数)的观察，阿基米德曾对以下两列数做出过思考：

$$1,\ 10,\ 100,\ 1000,\ 10000,\ \cdots$$
$$0\quad 1\quad\ \ 2\quad\ \ \ 3\qquad\ 4\cdots$$

伽利略也曾思考过这两个数字序列：

$$1,\ 2,\ 4,\ 8,\ 16,\ 32,\ 64,\ 128,\ 256,\ 512,\ 1024,\ \cdots$$
$$0\ \ 1\ 2\ 3\ \ 4\ \ \ 5\ \ \ 5\ \ \ \ 7\ \ \ \ \ 8\ \ \ \ \ 9\ \ \ \ \ 10\cdots$$

"伽利略数表"背后的秘密在于这样的一个转换：

假如我们要计算 8×32，在表中我们找到 8 和 32 相对应的"代表者"，分别是 3 和 5，两者之和为 8，而"代表者"为 8 的数对应的数是 256，这就是我们想要的 8×32 的答案。

这意味着，利用这个数表，我们能通过加法完成乘法运算。同样，若我们要计算 $512 \div 8$，通过查表，找到相对应的代表者 9 和 3，两者之差为 6，反过来表中"代表者"为 6 的数对应着 64，这就是 $512 \div 8$ 的结果。

这一规律的实质隐藏在幂运算法则 $a^m \cdot a^n = a^{m+n}$ 这一模式之中。假设我们有一个值，如 32758，显然，这个值介于 10^4 与 10^5 之间。纳皮尔意识到，在 4 和 5 之间，必然存在某一个值 P，使得 $32758 = 10^P$ 成立。也就是说，任何一个数都可以是 10 的幂。既然 10 的幂相乘很简单（指数相加），而任何数又都可以表示成 10 的幂，这意味着任何数相乘都能转化为 10 的幂相乘，从而通过指数相加来简化运算。

一般地，如果我们能将任何正数写成某个固定值（现在称为底数）的幂，那么计算数的乘除法就可以转换为计算幂指数的加减法。进一步计算一个数的 n 次幂，等于将相同指数相加 n 次（即指数乘 n），而对于一个数开 n 次方则等效于指数除以 n。简言之，基本算术运算都可以降为比该运算低级的运算，这样就大大地降低了数据运算的复杂度。

我们用现代语言把这种思想表述为：若 $a^b = N (a > 0, a \neq 1)$，则 b 称为以 a 为底 N 的对数，记为 $b = \log_a N$。对数背后的主要思想表现在我们熟悉的一组公式中：

$$\log_a (M \times N) = \log_a M + \log_a N;$$

$$\log_a \left(\frac{M}{N}\right) = \log_a M - \log_a N;$$

$$\log_a M^n = n \log_a M;$$

$$\log_a \sqrt[n]{M} = \frac{1}{n} \log_a M。$$

理论上的框架建立起来了，但要运用于实际还有很多艰苦的工作要做，前提是要编制一个庞大到无所不包的数的对数表。这个数表需要解决两个问题：一是能查到任意一个正数的对数；二是已知一个正数的对数值能查到原来的那个数，即"真数"。这时，底的选择显得非常重要。

最容易想到的"底"显然是整数 2 和 10，2 是可以考虑作为底的最简单的数，而 10 因为十进制为人们所习惯。

需解决的问题是：以什么数为底编制对数表最方便？

要编制 $\log_a N$ 表，须满足两个条件：

第一，对数值能取较密集的值，比如 $\log_a N = 0.000, 0.001, 0.002, 0.003, \cdots$ 这样的数表涵盖的数足够密集，能保证由对数值可以查真数。

第二，在上述条件下，此时 $N = a^{0.000}, a^{0.001}, a^{0.002}, a^{0.003}, \cdots$ 底数 a 的选择要使 a 的这些幂容易计算，同时这些 a 的幂的间隔不能太大。因为间隔大了，就会有许多真数 N 查不到对数值。

按照上述要求，我们来研究一下 a 取什么值比较有利。

第一，若 $a = 10$，则真数 $N = 10^{0.000} = 1$, $10^{0.001} = \sqrt[1000]{10}$, $10^{0.002} = \sqrt[1000]{100}$, $10^{0.003} = \sqrt[1000]{1000}$, $\cdots$ 这些开方显然都不易计算（取 $a = 2, 3$ 等也都不易计算）。

第二，为了便于计算，我们取 $a = 10^{1000}$，则真数 $N = 1, 10, 100, 1000, \cdots$ 容易计

算，但 N 的间隔太大，不能满足使用的需要，如查不到 1 到 10 之间、10 到 100 之间、100 到 1000 之间的数的对数。

第三，如果取 $a=(1.001)^{1000}$，则真数 N 近似为 $N=1$，1.001，1.002，1.003，…既容易计算，而且数与数的间隔足够密集，便于造表[注意：当 x 很小时，$(1+x)^n \approx 1+nx$]。

第四，如果取 $a=(1.0001)^{1000}$ 或 $(1.00001)^{100000}$ 等，则会有更高精确度的对数表。

由此可知，应取形如 $a=\left(1+\dfrac{1}{n}\right)^n$ 这种形式的数作底，且 n 越大越精确。根据计算，人们发现 $\left(1+\dfrac{1}{n}\right)^n$ 的值随着 n 的增大越来越逼近 e，这就是选择 e 为对数的底的原因。

纳皮尔选择 e 为底，经过大量的计算，编制出了一个自然对数表。

在纳皮尔的自然对数表的基础上，布里格斯与纳皮尔合作，共同编制了以 10 为底的对数表。这就是我们所说的常用对数表。他们用了近十年的时间于 1624 年完成了精度达到小数点后 14 位的常用对数表。

这项发明很快传遍欧洲，甚至也传到了我国。人们用对数表和后来发明的机械装置（对数计算尺）来完成那些复杂的计算，极大地提高了计算效率。开普勒将之应用到复杂而精细的天体运动轨迹计算中，通过观测、实验、收集数据、计算和归纳，得到行星运动三大定律，成为对数发明的受益者。拉普拉斯感慨地说："对数的发明减少了劳动量，它使天文学家的寿命延长了一倍。"当时，根据对数原理制作出来的各种各样的计算尺也成了每个科学家和工程师必备的计算工具。

自工业革命到现代社会计算机产生之前的那段时间里，计算尺一直扮演着非常重要的角色，英国奥特雷德（William Oughtred，1575—1660）在计算尺协会的一篇纪念文章中写道："横跨了三个半世纪几乎所有地球上主要建筑结构的设计，都是通过计算尺完成的。"

如今，计算机的出现使得再复杂的计算，也能在几秒甚至瞬间完成，现今几乎所有的计算都是由机器来完成的，正如莱布尼茨所预测的那样。随着对数表在我们中学教科书附录中消失，我们也没机会再看到在工作现场的工程师随手从外衣口袋中掏出计算尺来用的情景了，这仿佛默然地告诉我们，那段属于它们的辉煌时代已一去不复返。但是，对数并未失去其在计算中的核心地位，它只是躲到计算机的幕后去了。随着近代数学的兴起，对数函数又成了几乎所有数学分支的核心，无论是纯数学还是应用数学。它出现在物理学、化学、生物学、心理学、艺术等各种实际领域的应用中，远远超出了数学的范畴。

· 高等数学的基石

前面我们从历史的长河中撷取两个片段，使我们对 e 的认识有了长足的进步，我们对 e 终于不再陌生了。但要更多地认识 e 的奥秘，更深入地了解它的魅力，我们还要继续向前迈进，进入到微积分领域。

牛顿和莱布尼兹在发展微积分学时，主要把微积分应用于代数曲线，也就是方程为多项式或多项式之比的曲线。这些方程比较常见，如抛物线 $y=x^2$ 和双曲线 $y=\dfrac{1}{x}$ 就是两个简单的例子。但人们在应用中发现，很多曲线并不属于代数曲线，而是超越曲线（这一术语是由莱布尼兹创造的，表示曲线的方程超过了初等代数学的研究范围），其中就有指数曲线。

如图 12-3，是所有指数曲线的一种情形，不管它们的底数是什么。这一图形的简洁性是一目了然的，但它缺乏一个代数函数应当具备的大部分特征。例如，图像与 x 轴的交点、最大值点、最小值点和拐点等。初看起来，指数函数的图像如此简单，但它有一个非常重要的特点，那就是它的变化率（导数）。

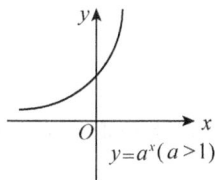

图 12-3 一个增长的指数函数图像

问题：求指数函数 $y = a^x (a > 0$，且 $a \neq 1$ 的导数。

根据导数的定义，我们有：

$$y' = \frac{\mathrm{d}y}{\mathrm{d}x} = \lim_{\Delta x \to 0} \frac{a^{x+\Delta x} - a^x}{\Delta x} = \lim_{\Delta x \to 0} \frac{a^x(a^{\Delta x} - 1)}{\Delta x}. \tag{4}$$

为了方便起见，我们将符号 Δx 用一个简单的字母 h 代替，因此等式（4）可变为

$$\frac{\mathrm{d}y}{\mathrm{d}x} = \lim_{h \to 0} \frac{a^x(a^h - 1)}{h}. \tag{5}$$

将因子 a^x 从极限运算中移出，因为等式（5）中的极限运算涉及的变量是 h，这时 x 被看作常量。因此，我们得到如下的表达式

$$\frac{\mathrm{d}y}{\mathrm{d}x} = a^x \cdot \lim_{h \to 0} \frac{a^h - 1}{h}. \tag{6}$$

极限 $\lim_{h \to 0} \frac{a^h - 1}{h}$ 的值用字母 k 来表示，那么就得到如下的结果：

若 $y = a^x$，则 $y' = ka^x = ky$。 $\tag{7}$

这一结果非常重要，它表明：指数函数的导数与它自身成比例。

请大家注意，到目前为止，$a(a > 0, a \neq 1)$ 的选择完全是任意的。

人们自然会想道：能否找到某个特定的 a，使结果特别简练呢？若能选择一个合适的 a，使得比例常数 k 恰好等于 1，显然可以使等式（7）变得更为简单。如果是这样，那将是底数 a 的最"自然"的选择。

这里，我们从假定 h 为有限数时开始（除去极限符号）。令表达式 $\frac{a^h - 1}{h} = 1$，解出 $a = (1 + h)^{\frac{1}{h}}$，再令 $h \to 0$，得到 $a = \lim_{h \to 0}(1 + h)^{\frac{1}{h}}$，将等式中的 $\frac{1}{h}$ 用字母 m 代替，那么 $h \to 0$ 也就意味着 $m \to \infty$，因此我们有 $a = \lim_{m \to \infty}\left(1 + \frac{1}{m}\right)^m$。这个极限值正是数字 e。至此，我们得到如下的重要结论。

如果选择数字 e 作为底，那么指数函数的导数等于它自身，用符号表示就是：

如果 $y = e^x$，那么 $\frac{\mathrm{d}y}{\mathrm{d}x} = e^x (y' = e^x)$。

值得特别强调的是，函数 e^x 的微分不变的特性，是任何其他函数都不具备的。这一

重要特征使函数 e^x 在许多领域的研究中发挥着独特的作用。

问题：利用导数求 e 的近似值。

欧拉认为，一切连续函数均可展开为无穷级数，指数函数 $y=e^x$ 可展开为如下的无穷级数：

$$e^x=a_0+a_1x+a_2x^2+\cdots+a_nx^n+\cdots$$

令 $x=0$，得 $a_0=1$。

由 e^x 的微分形式不变性得

$$(e^x)'=a_1+2a_2x+3a_3x^2+\cdots=e^x。$$

令 $x=0$，得 $a_1=1$。

$$(e^x)''=2a_2+3\times2a_3x+4\times3a_4x^2+\cdots=e^x。$$

令 $x=0$，得 $a_2=\dfrac{1}{2}$，

$$(e^x)'''=3\times2a_3+4\times3\times2a_4x+\cdots=e^x。$$

令 $x=0$，由 $3\times2a_3=1$ 得 $a_3=\dfrac{1}{3\times2}$。

e^x 微分多少次都依然不变，真是不可思议的函数。由此我们循环计算可得：

$$a_0=1，a_1=1，a_2=\dfrac{1}{2}，a_3=\dfrac{1}{3\times2}，\cdots，a_n=\dfrac{1}{n(n-1)(n-2)\cdots3\times2\times1}。$$

据此，$e^x=1+x+\dfrac{1}{2!}x^2+\dfrac{1}{3!}x^3+\cdots+\dfrac{1}{n!}x^n$。

令 $x=1$，可得 $e=1+\dfrac{1}{1!}+\dfrac{1}{2!}+\dfrac{1}{3!}+\cdots$

至此，我们大致熟悉了 e。e 之所以被称为"自然之数"，一方面，e 是万事万物增长的极限，它体现了宇宙中事物的形成、发展及衰亡的"大自然"的本质规律；另一方面，人们在研究对数和对数函数的时候，发现以 e 为底会使问题变得极为简洁，以 e 为底乃是一种"自然"的选择。

三、超越数

圆周率的故事早已广为流传，一来是因为它的历史可以追溯到远古时代，二来则是人们无须太高深的数学知识就能理解。对于常数 e，因为它出现得更晚，而且它与高等数学紧密相连，所以 e 的知名度要比 π 逊色得多。

π 和 e 这两个数作为数学中两个最重要的常数，数学家对它们的研究一直没有停止过。除了它们各自的特点和性质以外，这两个数的比较和它们之间的关系也一直为数学家津津乐道。例如，$\pi=3.1415926\cdots$，$e=2.718281828\cdots$，它们的整数部分一个是 3，一个是 2。又 $e^\pi=22.45915772\cdots$，$\pi^e=23.14069263\cdots$ 似乎很接近。更有意思的是，它们不仅同属于无理数，而且还同时是另一种类型的数，这种类型的数是那样的奇妙，它的名字叫"超越数"。

我们知道，就实数的体系来说，人们把它分为有理数和无理数两大类。18 世纪以前，

人们最熟悉的数是有理数，虽然也经常使用无理数，但对无理数的性质了解得很少，人们自然希望用熟知的有理数来研究各种数。德国数学家兰伯特（Lambert，1728—1777）曾证明了这样一个定理："如果 x 是非零有理数，则 $\tan x$ 不能是有理数"。兰伯特利用 $\tan \dfrac{\pi}{4}=1$ 及反证法，证得 $\dfrac{\pi}{4}$ 不能是有理数，因而 π 是无理数。

另外，还可以将一些数与有理系数方程（也可说是整系数方程）联系起来。法国数学家勒让德（Legendre，1752—1833）猜测，π 不可能是有理系数方程的根，这导致了"代数数"概念的产生。数学家把凡是可作为有理系数一元多项式方程的根的数称为代数数，而把不是代数数的数都称为超越数（即超越数是不可作为有理系数代数方程的根的数）。用欧拉的话来说，"它们超越了代数方法的能力"。这样一来，借助于方程，实数就又被分为代数数和超越数两大类。

显然，一切有理数 $\dfrac{m}{n}$ 都是代数数，因为 $\dfrac{m}{n}$ 是有理系数方程 $nx-m=0$（m，n 为整数，$n \neq 0$）的根。须注意的是，像 $\sqrt{2}$ 与 $\sqrt[5]{3}$ 之类的无理数也都是代数数，因为它们分别是有理系数代数方程 $x^2-2=0$ 和 $x^5-3=0$ 的根。这样一来，无理数就有可能是代数数（如 $\sqrt{2}$，$\sqrt[5]{3}$），也有可能不是代数数，而是超越数。这表明人们对无理数的研究更深刻了。

有趣的是，从 18 世纪提出超越数概念开始，到 19 世纪中叶，还没有人能从理论上证明超越数的存在，也没有人确切地知道哪一个数一定是超越数。1844 年，法国数学家刘维尔利用他证明的代数数必须满足的一个性质，间接地构造了一个超越数，最简单的刘维尔数是 $\dfrac{1}{10}+\dfrac{1}{10^{2!}}+\dfrac{1}{10^{3!}}+\cdots$（它的小数展开表达式是 $0.11000100000000000000000100\cdots$）。由此向世人宣告了超越数的存在，使人们对超越数的认识由概念到现实存在产生了质的跃进。

关于超越数，曾发生过数学史上非常奇特的一幕，那就是康托尔推演的关于"无限"的理论。

康托尔，德国数学家，集合论的创始人。康托尔在研究无穷大理论时引入了"可数集"与"不可数集"的概念。康托尔定义：如果一个集合中的元素能与自然数集（当然是无穷集）建立一一对应关系，那就称这个集合是可数集，可以形象地理解为这个集合的元素可以一一数（shǔ）出来，因为日常生活中数物体的个数，本质上就是把被数物体逐个地与自然数 1，2，3，…建立一一对应关系。相反地，不能与自然数集建立一一对应关系的集合称为不可数集。

康托尔用巧妙的方法证明了有理数集是可数的，而实数集是不可数的，由此推出，无理数集也必定是不可数的。有了可数集与不可数集的概念，人们可以比较"无限"的"多"与"少"。按照康托尔的理论，不可数集与可数集属"无限"划分中的不同"级"或"势"。通俗地说，不可数集的元素个数要比可数集的元素多得多，这就解决了比如"是有理数多，还是无理数多"等问题。换句话说，无理数比有理数多得难以想象，在实数中几乎都是无理数。

正当人们步履艰难地研究超越数的时候，1874 年，康托尔发表了著名论文《关于一切实代数数的一个性质》，证明了所有代数数组成的集合是可数的。但注意的是，全体实数是不可数的，所以康托尔也就间接证明了全体超越数是不可数的。超越数要比现在已知的无穷多个代数数要多得多。

问：实数中有多少个代数数？

答：无穷多个，要多少有多少。

问：实数中有谁是超越数？

答：只有刘维尔数是超越数，其他的不知道。

问：实数中代数数多还是超越数多？

康托尔：超越数远比代数数多，相对于超越数而言，代数数的个数简直不值一提。

这个不可思议的结论使整个数学界感到无比震惊。

数学家贝尔以充满诗意的语言做了一个形象的概述：

"点缀在平面上的代数数犹如夜空中的繁星；而沉沉的夜空则由超越数构成。"

或许，像 π 和 e 这样的数实在太神秘，以至于有理数（分数）或者代数方程这样平凡的事物遇到它们根本起不到作用。1873 年，法国著名数学家厄尔米特（C. Hermite，1822—1901）终于证明了 e 为超越数。受厄尔米特的鼓舞，德国数学家林德曼（Lindemann，1852—1939）于 1882 年证明了 π 是超越数。

至此，"兄弟俩"终于在"稀有"的超越数的王国里又相遇了。

π 和 e 作为数学中两个重要的常数，它们都是无理数。现在我们又知道，π 和 e 又同是超越数，但这一切还没有表现出它们之间的密切关系。π 和 e 的关系因为 i 的存在而显得更加扑朔迷离。π，e，i 将合奏一首怎样的"三重奏"呢？当然，还缺少一位主角，这就是乐队的灵魂人物——指挥。谁有资格担任"三重奏"的指挥呢？

四、欧拉三重奏

是啊，欧拉利用级数，一小时之内轻松算出圆周率 π 的前二十位。欧拉指出对数源出于指数，欧拉的研究使自然指数函数 e^x 成为高等数学的基石。欧拉抛弃当时人们普遍对虚数 i 的偏见，把虚数应用在数学的各个领域。欧拉给这三个数取的名字，得到全世界的认可，没有哪一位数学家比欧拉更有资格担任这曲"三重奏"的指挥了。为此，让我们向伟大的欧拉致敬。

在圆周率讲座中，我们了解到韦达在等式 $\dfrac{2}{\pi}=\dfrac{\sqrt{2}}{2}\cdot\dfrac{\sqrt{2+\sqrt{2}}}{2}\cdot\dfrac{\sqrt{2+\sqrt{2+\sqrt{2}}}}{2}\cdots$ 中加入"等等"一词而创造了历史，使人们对级数的研究得到迅猛发展。

数学家发现，任一连续函数都可展开为幂级数：

$$f(x)=a_0+a_1x+a_2x^2+\cdots+a_nx^n+\cdots$$

这一发现为函数以及微积分的研究开辟了新的道路。

对于超越函数（自然指数函数）$y=e^x$，我们已演示过，根据 e^x 的微分不变性，对等式 $e^x=a_0+a_1x+a_2x^2+\cdots+a_nx^n+\cdots$ 反复求导，循环计算，可解得

$$a_0=1,\ a_1=1,\ a_2=\frac{1}{2!},\ a_3=\frac{1}{3!},\ \cdots$$

因而可得 e^x 的幂级数展开式

$$e^x=1+x+\frac{x^2}{2!}+\frac{x^3}{3!}+\cdots+\frac{x^n}{n!}+\cdots$$

为了使同学们熟悉这种方法，我们再来看一个例子。

问题：求正弦函数 $y=\sin x$ 的幂级数展开。

在学习正弦函数的性质时，我们利用正弦函数的图像，讨论了这个函数的奇偶性、单调性、周期性、最大值、最小值等。如果能把正弦函数用代数多项式幂级数展开，那么无疑又提供了一种新的研究途径。

令
$$\sin x=a_0+a_1x+a_2x^2+a_3x^3+a_4x^4+a_5x^5+a_6x^6+\cdots \tag{8}$$

令 $x=0$ 得 $a_0=0$。

对(8)式求导，注意 $(\sin x)'=\cos x$，即
$$\cos x=a_1+2a_2x+3a_3x^2+4a_4x^3+5a_5x^4+6a_6x^5+\cdots \tag{9}$$

令 $x=0$ 得 $a_1=1$。

对(9)式求导，注意 $(\cos x)'=-\sin x$，即
$$-\sin x=2a_2+6a_3x+12a_4x^2+20a_5x^3+30a_6x^4+\cdots \tag{10}$$

令 $x=0$ 得 $a_2=0$。

对(10)式求导可得
$$-\cos x=6a_3+24a_4x+60a_5x^2+120a_6x^3+\cdots \tag{11}$$

令 $x=0$ 得 $a_3=-\frac{1}{6}=-\frac{1}{3!}$。

对(11)式求导可得
$$\sin x=24a_4+120a_5x+360x^2+\cdots \tag{12}$$

令 $x=0$ 得 $a_4=0$。

对(12)式求导可得
$$\cos x=120a_5+720x+\cdots \tag{13}$$

令 $x=0$ 得 $a_5=\frac{1}{120}=\frac{1}{5!}$。

……

重复这一过程，我们可得到

$$a_0=0,\ a_1=1,\ a_2=0,\ a_3=-\frac{1}{3!},\ a_4=0,\ a_5=\frac{1}{5!},\ \cdots$$

由此可得

$$\sin x=x-\frac{x^3}{3!}+\frac{x^5}{5!}-\frac{x^7}{7!}+\cdots$$

同理，可得

$$\cos x=1-\frac{x^2}{2!}+\frac{x^4}{4!}-\frac{x^6}{6!}+\cdots$$

我们要讲的主题是"三重奏",很多同学好像有些纳闷,讲了这么一大堆,我们到底是要干什么呢?

好戏不在忙中出,情节正向纵深发展。

数学历史的进程表明,数学的发展往往是极不规则的,它有时取决于数学家的"直觉"而不是数学逻辑。虚数的发现、级数的大量运用和微积分的发明都验证了这一点,而数学家们往往在"真理"与"谬误"之间走钢丝。

我们看看欧拉是如何玩转数学的。

前面我们得到自然指数函数 e^x 的幂级数展开:

$$e^x = 1 + x + \frac{x^2}{2!} + \frac{x^3}{3!} + \cdots \tag{14}$$

对这个幂级数展开式,欧拉做了一件大胆的事:他用虚数表达式 ix($i = \sqrt{-1}$)来替换(14)式中的 x。这在数学中是属于大胆、出格的行为。因为在我们所有关于函数 e^x 的定义与演算中,变量 x 表示的始终是一个实数,欧拉用虚数替代实数,极有可能得出荒谬的结论。

不过,欧拉对他的公式有足够的信心。通过将等式(14)中变量 x 换成 ix,欧拉得到

$$e^{ix} = 1 + ix + \frac{(ix)^2}{2!} + \frac{(ix)^3}{3!} + \cdots \tag{15}$$

根据 i 的特质,$i^2 = -1$,$i^3 = -i$,$i^4 = 1$,i 的整数次乘方以 4 为周期循环,我们可以将等式(15)写成

$$e^{ix} = 1 + ix - \frac{x^2}{2!} - \frac{ix^3}{3!} + \frac{x^4}{4!} + \frac{ix^5}{5!} - \cdots \tag{16}$$

接下来,欧拉做了第二个大胆的尝试:他改变等式(16)中项的次序,将所有的实数项和所有的虚数项从整体中分离出来。这可能有危险:我们当然知道,对于有限个数的和,不管怎么改变项的次序,都不会影响到最终结果,因为有 $a + (b + c) = (a + b) + c$ 保证,但对于一个无限序列这么做,极有可能会影响最终的结果,甚至改变序列的性质。例如,计算序列 $1 - 1 + 1 - 1 + \cdots$ 的和,若我们擅自组合成

$$(1 - 1) + (1 - 1) + (1 - 1) + \cdots$$

结果将是 0;若我们变换为

$$1 - (1 - 1) - (1 - 1) - (1 - 1) - \cdots = 1 - 0 - 0 - 0 - \cdots$$

结果又变为 1;若我们令

$$S = 1 - 1 + 1 - 1 + 1 \cdots = 1 - (1 - 1 + 1 - 1 + \cdots) = 1 - S,$$

则 $2S = 1$,序列的结果又变成了 $\frac{1}{2}$。

事实上,这个序列的和是发散的!

欧拉的时代,数学家对级数的认识还停留在"初级阶段",人们在无限运算中随心所欲地做试验(就像牛顿和莱布尼茨随心所欲地运用微积分一样)。

欧拉通过改变等式(16)中项的排列，得到

$$e^{ix} = \left(1 - \frac{x^2}{2!} + \frac{x^4}{4!} + \cdots\right) + i\left(x - \frac{x^3}{3!} + \frac{x^5}{5!} + \cdots\right)。 \tag{17}$$

欧拉当然知道括号中的两个无穷级数分别是三角函数 $\cos x$ 和 $\sin x$ 的无穷级数展开式，因此，欧拉终于得到了他想要的东西：

$$e^{ix} = \cos x + i\sin x。 \tag{18}$$

尽管欧拉用一种不够严谨的方式推导出了他的结果，但这个公式是经得起推敲的——后来数学的发展，使得它的正确推导也只不过是现代高等微积分课程中的课后练习罢了。后人把这个公式命名为欧拉公式。

不过，它的意义还远不止于此。欧拉将 $x = \pi$ 代入等式(18)，并利用 $\cos \pi = -1$ 以及 $\sin \pi = 0$，得到一个奇妙的结果：

$$e^{i\pi} = -1。 \tag{19}$$

至此，欧拉作为一个杰出的乐队指挥，完成了 π，e，i 这三个数之间的和谐"三重奏"。

如果用"意义非凡"来形容等式(18)的话，那么必须找出一个更适合于形容等式(19)的词。毋庸置疑，它肯定是所有公式中最漂亮的公式之一。实际上，若将它写成 $e^{i\pi} + 1 = 0$ 的形式，我们就得到了一个集数学中最为重要的 5 个常数于一身的公式。这 5 个常数是经典数学中主要分支的象征：0 和 1 代表算术，i 代表代数学，π 代表几何学，以及 e 代表分析学。π 和 e 既是无理数又是超越数，这是何等神奇、和谐的结合。如果完全用数字写出这个式子，就是 $(2.71828\cdots)^{3.14159\cdots \times \sqrt{-1}} + 1 = 0$，等式左端显示的是一个无穷过程，然而其结果却奇迹般地归结为 0。这就像欧拉大手一挥，所有繁杂落地，天地万物静美；又似战争结束，厮杀不再。特别是当人们注意到，e，π，i 这三个常数的身影不仅频繁地出现在数学中，而且还经常出现在众多不同的科学领域。它们的重要性和丰富内涵可能至今还未被完全认识清楚时，人们不禁为它们之间的关系所表现的高度神秘性和极度的奇异性所倾倒。

数学的魅力有时在于某些概念、式子、结果会出其不意地出现在你想不到的地方，人们发现 $e^{i\pi} + 1 = 0$ 竟然隐藏在一张"寻宝图"中。

欧拉随心所欲用 $i\pi$ 代入 e^x 的幂级数展开式中：

$$e^{i\pi} = 1 + i\pi + \frac{(i\pi)^2}{2!} + \frac{(i\pi)^3}{3!} + \cdots$$

在复平面上，我们可以把上述各项像向量一样加起来。按照高斯规则，各向量首尾相连，带有虚数 i 的项表示该向量逆时针转过 $90°$。我们从 0 出发，第一项(即 1)是代表从原点出发沿着 x 轴到达点 $(1, 0)$ 的向量，加上第二项 $i\pi$ 则是一个从 $(1, 0)$ 出发，相对于第一个向量逆时针转动 $90°$，并向上延伸 π 个单位，到达坐标 $(1, \pi)$ 的向量，加上第三项 $\frac{(i\pi)^2}{2!}$ 则是从 $(1, \pi)$ 出发，相对于第二个向量再逆时针旋转 $90°$，方向与第一个向量完全相反，并越过直线 $x = 0(y$ 轴$)$ 到达点 $(-(\frac{\pi^2}{2} - 1), \pi)$ 的向量，加上第四项是一个方向向下的向量，延伸至 x 轴的下方，如此往复。由于后一向量总是沿着前一向量逆时针旋转 $90°$ 的方

向，并且分母增长的速度比分子要快，导致向量的模逐渐变小，最后形成一个收敛于点(-1，0)的多角形螺旋(图 12-4)。

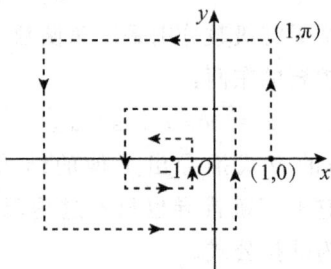

图 12-4

人们不禁感叹"大自然"的鬼斧神工和数学家们的伟大创造。

如今，欧拉公式已经成为一个标志，犹如数学上的达·芬奇的《蒙娜丽莎》画像或者米开朗琪罗的《大卫》雕塑。对于许多人，哪怕是只接受过有限数学训练的人，欧拉公式以其内在的价值和意义，超越了其本身所代表的事实，令人着迷，魅力无限。

尾　声

> 多幸运！我有个我们
> 这段追逐数学文化的旅程
> 光阴的故事，飞扬的青春
> 将留在心田里永不落幕

一

名著、名曲、名画，犹如一盏盏明灯，照亮了人类的文明之旅。

对于文学、音乐和美术学科，人们常以"伟大的小说""伟大的交响乐""伟大的绘画"为题材，著书立说，授课讲学，使我们能够了解这些学科的某些里程碑和创造这些里程碑的伟人。

在陆老师看来，数学领域的伟大定理，同样闪耀着光辉，带领人们探索科学的真理，走向光明与未来。

伴随着欧拉美妙三重奏的余音，陆老师的讲座也将告一段落。

四年来，陆老师陪伴着海羽们，从古希腊《荷马史诗》里吟唱的"原始计数"出发，一路走到伟岸的微积分大厦。在那间小小的教室里，一群稚气的孩子渐渐长大。陆老师也完成了当年在飞凤峡的灿灿朝霞中对海羽的承诺。

为了让更多的学生有机会通过阅读走进数学文化那精彩的世界，陆老师对讲座文稿进行了增删整理，装订成册。海羽收到讲座书稿时，心里一惊，厚厚的一本，拿着挺沉。她想起了那一场场的数学讲座，想起了那别开生面的数学社团活动，想起了自己迷茫而又可爱的青春……一股幸福的暖流在心中涌起，"我要给陆老师写封信，为他默默的付出，为他带给我们的诗意与美好！"

二

陆老师：

展信安好！

多年以后，回忆高中时光时，我会想起这个在秋阳下码文的遥远的上午，就像此时此刻，我在怀念着初中的那只"数学之蝶"。

刚进初中那会儿，我陶醉于习得各种丰富的解题技巧和试卷上的分数，我之所以学习数学，并不是有多么爱数学，从始至终不过是为了老师的表扬、家长的肯定，还有未来那光明的前途。

但在那个春雨绵绵的下午，听了您的第一场讲座后，我才明白，原来那些只道是寻常的"阿拉伯数字"，竟然经历了千万年的打磨，凝聚了千万人的智慧；我才知道，原来那些普通运算法则的"计数"背后竟然有千淘万漉、曲折至美的故事。我曾一直笃定地认为，数学只是取得学业成功的垫脚石，却不承想在那些自认为光耀荣华的时光里，被囚禁的竟是我自己。"数学之蝶"第一次被放出，向我展示它迷人的魅力。

恍然间，我忆起了飞凤峡的灿灿朝霞，看到了天真烂漫的小海羽。从那以后，我开始以纯净好奇的目光，重新审视我熟识而又如初识的数学。

犹记得"黄金时代"那场讲座的情形。您举着《原本》笑着说："厚吧！砖头厚！够沉，砸人够疼。"教室里瞬间充满了快活的气氛。您接着说："因为足够沉，足够疼，所以也足够震撼！全书13卷，613页，它为几何学建造了一个庞大的、系统化的、稳固的大厦。"一句话，说得我们不由得仰起了头，似乎大厦就矗立在眼前一般。

接着，您以尺幅千里、掌上山河的气概，简洁清晰地向我们呈现了大厦的结构图。可就在我们赞叹欣赏之时，您却让我们把目光聚焦于"瑕疵"的公设5。

面对"大厦裂缝"，我们顿时茫然，仿佛大厦将倾。

"不能证明它，那就改变它！"您铿锵地说道。于是，"新"几何产生了，几何被分为欧氏几何和非欧几何。谁能料到这道裂缝处的光，孕育出了新天地，给数学带来了自由的气息，促进了人类思想的飞跃。恰如科恩所说："万物皆有裂痕，那是光进来的地方。"

没想到被我束之高阁的《原本》，竟浸透着这样厚重的哲思。几何大厦裂缝处的"光之蝶"，唤起了我阅读的欲望，同时也警醒了我重新审视平时的数学学习。数学里不应只是习题、解题、计算、推理，还应有历史、文化、哲思。阅读数学经典书籍，漫溯数学历史长河，领悟数学文化，也是一种学习数学的方式，它立体且丰厚。

初夏五月，校园紫藤萝花开烂漫，在"海伦公式"的那场讲座里，我们欣赏到了美丽的数学之花。

那堂课上，您左手握尺规，右手拿粉笔，一步步地还原海伦的古典证明，当您写完荡气回肠的最后一步，教室一片宁静！忽地飘来江川同学的一声诗意长叹："这么美妙的古典证明，教我怎能不想它！"赞叹声正撞着课件最后的小标题——"你真美啊，请停留一下！"激起了大家的共鸣！

那天，我们看见了数学折射出的光辉：它不仅有着蝴蝶翅膀般精巧整齐的形式，更蕴含着和谐宇宙中简洁深刻的规律。

有人说：蝴蝶虽美，但终究飞不过沧海。就在我们惊叹于紫藤萝瀑布泼泼辣辣地绽放，沉醉于海伦公式简洁工整之美时，谁也拉不住时光的脚步，初三旋风般地跟来了。

您的一场"数与数系"的讲座，抚慰了我们焦灼的心。从自然数到零到虚数，每一次新的数出现都引发一场"危机"，一边是因循守旧、抱残守缺的惯性，一边是革故鼎新、与时俱进的创新。两种思维在碰撞，两种力量在较量，意志坚定的数学家们，没有却步不前，而是用智慧和勇气，在"危局"中创造出新的"契机"，建立了"数系"，明媚了世人的双眼。

讲座临近结束时，您说道："数与数系，会让我们重新审视'危机'一词，有人看到的是'危'，有人关注的是'机'。同学们，行走在求学的路上，你们会选择看到什么？"

春寒时节，这场讲座，抚平了我们的心绪，让我们踏上了初三的最后征程。路很艰难，但也很精彩。只要有振翅飞向沧海的勇气和毅力，学校高中部的"天翼楼"会在灿灿朝霞中等着我。

愿望成真，初中的那只蝴蝶振翅飞过了沧海，我在"天翼楼"里开始了我的高中生活。

天翼楼分南北楼，中间用走廊连起，很有"一桥飞架南北"的恢宏气势。南楼紧邻操场，视野辽阔。每次走出教室，极目远眺，总会让人遥想着自己的远方。

您说"解析几何"是座桥，它让相望千年的代数、几何携手，是数学最美的姻缘。不可思议，被我们只认为是代数、几何一般存在的"解析几何"，竟被您描绘得如此诗意。

记得"桥"的讲座上，您把"数学王子"黄品宽写的花里胡哨的方程 $x^6-y^8=x^3y$，命名为"品宽曲线"。我们听了笑声四起，但同时也明白了，正是因为有了解析几何这座桥，人们才拥有了无穷多的新曲线，这才使数学得以被大规模地运用于科学；明白了这座桥让数学从描述常量到把握变量；这座桥让人类突破三维的限制迈入高维的世界；明白了解析几何不只是高中数学的一个章节，它还有着丰富的过往、生动的现在和无限的未来……

有识才有敬，这之后，解题时我常怀敬惜之心，因为我真正懂得了我是站在前人筑起的桥上眺望远方。

您说"微积分"是座桥，通过它，人们在把握事物的微小变化中，总揽全局，并由此从初等数学迈向高等数学。

您从积分的源头"分割·求和"，讲到阿基米德的"穷竭法"，讲到莱布尼茨的积分符号"$\int$"，继而讲到微分，引出导数，最后来到微积分。我渐渐明白，无穷小量这个让人捉摸不透的幽灵，原来是如此的灵动可爱。

这触发了我的遐思：是不是万物皆可导？

"我把清晨求导能不能回到昨夜

我把玫瑰求导能不能得到诗句……"

多美的词语，求导！那么积分呢？

"把落叶积分一下，是不是整个秋天

把校园里的蝉鸣积分一下，是不是我的青春

把酸枣树积分一下，会不会影映出一中的历史！"

当我沉醉遐想时，您的声音缓缓飘来："未来不可知，因为一切都在变化中；但未来又可知，因为有了微积分，一切变化都可求导。"我一直认为未来前程不可测，可谁知，用微积分，一切皆可求导，一切的现实与未来都在那灵动的曲线里。

数学，你是闪亮不息的火焰，是转瞬却又永存的思想。流去的种种，都化成美丽的"数学之蝶"，翩跹在天翼楼的上空，飞向我们所眺望的远方。

当我们慢慢意识到这些，心怀感念时，离别的笙箫却幽幽地响起。

四年来，您静静地守候在我们身旁，关注陪伴着我们慢慢长大。然后，在一个不期然的日子里，您又用独有的方式，向我们挥手道别。最后的那场讲座，您放在了艺术楼的紫色大厅里，三重奏终曲时至美沉寂，欧拉定理落幕处星空璀璨。

我终于明白，数学并不只是一门理科课程，还有诗和远方。若说解决问题是数学这支巨笔以现实主义手法写下的文章，那么人文历史则是数学以浪漫主义手法挥墨创作的华美诗篇。是您，让我们体会到了数学的美丽与浪漫。

笔落情深，写到这，我想毫无顾忌地说出一句纯净的话：我喜欢数学。那不是由做题堆砌起来的快感，而是我想要了解更多，想更靠近那个神奇美丽的圈子中心。陆老师，或许您也没想到，那些本意是拓展数学文化的讲座，却在我们这群少年心中留下了足以支撑一生的精神宝藏。

我本无意穿堂风，偏偏孤倨引山洪。

跨越了这厚厚的书稿，回到原点，我想感谢陆老师您给我的礼物，它远超这本书的重量。我也想把这些文字当作回礼，如果您会为参与了我的人生而感到高兴的话。

海羽敬呈

2023 年 11 月 18 日夜

三

读罢海羽的信，让人不由得感叹：能拥有这样一段美妙的中学数学之旅，是学生之幸，亦是师者之幸。

作为学生，能有机会追寻数学文化，欣赏到数学的真善美，像海羽那样爱上数学，这是多么纯净、纯粹的快乐！

作为教师，能坚守教育理想孜孜前行，引领学生走进这迷人的数学世界，让学生学之爱之乐之美之，这是怎样丰盈无言的一种存在！

生活是有限与无限的围城。

如果你不出去走走，你以为这就是世界。

当你读了《数学文化视野下的中学数学》这本书时，你会发现数学世界原来这么大，这么美，但还远不止此……

数学作为一门课程，提供的也许是"硬知识"与"硬技能"，锻炼人的是数学演算能力和逻辑思维能力，而数学文化将会使你的学习、你的人生达到新的维度。

坚守自己维度的人，可能会取得那一维度的最大值，而寻找其他维度的人，也许会创造新的维度，引领未来的方向。

愿你们都是未来世界的创造者！

附录：陆老师教学札记

一个概念

高一年级下学期期末综合测试卷中有一道选择题：在 $\triangle ABC$ 中，

(1)若 $\sin^2 A = \sin^2 B$，则 $\triangle ABC$ 为等腰三角形

(2)若 $\sin^2 A = \cos^2 B$，则 $\triangle ABC$ 为直角三角形

(3)若 $\cos(B-C) \cdot \cos(C-A) \cdot \cos(A-B) = 1$，则 $\triangle ABC$ 为等边三角形

(4)若 $\sin^2 A + \sin^2 B + \sin^2 C < 2$，则 $\triangle ABC$ 为钝角三角形

以上四个命题中，真命题的个数是（   ）。

(A)0 　　　　　(B)1 　　　　　(C)2 　　　　　(D)3

这是一道中等难度题，改卷时发现大部分同学都选对了，我自己在考虑这道题时，感到命题(4)有点儿文章可做，于是在开展社团活动时想对学生的解题思路进行一番考查。

因为这是一道小题，而且大部分同学都选择对了，所以学生颇"不以为意"，我点了一个成绩一般的同学 S1 来回答。

S1："我用一个特殊的钝角三角形试了一下，令 $A = 120°$，$B - C = 30°$，$\sin^2 A + \sin^2 B + \sin^2 C = \dfrac{3}{4} + \dfrac{1}{4} + \dfrac{1}{4} = \dfrac{5}{4} < 2$ 验证成立。"

我一边听一边微笑地望着她点了点头，并没有让她坐下的意思，可她赶紧坐下去了，逃之夭夭。

下面开始出现轻微的讨论的声音，我让另一位同学 S2 继续。

S2："我除了用 $120°$，$30°$，$30°$ 尝试外，还选了 $150°$，$15°$，$15°$，计算上稍微复杂一点，两次验证都没什么问题，但我心中还没有底，想从 $\sin^2 A + \sin^2 B + \sin^2 C < 2$ 出发进行推理，可是没推出来。"

S1，S2 的想法完全在我的意料之中，我用眼光扫了一眼，议论的学生多了一些。S3 的神情告诉我，他有新想法。

S3："选择题的要求是准和快，这道题从条件推出钝角三角形不太好解决，我是这样考虑的，当 $\triangle ABC$ 是直角三角形时，显然 $\sin^2 A + \sin^2 B + \sin^2 C = \sin^2 A + \sin^2 (90° - A) + \sin^2 90° = 2$；当 $\triangle ABC$ 是锐角三角形时，我用等边三角形验证：$\sin^2 A + \sin^2 B + \sin^2 C = 3\sin^2 60° = 3 \times \dfrac{3}{4} > 2$，这时我就感觉到对于钝角三角形应该是 $\sin^2 A + \sin^2 B + \sin^2 C < 2$，命题应该是正确的。再用 $120°$，$30°$，$30°$ 试了一下也没有什么问题，于是我就判定该命题

是真命题。"

S4 是一位自信、好学、知识掌握扎实的学生，看到问题一直未被解决，似乎有些不耐烦。

S4："这个命题的判断，严格来说不能用验证法来解决，应该从条件出发进行推理论证。"

我示意 S4 上台板书。

$\because \sin^2 A + \sin^2 B + \sin^2 C < 2$，

$\therefore \dfrac{1-\cos 2A}{2} + \dfrac{1-\cos 2B}{2} + \dfrac{1-\cos 2C}{2} < 2$，

$\cos 2A + \cos 2B + \cos 2C + 1 > 0$，

$2\cos(A+B)\cos(A-B) + 2\cos^2 C > 0$，

$\cos C \cdot [\cos C - \cos(A-B)] > 0$，

$\cos C \cdot [\cos(A+B) + \cos(A-B)] < 0$，

$\therefore \cos A \cdot \cos B \cdot \cos C < 0$。

$\because \triangle ABC$ 中至多只有一个钝角，

$\therefore \cos A$，$\cos B$，$\cos C$ 中有且只有一个值小于零，

$\therefore \triangle ABC$ 是钝角三角形。

作答完成后，S4 很得意地回到座位上。

大家为 S4 的演绎推理所折服。这道题到此为止吧。学生纷纷准备听我讲下一个问题时，我看时机成熟，认真地对大家说："S4 的证法无懈可击！但我有话要说。"

学生的思想被重新拉回到这道题上面，S4 满脸疑惑。

"我认为 S3 的判断思路很好！简洁，有新意！"学生纷纷向 S3 投去羡慕的目光。

S4："S3 和 S2 的方法都不严密，好像不大保险。"

S3 意外地得到老师的表扬，喜悦之情溢于言表："我和 S2 的判断方法是不同的。S2 是从内部验证，而我却是从外部感觉推理的。"

S4 虽然觉得 S3 有点儿道理，但显然不服气："请问 S3，推理的依据是什么？"

S3 无以言对，但坚信自己是对的，他用眼睛望着我，寻求支持。这时，我转身在黑板上写上：

前提：

直角三角形：$\sin^2 A + \sin^2 B + \sin^2 C = 2$。

锐角三角形：$\sin^2 A + \sin^2 B + \sin^2 C > 2$。

结论：

钝角三角形：$\sin^2 A + \sin^2 B + \sin^2 C < 2$。

推理依据：数学内在的和谐性！

这可是个新鲜、大胆的想法，有意思，所有学生都在议论着，有的冲我点头微笑，好像感悟到了点什么。

S4 因为自己"正宗"的解法被忽视，一时似乎还转不过弯来。

S4："老师，请问'数学是和谐的'能作为推理的依据吗？"

我的意图是通过这道小题让学生体会一下"数学是和谐的，数学是美的"这个概念，

以使学生更好地认识数学，理解数学，同时培养学生的数学直觉，看来，让学生接受这个概念要比接受"数学是抽象的，数学是逻辑的"困难得多。

"同学们，S4 的问题提得很好，'数学是和谐的，数学是美的'，这个概念很重要，今后的数学学习中，我们还会有更多的体会。当然，这不能成为推理的依据，为使大家体会到我的意思，下面我给大家讲两个故事。"

数学课有故事讲，所有的学生都放松了思想，显得很兴奋，一个个准备听故事的样子，教室里安静了许多。

"印度是一个文明古国，也是一个神秘的国度。19 世纪印度有一个数学天才，他的名字叫拉马努金。由于家境贫寒，他从未受过正规的数学教育，但这位年轻人却在从事着极富独创力、极有深度的数学研究。为了使自己有更好的发展，1913 年他把自己的研究成果分别寄给英国的三位数学家，其中两位数学家因为显然'还有比给一个不知名的印度小职员回信更重要的事情要做'，他们看都没看便把拉马努金的稿件退了回去。

"第三位数学家是剑桥大学的哈代，本来他或许也会这样做，因为拉马努金用蹩脚英文写的信中有 100 多个奇怪的公式，诸如 $\dfrac{1}{\pi}=\dfrac{2\sqrt{2}}{9801}\sum_{n=0}^{\infty}\dfrac{(4n)!}{(n!)^4}\times\dfrac{[1103+26390n]}{(4\times 99)^{(4n)}}$，$\displaystyle\int_0^{\infty}\dfrac{(t\ln x)^2}{1+x^2}\mathrm{d}x=\dfrac{\pi^3}{8}$ 之类，没有任何证明，仿佛一个妄想狂随心所欲地漫游世界，哈代随手把信丢在一旁。

"但是，这些数学公式一整天萦绕在他的脑海中，哈代辨识出某些公式已为人所知，但是其他许多公式则显得奇特，不知从何而来。逐渐地，哈代醒悟了，认识到这些公式'……一定是真实的，因为如果它们不真实，就不会有人能有这样的想象力，发明出它们来！'哈代邀请好友李特尔伍德一起共同审阅拉马努金的信件，他们得出结论，这绝对是一个数学天才的杰作，就这样，贫穷的拉马努金只身前往英国，开始了被伟大的哈代称为'自己一生中最重要的合作'。

"另一个故事的主人公大家都很熟悉，他就是大名鼎鼎的爱因斯坦。爱因斯坦创立的相对论的意义不仅仅在物理界，可以这样说，相对论更大的意义在哲学上，这为他赢得了巨大的声誉。由于相对论是爱因斯坦通过'思维实验'推测出来的，它太深奥了，据说当时世界上只有三个学者真正懂得相对论思想。在这里，理论上的推测就走在实验证明的前面去了。1918 年著名的英国天文学家和物理学家爱丁顿组织了一支科学考察队，分兵两路，一路去几内亚湾的普林西比岛，另一支去巴西的索不拉尔偏僻的农村，开始了对相对论的命运有非常重大影响的考察验证。考察队出发前，有记者担心地问爱因斯坦：'若考察的结果与您的相对论理论不符，您将怎么看？'爱因斯坦坚信自己的理论具有崇高的和不容争辩的'内在的完备'，他笑着回答说：'那将是上帝的错误，我将感到非常遗憾。不过记者先生，您的担心是多余的，因为宇宙的设计是和谐的！'一年以后，爱丁顿率科学考察队回到英国，请问同学们，他是证实了还是否定了爱因斯坦的理论？"

"证实了！"同学们都轻松地笑着回答。

"不错！科学考察证实了相对论的理论是正确的，它只能是正确的，请问 S4 为什么？"

S4："因为宇宙的设计是和谐的！"

大家一起为 S4 鼓掌！

参考文献

1.《中学数学教师手册》编写组．中学数学教师手册[M]．上海：上海教育出版社，1985．

2. 谈祥柏．数学与文史[M]．上海：上海教育出版社，2002．

3. 蔡天新．数学与人类文明[M]．北京：商务印书馆，2012．

4. 汪晓勤．HPM：数学史与数学教育[M]．北京：科学出版社，2017．

5. [美] C. H. 爱德华．微积分发展史[M]．张鸿林，译．北京：北京出版社，1987．

6. [美] 威廉·邓纳姆．天才引导的历程[M]．苗锋，译．北京：中国对外翻译出版公司，1997．

7. [美] T·丹齐克．数：科学的语言[M]．苏仲湘，译．上海：上海教育出版社，1997．

8. [美] M·克莱因．数学：确定性的表示[M]．李宏魁，译．长沙：湖南科学技术出版社，1999．

9. [英] G. H. 哈代，[美] N. 维纳，[英] 怀特海．科学家的辩白[M]．毛虹，仲玉光，余学工，译．南京：江苏人民出版社，1999．

10. [美] 大卫·布拉特纳．神奇的 π[M]．潘恩典，译．汕头：汕头大学出版社，2003．

11. [美] M·克莱因．西方文化中的数学[M]．张祖贵，译．上海：复旦大学出版社，2004．

12. [美] 卡尔·B·波耶．微积分概念发展史[M]．唐生，译．上海：复旦大学出版社，2007．

13. [英] 斯科特．数学史[M]．侯德润，张兰，译．桂林：广西师范大学出版社，2008．

14. [美] 基思·德夫林．数学犹聊天——人人都有数学基因[M]．谈祥柏，谈欣，译．上海：上海科技教育出版社，2009．

15. [以] Eli Maor．三角之美——边边角角的趣事[M]．曹雪林，边晓娜，译．北京：人民邮电出版社，2010．

16. [以] Eli Maor．勾股定理——悠悠 4000 年的故事[M]．冯速，译．北京：人民邮电出版社，2010．

17. [美] John Derbyshire．代数的历史——人类对未知量的不舍追踪[M]．冯速，译．北京：人民邮电出版社，2010．

18. [美] Robert P. Crease．历史上最伟大的 10 个方程[M]．马潇潇，译．北京：人民邮电出版社，2010．

19. [美] 威廉·邓纳姆．数学那些事儿——伟大的问题与非凡的人[M]．冯速，译．

北京：人民邮电出版社，2022.

20.［以］Eli Maor. e 的故事——一个常数的传奇［M］. 周昌智，毛兆荣，译. 北京：人民邮电出版社，2010.

21.［美］E·T·贝尔. 数学大师——从芝诺到庞加莱［M］. 徐源，译. 上海：上海科技教育出版社，2004.

22.［美］William Dunham. 微积分的历程——从牛顿到勒贝格［M］. 李伯民，汪军，张怀勇，译. 北京：人民邮电出版社，2010.

23.［美］保罗·洛克哈特. 一个数学家的叹息——如何让孩子好奇、想学习、走进美丽的数学世界［M］. 高翠霜，译. 上海：上海社会科学院出版社，2019.

24.［美］齐斯·德福林. 数学的语言——化无形为可见［M］. 洪万生，洪赞天，苏意雯，英家铭，译. 桂林：广西师范大学出版社，2013.

25.［美］保罗·洛克哈特. 度量——一首献给数学的情歌［M］. 王凌云，译. 北京：人民邮电出版社，2015.